I0703593

La Iglesia de la Calentología

y otras "religiones" oficiales

-El culto esclavista que esconde el negocio de "La Gran Estafa Carbónica"-

Índice por capítulos

*A quienes conozco, quiero, me padecen y disfrutan más de cerca:
mi mujer y mis hijos*

*A mis padres y hermanas que tuvieron que vérselas conmigo con
infinita paciencia durante muchos años*

*A ti que empiezas a leer este libro, y a tu espíritu crítico e
insumiso.*

Introducción

Si establecemos un paradigma fundamentado en premisas falsas hallaremos problemas inexistentes para los que aplicaremos soluciones inútiles, costosas, innecesarias y perjudiciales.

En el párrafo anterior se condensa mi opinión sobre la histeria *carbónica* que impregna todos los ámbitos de nuestra sociedad. En este libro voy a diseccionar y a echar por tierra el paradigma de la emergencia climática, las premisas que lo sustentan, las soluciones que proponen (para un problema mal planteado), y a demostrar de una forma coherente, a la vez que sarcástica, por qué dicho paradigma está más próximo a la magia chamánica o al dogma religioso que al rigor científico.

La Iglesia de la Calentología es el nombre que doy a todo cuanto orbita alrededor de esa atosigante *emergencia climática* de la que nuestros amos no se cansan de hablar.

El pavoroso concepto de ***emergencia climática,*** lo que antes se llamaba calentamiento global y aún antes cambio climático –se ve que estos términos no daban suficiente miedo--, está acuñado con el propósito de aterrorizar a la población e infundir desesperanza. Una población acojonada conforma una sociedad embotada, pusilánime, obediente y con la capacidad de raciocinio muy mermada. Nada hay más *excitante* para cualquier aspirante a tirano que una sociedad predispuesta a la obediencia a través del temor.

Las sociedades atenazadas por el miedo inducido a algo, sea ese algo un virus o el Pueblo hebreo, son presas fáciles de hechiceros, salva-patrias o charlatanes egoístas. Esas sociedades están más dispuestas a hacer cosas absurdas o brutales, casi siempre ilógicas, como inocularse pócimas experimentales ("Plandemia") o gasear judíos (Holocausto). Creo que se me entiende bien.

El paradigma, enunciado en forma de dogma, de la Iglesia de la Calentología reza así:

> - El cambio climático, devenido en emergencia climática, es debido mayoritariamente a la acción de la Humanidad y por lo tanto todos somos culpables (más aún si no obedecemos a la *"ciencia"*) en una medida u otra de abocar al planeta a un apocalipsis -

La principal premisa que cimenta este paradigma es:

> - El CO2 antropogénico (emitido como consecuencia de la actividad humana) es la principal palanca que mueve el mecanismo por el cual la Tierra se está calentando, lo cual es malo. –

Como cualquier *religión* o secta dirigida por una curia sacerdotal, el culto calentológico establece pecados o faltas contra la *fe verdadera.* Para la Iglesia de la Calentología, cuyo principal *demonio* es el CO2, los pecados son de índole carbónico. Estos pecados carbonatados se adosan al alma de los humanos impíos en forma de un saldo contable llamado "huella carbónica". Cuanto mayor es ese saldo más debemos esforzarnos por "compensar" nuestros pecados llevando a cabo rituales de sostenibilidad expiatoria como comprar un coche de *cero emisiones,* adquirir derechos de emisión o comer menos carne, de esa que sale de las vacas pecaminosas que se tiran pedos metánicos con obstinación.

Valga todo lo anterior para dejar esbozado el *modelo de negocio* de la Iglesia de la Calentología. Ahora toca ir examinando y desarmando este culto Calentológico. Despiezaremos el dogma-paradigma, los problemas en forma de profecías, las premisas y las soluciones, o recetas que nos son prescritas en forma de penitencia ritual por el Santo Oficio Calentólogo.

A lo largo de este libro también ubicaremos al culto calentológico dentro de una superestructura –el Estado corporatista-fascista--, de la que otras *iglesias* dogmáticas (*) son también parte y herramientas, enfocada en el sometimiento del individuo mediante la sustracción de derechos y amparándose en un supuesto "bien común".

Vamos pues a ello.

(*) La Iglesia de la Calentología es uno de los principales cultos, mas no es el único. Sectas como La Iglesia del Santo Arcoíris de los Infinitos Géneros y otras "adoraciones" que iremos viendo, son también instrumentos de control y de saqueo de libertades y derechos en aras del "bien común".

Para adentrarnos en las profundidades avernales de la devoción calentóloga sin perdernos, es preciso estar al tanto de la jerga que el clero y la grey de este culto emplean.

Pondré un ejemplo. Antes decía que uno de los rituales más celebrados para limpiar la huella carbónica es la adquisición de un vehículo "cero emisiones". El término *cero emisiones* es una de esas expresiones tan falsas como frecuentemente empleadas por la **IdC** (así denominaré al culto de la Iglesia de la Calentología para abreviar de aquí en adelante). Decir que un vehículo es cero emisiones tiene el mismo sentido y propósito que llamar inodoro al cagadero o salud reproductiva a abortar. Se trata de que el término suene bien por más falso que este sea.

Nada es cero emisiones, simplemente eso no existe. Podríamos empezar a estar de acuerdo si habláramos de vehículos de "cero emisiones a partir de que lo compras en el concesionario y hasta que tienes que comprarte otra pila de litio". La cantidad de emisiones de CO2, y de muchas más cosas, que se producen durante la extracción del litio para las baterías eléctricas, hace que hasta el Prius más modesto llegue al concesionario con el equivalente en emisiones de CO2 a conducir 2 o 3 años un coche con motor de combustión. El Tesla más "sostenible" sin salir del garaje ya ha "emitido" CO2 como un Mustang de 12 cilindros derrapando un año por la carretera.

Eso en cuanto a CO2; si añadimos el coste medioambiental y el impacto devastador en la salud humana originados por los procesos de extracción de las tierras raras que se emplean en los motores eléctricos, lo de "cero emisiones" suena a broma macabra.

Sobre el tema de los vehículos eléctricos, como sobre todos los demás tópicos que vamos a fumigar, entraremos en detalle, con datos, más adelante. Este libro aspira a ser un manual con base científica tanto como un sano ejercicio de sarcasmo.

Otros vocablos de la jerigonza de la IdC, además del mentado "cero emisiones", son "neutralidad carbónica", "contaminación por CO2", "energía verde" o "desarrollo sostenible". No nos olvidaremos de ninguno.

Para entender por qué creo que atribuir al CO2 el papel protagonista del cambio climático es totalmente absurdo, es necesario no perder de vista tres verdades obvias.

La primera verdad, y esta es de Perogrullo, es que **el clima cambia**. La palabra clima no se entiende sino va acompañada de términos dinámicos como cambio, variación, evolución o comportamiento. Si siempre fuera de día, siempre estuviéramos a 15º y siempre con un viento de 12 km/h no sería clima sino otra cosa más aburrida. Constatar que el clima cambia es una obviedad y escandalizarse por el "cambio" del clima es como asombrarse de que un perro ladre.

La segunda verdad indiscutible es que el clima de nuestro planeta (y el de todos) **es un sistema muy complejo que está influido por centenares de**

factores. Conocemos algunos de estos factores y desconocemos seguramente, muchos otros.

Y lo que hace todo aún más complejo es que no solo no conocemos todas las incógnitas de esta ecuación, sino que tampoco conocemos con precisión la importancia cuantitativa y cualitativa de cada uno de esos factores a la hora de influir en el clima. Aún más, desconocemos en gran medida cómo esos centenares de factores se retroalimenten entre sí tomados de dos en dos, de tres en tres, y no digamos tomando todos a la vez. No conocemos con precisión las relaciones de correlación y de causalidad entre los factores que determinan la evolución del clima.

Para ir abriendo boca aquí tenemos algunos de esos factores que intervienen en el clima:

- Los ciclos solares,
- las corrientes oceánicas,
- las erupciones volcánicas,
- los cambios orbitales de la Tierra alrededor del Sol (excentricidad, inclinación axial y precesión) conocidos como los "ciclos de Milankovitch",
- la distribución del vapor de agua atmosférico,
- el ir y venir de las nubes,
- la actividad tectónica,
- la biomasa del planeta,
- la posición en cada momento del Sistema Solar a lo largo de su órbita alrededor de la galaxia,
- la radiación cósmica,
- los cambios en el campo magnético terrestre,
- el metano, el CO_2 y otros gases de efecto invernadero

Hay un par de cosas en las que el CO_2 destaca: es prácticamente el único factor que *permite* al ser humano sentirse culpable del "terrible" cambio climático y por tanto también es el único agente al que se puede gravar con impuestos. No es posible que la gente se sienta culpable --y por tanto dispuesta al sacrificio—por los cambios en la excentricidad de la órbita terrestre y tampoco se entendería poner un impuesto por las manchas solares. Poner el foco en ese 4% de CO_2 antropogénico le da la excusa a cualquier liberticida para limitar tu movilidad, decirte qué coche debes tener o cuánta carne puedes consumir, cosa que no pueden hacer (¿de momento?) centrándose en las erupciones volcánicas o en las variaciones de la inclinación axial del eje terrestre.

Por último, la tercera verdad incontestable es que **sin el CO2 la vida no existiría**. El CO2 no está de adorno en la naturaleza. La evolución de la vida está ligada a este gas como lo está al oxígeno, al agua o a la luz solar.

Algunos ejemplos –que más adelante en este libro serán tratados más en profundidad-- del papel fundamental que el CO2 desempeña en la naturaleza:

- **La respiración**. El CO2 es importante para el ajuste entre la perfusión y la ventilación. https://www.advancedbuteyko.com/about-good-breathing-10-reasons-why-we-need-co2.php
- El CO2 juega un papel fundamental en **el PH sanguíneo**. Niveles bajos de CO2 hacen que la sangre se vuelva más alcalina. Por encima de una alcalinidad de 8 estás muerto.
- **Las plantas** literalmente **"comen" CO2**. Sin este gas adiós plantas y adiós vida.
- **Mayores niveles de CO2 permiten que las plantas crezcan con menos agua**. Cuando hay más CO2 disponible, las plantas no necesitan abrir tanto los estomas de sus hojas para realizar el intercambio de gases, lo que reduce la evaporación del agua y hace posible que las plantas puedan crecer en entornos más desérticos.
- **El CO2** también **regula** o tiene un papel fundamental **en la excitabilidad del sistema respiratorio**, en la **absorción de la glucosa** (y por tanto regula el nivel de azúcar en sangre), en la **sinapsis entre las neuronas**, en los **procesos metabólicos**, en la **vasodilatación** o en el sistema **inmunológico.**

Las anteriores "hazañas" del CO2 hacen que no solo yo no sea "neutro" con respecto al carbono o al CO2 sino que me considero un rendido admirador del mismo.

Hablemos claro, el escenario de uno o dos grados más de temperatura que la indemostrada hipótesis de la IdC predica, es infinitamente mejor que un planeta sin plantas.

"Con 100 ppm (partes por millón en la atmósfera) de CO2 la tasa de fotosíntesis se detendría por completo. ***Con 150 PPM se detiene la fotosíntesis.*** *A este bajo nivel la planta ya no podrá obtener CO2 de la atmósfera y la fotosíntesis se verá restringida. La planta eventualmente utilizará todo el CO2 presente, la fotosíntesis se detendrá y la planta morirá".* (Departamento de Agricultura de la provincia de Manitoba - Canadá-) (*)

(*)https://www.gov.mb.ca/agriculture/crops/crop-management/co2-supplement.html#:~:text=At%20150%20PPM%20the%20plants,and%20the%20plant%20will%20die

El 85% de las plantas se irían literalmente a la extinción con niveles de CO2 inferiores a 150 ppm; todas las que realizan la función fotosintética de tipo C3 como el arroz, el trigo, la soja y todos los árboles. Eso sí, podríamos comer palomitas antes del apocalipsis, porque el maíz (fotosíntesis de tipo C4) aún aguantaría junto con la caña de azúcar, el mijo o el sorgo.

Y como colofón a este preámbulo conviene que no perdamos de vista que esta bella canica de tonos azules, blancos, verdes y marrones, viaja por el espacio girando alrededor de la estrella que le da la vida y que acabará tragándosela. Esta bolita coqueta llamada Tierra lleva en un período interglaciar conocido como Holoceno desde hace alrededor de 11.700 años. Venimos de una glaciación que duró más de 100 mil años que estuvo precedida por un periodo interglaciar (Eemian) que se estima que duró 15 mil años (entre hace 130 mil y 115 mil años). Si este ciclo se repite (que es a lo que todo apunta), nos quedan entre 2 mil y 3 mil años antes de entrar de cabeza en un nuevo periodo glaciar. De hecho, puede que nos quede menos para llegar al máximo de temperatura media de este periodo interglaciar; y desde ahí nos tocará *esquiar* por una empinada ladera hacia el frío del que disfrutaremos otros 100 mil años.

En el diagrama que muestro a continuación podemos ver una reconstrucción de la temperatura global basada en el análisis de núcleos de hielo de la Antártida. A la derecha (cuadrado rojo) se ve el actual período interglaciar (el Holoceno). Los cuatro periodos interglaciares anteriores se observaron hace unos 125.000, 280.000, 325.000 y 415.000 años, con períodos glaciales mucho más largos entre medio. Se considera que los cuatro interglaciares anteriores fueron más cálidos (entre 1 y 3 grados más) que el actual. La duración típica de un período glacial es de unos 100.000 años, mientras que un período interglaciar típico dura entre 10 y 15.000 años. El actual período interglaciar ha durado ya unos 11.700 años.

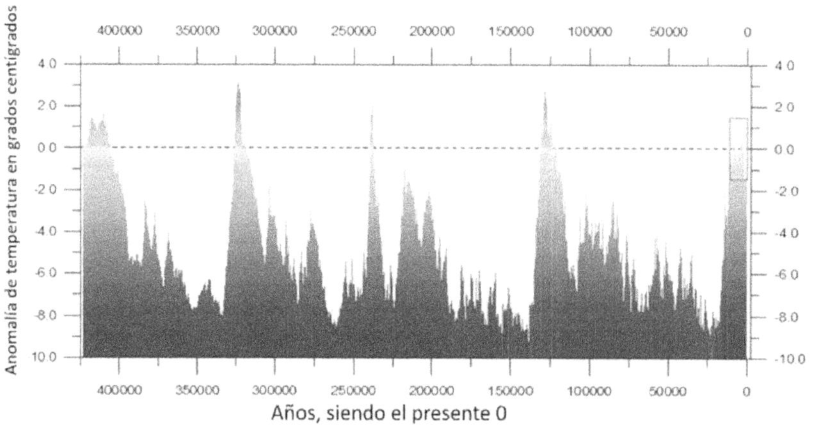

Temperatura global reconstruida durante los últimos 420.000 años basándose en el núcleo de hielo Vostok de la Antártida (Petit et al. 2001). El registro abarca cuatro periodos glaciales y cinco interglaciares, incluido el presente (Holoceno). La línea horizontal indica la temperatura moderna. El cuadrado rojo a la derecha indica donde nos encontramos en la actualidad

Lo que está claro es que, sobre todo durante los periodos glaciares, va a ser complicado dar de comer a los 8 mil millones de seres humanos de esta *canica.* Un mundo con heladas a mediados de agosto en el hemisferio norte y con los casquetes polares llegando hasta Southampton, al sur de Inglaterra, es bastante peor que uno con un grado o dos más hoy y uno o dos grados menos mañana. Los periodos cálidos durante los últimos dos millones y medio de años han sido islas temporales en mitad de un vasto océano de carámbanos que ha presidido el periodo Cuaternario en el que el ser humano apareció por aquí y por el que aún navegamos.

Si como todo indica, vamos hacia un nuevo periodo glaciar de otros 100 mil años yo creo que llamar emergencia climática a un aumento de 1 o 2 grados en el cortísimo plazo (a escala geológica), es penoso y ridículo. Si además nos empeñamos en achacar y dar el protagonismo de ese aumento de temperatura a uno de los centenares de factores, seguramente de los menos importantes, que inciden en la evolución del clima, entonces lo ridículo pasa a ser criminal.

Efectivamente, cuando hablamos de la IdC no hablamos solamente de gente ridícula, hablamos sobre todo de criminales.

Capítulo 1.

Esto no es nuevo. Tradiciones Rituales mágicas que se repiten. Correlación, causalidad y casualidad.

Para los indios Cherokees era un paradigma comúnmente aceptado, que bailar de una determinada manera provocaba la lluvia. También creían que la lluvia era la substanciación de los espíritus de los antepasados que al precipitarse limpiaban la tierra de los demonios. Seguramente algunos cherokee opinaban que aquello no tenía mucho sentido y que además no siempre funcionaba. Esos cherokees escépticos eran, claro está, indios negacionistas abonados a teorías conspirativas.

Para los mexicas era un paradigma universalmente reconocido que Tlaltecuhtli, la diosa-Tierra, se ponía triste y no daba frutos si no le daban de comer corazones humanos. Aquellos que no veían el tema claro eran aztecas *fachas* además de seres egoístas por negarse a entregar a los suyos para salvar a los demás. A estos *negacionistas,* reacios a sacrificarse por el bien de todos, seguramente les dirían que la "Tierra se muere" y que "es una emergencia que acabará en catástrofe" si no colaboran.

Cuando los mexicas (alias aztecas) sacrificaban cada tarde a decenas de personas extrayéndoles el corazón y arrojando los despojos escaleras abajo, desde lo alto de la pirámide de turno; lo hacían para darle fuerzas a dios del Sol, **Huitzilopochtli,** que cada noche debía volver a pelear con sus hermanas (la Luna y las estrellas). El paradigma que todos asumían era que, sin zamparse esos corazones, Huitzilopochtli no tendría fuerzas para volver a asomarse. Los mexicas eran un pueblo sostenible --querían que el sol saliera y la vida se sustentara— y resiliente--se jodían y aceptaban hacer algún que otro "sacrificio" por el bien de todos--.

Habría quien, puto conspiranoico él, se preguntaría si eso de dar de comer a los dioses era algo que hacían en todas partes o era solo responsabilidad de los aztecas. Alguno cuchichearía a escondidas que valdría la pena probar y ver qué pasaría si se dejará a Huitzilopochtli uno o dos días en ayuno. Otros sugerirían convertir a Huitzilopochtli en un dios vegano alimentándole con una dieta de frijoles y maíz. Esos descarriados serían duramente amonestados por la "Comunidad Científica" de la época que les indicaría que existía un consenso científico *abrumador* y que el tema estaba resuelto. Estaba perfectamente demostrado que los dioses comen carne humana, poco hecha; los *negacionistas,* opuestos al consenso completamente asentado, eran un peligro.

En el *Tawantinsuyu*, o imperio Inca, cada mes de mayo (*Jatuncusqui* o mes de la cosecha) se realizaba un ritual *científico* llamado *Capacocha*, cuya finalidad era agradecer a **Inti** (el dios Sol) los frutos recibidos. Inti era un dios omnívoro, pero con un gusto especial por los niños y niñas preadolescentes vivos. El Inca o emperador era considerado descendiente de esta deidad, un dios en la tierra, que no podía ser mirado a los ojos ni posar los pies en el suelo.

La Capacocha consistía en recolectar niños y niñas de las cuatro grandes provincias del imperio, de entre 6 y 15 años para llevárselos de gira primero y acabar enterrándoles vivos en lo alto de una cumbre o, los más afortunados, dejarles allá arriba con la cabeza aplastada por una losa. Era el *consenso científico*.

Cada aldea debía entregar cada año dos infantes, sanos y hermosos, para que viajaran a Cuzco. Eran recibidos por el soberano en la plaza principal y llevados a un espacio de veneración o **huaca**, donde debían rendir honores a las imágenes sagradas de *Wiracocha* (el dios creador), el Sol (Inti), la Luna y el Trueno.

Algunos de estos niños se quedaban en Cuzco para tener existencias para sacrificios en la capital, y la mayoría viajaba en una comitiva en línea recta hacia distintos picos de los Andes.

El viaje llevaba meses y los niños de estas caravanas eran agasajados en las aldeas que jalonaban el trayecto.

Al aproximarse a las cumbres sacrificiales, los niños eran emborrachados con chicha (licor de maíz) y atontados con hojas de coca. Allí les metían bien enjoyados en un agujero, lo tapaban y les abandonaban a su suerte. Algunos, los más afortunados, tenían el privilegio de que les reventaran el cráneo con una roca antes de dejarles allí arriba.

Seguramente a alguna madre de alguna aldea del vasto Tawantinsuyu, no le terminaría de convencer la idea de que su hija de 7 años debía hacer esta excursión para acabar, borracha y drogada, muriendo por congelación e inanición a 5 mil metros de altura; solo para dar las gracias al Inca y a su *padre* celestial por la cosecha. Algún padre habría que pondría en duda que la muerte de su hijo de 10 años fuera motivo de alegría o sirviera para mejorar la cosecha de patatas. Negacionistas siempre hubo y siempre los habrá (benditos sean).

En los cómics de *Astérix el Galo* es una constante el miedo atávico que sus personajes sentían a que el cielo cayera sobre sus cabezas. Albert Uderzo, creador de estas viñetas, sabía que los celtas reverenciaban al dios del trueno y de los cielos, *Taranis.* Para aplacar a este dios, los celtas, primero le ofrecían cabezas cortadas y más tarde quemaban vivos a prisioneros de guerra. De esta manera se aseguraban de que el cielo no se desplomara sobre sus testas.

Los geólogos y arqueólogos alemanes y austriacos descubrieron en la región de Chiemsee (lago Chiem), que mide aproximadamente 58 por 27 kilómetros entre Munich y Salzburgo evidencias del impacto de un cometa entre los años 465 y 200 a. C.

La zona del sur de Baviera está plagada de numerosos cráteres de impacto que a menudo se han convertido en lagos. La región también tiene una capa de depósitos de metales y minerales exóticos que normalmente no se encuentran en la superficie. Los físicos calculan que el cometa mediría alrededor de 1 km de diámetro y que se rompió violentamente a gran altura –a unos 50 km en la atmósfera-- y roció el área con fragmentos relativamente grandes, causando una detonación ensordecedora (como un trueno a lo bestia) y desplegando una fuerza equivalente a 80 bombas de hidrógeno de un megatón.

Para colmo de males, los vapores de metano restantes habrían asfixiado a muchos supervivientes de los impactos y las tormentas de fuego resultantes habrían achicharrado a otros muchos. No es de extrañar que los celtas que sobrevivieron a aquello tomaran buena nota y empezaran a creer que eso de que el cielo cayera sobre sus cabezas, era una posibilidad empírica. Este temor quedó arraigado en la psique colectiva celta durante siglos. Crearon un dios al efecto, responsable de que pudieran pasar estas cosas, y forjaron un culto a ese dios con el propósito de hacerle la pelota para que no se volviera a mosquear.

Es una constante en la Historia de la Humanidad que cuando algo extraordinario sucede, como la caída de un meteorito, se construya un paradigma que haga que tenga una cierta *lógica* (por disparatada que esta sea). El cielo se cae, es cosa de un tal Taranis que se enfadó; hay que hacer algo porque somos culpables de su enfado.

Un día, en el sur de lo que hoy es Alemania, a los celtas les cayeron pedruscos del tamaño de casas, y la conclusión fue que estaban enfadando a un dios y que había que quemar gente. *Ciencia* druida avanzada. Lo inteligente hubiera sido admitir que nadie tenía ni puta idea de qué coño pasó, y que antes de llegar a la conclusión de que es culpa de la gente y que la cosa se arregla jodiendo (matando, por ejemplo) o castigando al personal, habría que plantearse la idea de que fue simple mala suerte o un fenómeno que aún no se podía explicar. La Ciencia se hace, y avanza más, formulando preguntas inteligentes que dando respuestas tajantes.

Sacrificar personas para apaciguar a un monigote inventado para la ocasión, eso era para ellos, los celtas, ciencia puntera absolutamente asentada. Aquel celta que cuestionara la idoneidad de aplacar a Taranis cortando cabezas o asando gente viva, era un negacionista. Quien además de cuestionar el ritual sanguinario pusiera en tela de juicio la competencia de Taranis en estos temas, o su misma existencia, era un negacionista que iba a la pira encabezando la fila para la barbacoa.

Estimado lector; no creo que sea necesario que explique los paralelismos que existen entre esta *ciencia* druídica, azteca o inca, y la *ciencia* que predican los apóstoles de la IdC. Si te has comprado este libro intuyo que sabes emplear la lógica.

Sigamos con más rituales mágicos.

En 1582 un funcionario local de la ciudad de Mainz, Jeremías Lieb, escribió:

"El hombre común se ha vuelto tan loco por las consecuencias de las malas cosechas, la muerte del ganado y cosas similares que ya no los considera como el justo castigo de nuestros pecados, sino que culpa a las brujas y hechiceras. Demostrando esa reacción instintiva de creencia y comprensión folclórica hacia la culpa demonológica." (The Witchcraft Reader – Editado por Darren Oldridge para Routledge in History)

El bueno de Jeremías estaba cómodo con la idea de que las malas cosechas y la muerte del ganado eran una consecuencia *justa* como penitencia por nuestros pecados; sin embargo, juzgaba como folclórico que se cargara la culpa en las brujas y hechiceros. Jeremías le veía sentido a la culpa general pero no a acusar a presuntos aliados del Demonio. La idea de que otras causas pudieran estar detrás de esos hechos ni se le pasaba por la cabeza. La gente como Jeremías al menos se quedaba en la culpa colectiva y no iban más allá, pero la masa suele preferir singularizar en unos pocos la culpa para canalizar su rabia y su impotencia. Ni unos ni otros siquiera consideraban la posibilidad de que las malas cosechas o la muerte del ganado tuviera otras causas que no se conocían.

Habría algunos europeos de finales del siglo XVI, muy pocos, que no aceptaban estas dos corrientes *científicas,* pero más les valía estar callados.

El libro **Malleus Maleficarum**, popularmente conocido como "Martillo de Brujas", escrito por el clérigo alemán **Heinrich Kramer** y publicado en 1487, incluía en su prefacio una copia de la bula papal de 1484 emitida por el Papa Inocencio VII, **Summis desiderantes afectibus**, que decía:

"Recientemente ha llegado a nuestros oídos, no sin gran dolor, que en algunas partes de la Alta Alemania, así como en las provincias, ciudades, territorios, regiones y diócesis de Mainz, Koin, Trier, Salzburgo y Bremen, muchas personas de ambos sexos, descuidando su propia salvación y abandonando la fe católica, se entregan a demonios masculinos y femeninos, y por sus encantamientos y conjuros, y por otras abominables supersticiones y sortilegios, ofensas, crímenes y fechorías , arruinan y hacen perecer la descendencia de las mujeres, los potros de los animales, los productos de la tierra, las uvas de las vides y los frutos de los árboles, así como a los hombres y a las mujeres, al ganado vacuno, a los rebaños, a las manadas y a los animales de toda especie. También viñas y huertas, prados, pastos, mieses, cereales y demás frutos de la tierra; que afligen y torturan con espantosos dolores y angustias, tanto internas como externas, a estos hombres, mujeres, ganado vacuno, rebaños, manadas y animales.

La producción de la bula papal, así como su inclusión en el Malleus, confirmó el vínculo entre los actos de brujería capaces de desencadenar un clima "antinatural" y dañar la producción agrícola y ganadera. Este libro constituyó un avance significativo en la creencia en brujería ya que, a diferencia de antes, los juicios no se basaban en acusaciones de actos individuales de *maleficium*, que eran difíciles de creer sin pruebas y no generaban temor de que el oyente pudiera ser el siguiente. En cambio, los incidentes de *magia climática* podrían afectar a cualquiera de manera indiscriminada, porque era un tipo de brujería buscaba un daño agrícola y económico general que, a diferencia de una maldición personal, podía afectar a toda una sociedad.

En el siglo XVI estaban solo calentando motores, matando una bruja aquí y otra acullá; fue un entrenamiento para acostumbrar a la sociedad a que matar brujas es por el bien de la sociedad. El siglo XVII, tanto en sociedades protestantes como católicas, fue el siglo de oro de la cinegética brujeril. En muchos casos el motivo para cocinar brujas a la parrilla eran los supuestos sortilegios *climático-demoníacos* que estas "hábiles" mujeres realizaban.

En 1626 Johann Langhans, alcalde de Zeil en las afueras de Bamberg, anotó en su diario:

"El 27 de mayo [1626], las vides en toda Franconia, en los obispados de Bamberg y Würzburg, fueron destruidas por las heladas, así como el caro maíz, que ya se había marchitado... en todas partes alrededor de Zeil, todo estaba destruido por las heladas, algo que nunca había sucedido en la

memoria de la gente, y provocó el levantamiento de príncipes importantes... Después de lo cual comenzó una intenso ruego y súplica entre la chusma común [preguntando], por qué las autoridades seguían tolerando que los hechiceros y las brujas estuvieran dañando incluso las cosechas. Por lo tanto, Su Alteza el Príncipe [Johann Georg II] fue alertado para castigar tal mal, y por lo tanto las persecuciones de brujas comenzaron este año."

El mismo alcalde que escribió esto acabó siendo ejecutado durante 9 años de caza compulsiva de brujas en esta región del centro de Alemania (1623-1632). Entre 900 y 1.000 personas ejecutadas para evitar el "cambio climático".

Se calcula que en Europa entre 1560 y 1630 fueron ejecutadas por brujería 40.000 personas (mujeres mayoritariamente). En setenta años hubo catorce veces más ejecuciones por brujería que las llevadas a cabo por la Inquisición española en 300 años. De hecho, para los estándares de la época el Santo Oficio era el epítome de institución garantista, y a los de Torquemada les preocupaban más los herejes que las mujeres dedicadas a hacer pócimas. El alcalde de Ziel hubiera firmado ser juzgado por un tribunal del Santo Oficio antes que por el atajo de garrulos, asustados y en busca de venganza, que le acabó ejecutando.

Y ya que hablamos de brujería, debe ser por algún conjuro diabólico que el clímax en el asesinato de brujas coincide con la temperatura media mínima de la llamada "Pequeña Edad de Hielo".

En el gráfico de más abajo he superpuesto la evolución de la temperatura media de los últimos 1.000 años en el hemisferio norte, con los datos sobre ejecuciones por brujería en el suroeste de Alemania que Erik Midelfort publicó en su libro Witch Hunting in Southwestern Germany 1562-1684.

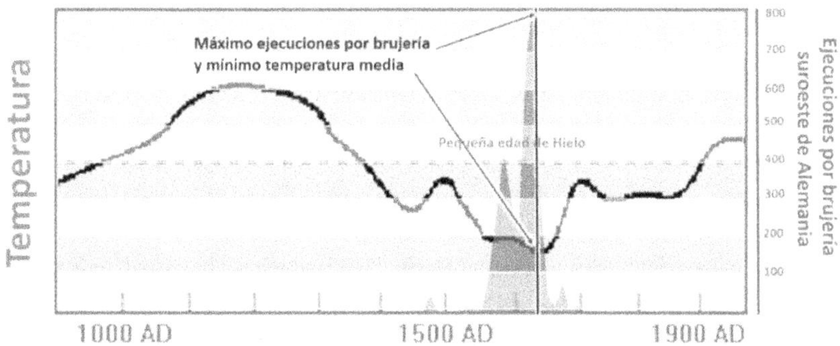

Fuente: H.C. Erik Midelfort, Caza de brujas en el suroeste de Alemania, 1562-1684: The Social and Intellectual Foundations (Stanford: Stanford University Press, 1972), 199-230 superpuesto sobre un esquema de la variación de la temperatura media del planeta en los últimos 1.000 años.

Se puede ver claramente que el máximo en el número de ejecuciones coincide con el mínimo de temperatura media. También se puede ver que la caída de temperatura media desde aproximadamente el año 1500 va acompañada de un aumento en el número de ajusticiamientos. Cuando la gente empezó a ver que desde 1630 las temperaturas iban subiendo perdió el interés en seguir achicharrando brujas y hechiceros.

El *consenso científico* de la época, que predicaba que los males que acontecían estaban causados por los pecados de la Humanidad, fue basculando hacia la hipótesis de que la culpa de estos fenómenos no era tanto colectiva como patrimonio de una serie de gentes *raras* que con toda seguridad tenían algún tipo de acuerdo con el Maligno. Es decir, valía

cualquier cosa excepto constatar que no tenían ni pajolera idea de por qué se morían los terneros o se congelaban las vides.

Imaginemos a un campesino centroeuropeo que ve como en 1620 su cosecha de trigo se ve arruinada por unas heladas en el mes de mayo. Sus padres y sus abuelos no experimentaron algo semejante antes. El abuelo de este agricultor le contaba que su abuelo, que nació en 1500, le hablaba de excelentes cosechas y que en la parroquia había registros de cosechas aún mejores hace muchos años. Este campesino se junta con otros en el mercado y todos coinciden en que hace más frío que antaño, que esto es algo nunca visto, que no es normal. Hay que hacer algo. Todos coinciden también en que no pecan más que lo que pecaban sus antepasados, y que por tanto debe estar pasando algo que antes no pasaba. El hijo del herrero, Friedrich, mete baza en la conversación. El joven Friedrich cuenta entre susurros que un bachiller que estaba de paso para cambiar unas herraduras le dijo que estas desgracias pasaban porque había mujeres y hombres que se entregaban a los demonios. Una señora que pasa junto al grupo se acerca y añade que las autoridades lo están ocultando pero que eso que dice Friedrich es cierto porque lo pone en un libro que escribió un inquisidor dominico (Malleus Maleficarum*) que hasta citaba al Papa de entonces.

- (*)Si bien el libro de Kramen Malleus Maleficarum fue condenado en su momento por no adherirse a la doctrina de la Iglesia Católica, según los inquisidores de la Universidad de Colonia. El libro tuvo un gran impacto en la sociedad de los siglos posteriores

Ya tenemos a los culpables, las brujas y los hechiceros, y hasta tenemos un manual para identificarlos, procesarlos, torturarlos y liquidarlos. Sería de tontos no actuar.

Sigamos con la historia del campesino centroeuropeo y sus amigos. Imaginemos que en esa aldea hay un niño que sufre autismo, una joven con ataques de epilepsia y una abuela con alzhéimer y demencia senil. Tenemos un problema, la ruina de las cosechas; tenemos unos culpables, el niño que no responde, la chica que en la iglesia soltaba espumarajos mientras se retorcía y la vieja que grita a todos; y tenemos la solución.

Si cambiamos brujas por CO2 y la Agenda 2030 por el Malleus Maleficarum no andaremos muy desencaminados.

Reducir la huella de hechicería para mitigar el enfriamiento global o disminuir la huella carbónica para disminuir el calentamiento global. Parece que para la Humanidad es mejor hacer cualquier cosa, por estúpida que sea, excepto plantearse que no tenemos ni puta idea de por qué pasa algo. Nuestra especie ni siquiera parece contemplar la posibilidad de que ante determinadas cosas lo más inteligente es adaptarnos a ellas mientras tratamos de comprender bien por qué pasan. Solo cuando se conocen a fondo los mecanismos que desencadenan las cosas, y no antes, podemos saber si está en nuestra mano, o no, hacer algo para evitar que eso ocurra o mitigar sus efectos. Adaptarse es lo más inteligente.

Un ejemplo de adaptación es la que la arquitectura y la ingeniería civil han realizado durante siglos para paliar los efectos de los terremotos. Es bastante más inteligente adaptar las edificaciones a los sismos que prohibir que la gente salte --en el supuesto de que existiera un "consenso científico" que achacara los terremotos a los conciertos de Heavy Metal--.

Existe la manía, congénita en el ser humano, de actuar irracionalmente ante cosas que le superan. Como no podemos parar los meteoritos, como no podemos evitar que las erupciones volcánicas enfríen el planeta, como no podemos cambiar los ciclos solares o las variaciones orbitales de nuestro planeta, pues cortemos cabezas, quememos brujas o dejemos de conducir coches de combustión "diabólica".

En el caso del clima ni siquiera conocemos cuáles son todos los factores o agentes que hacen que este cambie en el corto, medio y largo plazo. Ignoramos en gran medida cómo interactúan todos estos factores AJENOS a nuestro control. El clima es como una mesa de billar tridimensional en el que hay miles de bolas, de distintos tamaños y materiales moviéndose y chocando entre ellas. Para hacerlo más interesante la mesa de billar también se mueve y algunas bolas son (aún) invisibles ante nuestros ojos.

Somos tan chulos que a pesar de esta realidad de miles de bolas interactuando y de la casuística descomunal (en forma de clima) que arrojan las permutaciones que podemos hacer tomando las bolas de 2 en 2 o de 3 en 3 o de todas bailando a la vez, nos hemos empeñado en que es el CO2 y punto.

Si hay sequía es por los malos espíritus y hay que bailar dando vueltas.

El sol (Huitzilopochtli) solo saldrá si arrancamos cada día unas cuantas docenas de corazones humanos para que esté fuerte.

Para que haya buenas cosechas y el dios Inti esté feliz debemos enterrar vivos a niños en las cumbres de los Andes.

Taranis, este dios atronador, puede volver a hacer que el cielo se desplome sobre nosotros a menos que le tengamos feliz cortando cabezas o quemando gente.

Como se están congelando las cosechas es seguro que las brujas están detrás, si matamos al *perro* se acabará la rabia.

Para terminar este primer capítulo quiero hacer una distinción entre tres conceptos diferentes: correlación, causalidad y casualidad. Lo fundamental que tenemos que entender es que **la correlación no implica necesariamente causalidad, pues puede haber una correlación casual (por casualidad)**.

Hablamos de correlación cuando dos (o más) variables o sucesos experimentan un comportamiento paralelo directa o inversamente proporcional respecto al otro. El comportamiento de cada variable puede estar causado por su mutua interacción, por terceras variables --distintas o comunes—o ser fruto del azar.

Existen por tanto correlaciones que podemos llamar causales y correlaciones casuales.

Entre las **correlaciones causales** podríamos establecer una distinción entre las de causalidad directa o indirecta:

- Cuando una variable (A) influye en otra (B) se establece una **correlación de causalidad directa entre dos (o más) variables**.

Ejemplo: *"A más kilómetros conducidos (A) menos litros de combustible en el depósito (B)"*

Es importante tener en cuenta que es A (la distancia conducida) la variable que afecta a B (los litros de combustible) y no al revés. Recorrer más distancia siempre causa que el combustible disminuya, pero que haya menos combustible no implica que se haya recorrido más distancia.

Otro ejemplo: *"Cuando Carlitos come galletas (A) disminuye el número de galletas (B) en el tarro"*.

Siempre que Carlitos come galletas el número de estas disminuye, sin embargo, la disminución de galletas en el tarro no implica que sea debida a que se las come Carlitos, pues puede que las galletas se las coman sus hermanos o la abuela, por ejemplo.

Más ejemplos: *"Cuanto más se corre más sed se tiene"*

La variable A (correr) influye en la variable B (sensación de sed), pero un aumento de la sed no implica que se haya corrido más.

- Cuando una variable (A) se mueve en paralelo –de forma directa o inversamente proporcional-- con una variable (B) pero ninguna afecta directamente a la otra, sino que ambas se ven afectadas por una tercera variable (C), tenemos una correlación entre A y B, pero no una causalidad entre ellas, sino que A y B están ambas influidas por una tercera variable (C). Llamaremos a este tipo **correlaciones indirectas o de segundo (o mayor) nivel de causalidad**.

"El consumo de helados (A) es alto cuando se producen más ataques de tiburón (B)". El consumo de helados no es una consecuencia de los ataques de los escualos ni los tiburones eligen atacar a los que comen helados. Son dos fenómenos que aumentan en paralelo porque ambos están causados por un mismo factor: el aumento de la temperatura (C). La gente se baña más en el mar cuando sube la temperatura y también bebe más agua o come más helados.

- **Correlaciones casuales** (o falsas correlaciones). Puede haber correlaciones aparentes pero que son simples coincidencias producto del azar estadístico.

"Observamos un aumento de la temperatura media a medida que mayor es el número de brujas ejecutadas. Misión cumplida"

Esta anterior afirmación bien podría haberla hecho alguien en Baviera en la década de 1630.

Un druida del siglo IV a.C. podría haber firmado esta frase:

"Desde que empezamos a sacrificar gente al dios Taranis, no hemos vuelto a experimentar que el cielo se desplome sobre nuestras cabezas."

Casualidad es cuando dos fenómenos que no tienen nada que ver el uno con el otro suceden a la vez o con un decalaje en el tiempo.

"Me corté las uñas de los pies por la noche y está nevando."

Ambos sucesos están influidos por variables completamente distintas (se te rompieron los calcetines porque más que uñas tenías mejillones y la temperatura era muy baja y hubo precipitación) y es por puro azar estadístico que ambas cosas tan *importantes* ocurran a la vez o una detrás de otra.

Si tras danzar de una determinada manera se pone a llover es una simple casualidad.

Si matas gente diciendo que es para que salga el Sol o que no caiga un meteorito estás siendo un cabronazo que apuesta sobre (casi) seguro. El día que el sol no salga o que un nuevo meteorito caiga dirás que no se mató bien o suficientemente, aunque ya dará lo mismo.

No es una casualidad que el sol salga por el este, es mas bien una certeza. Condicionar algo que es seguro que va a ocurrir a que alguien haga un ritual era considerado "ciencia" en un lugar y un tiempo. No hemos cambiado casi nada.

Si tras ejecutar miles de supuestas brujas la temperatura empieza a subir y mejoran las cosechas existirá una correlación casual (mera coincidencia aleatoria) entre ambos hechos, pero no existe causalidad. Creo que queda clara la importancia que tiene intercambiar dos letras ("s" y "u") cuando hablamos de causalidad y casualidad.

Una variable puede influir en otra de una manera más o menos potente. La intensidad con que una variable se correlaciona con otra se suele medir con el **Coeficiente de Correlación de Pearson (r)** que calcula el efecto del cambio en una variable cuando la otra variable cambia. El índice de Pearson se expresa en valores comprendidos entre -1 y +1. Cuando existe una dependencia total entre dos variables el coeficiente de Pearson será 1, cuando ambas variables se muevan en el mismo sentido, o -1, cuando lo hagan en sentidos opuestos.

No perdamos de vista que, como hemos visto antes, puede existir una correlación sin que exista una causalidad. Si calculamos el coeficiente de Pearson en un intervalo de tiempo, durante el imperio azteca, en que se sacrificaban seres humanos para que saliera el Sol, tendremos una correlación total… y casual.

Si tomamos una semana cualquiera en el Tenochtitlán azteca en el que diariamente se sacrificaban entre 50 y 60 personas y analizamos las variables "número de sacrificios humanos acumulados" (X) y "número de días acumulados en los que salió el Sol" (Y), nos vamos a encontrar con que existe una correlación muy fuerte entre ambas variables. El número de víctimas y las salidas de sol tenían una evidente correlación, pero no existía una causalidad. El Sol iba a salir de todas maneras, influido por las leyes de

Newton, independientemente de a cuanta gente le fuera o no arrancado el corazón, esta última una variable que dependía del fanatismo humano.

Para los que les gusten los cálculos, aquí tenemos la fórmula explicada para calcular el coeficiente de Pearson:

$$r = \frac{N\Sigma xy - (\Sigma x)(\Sigma y)}{\sqrt{[N\Sigma x^2 - (\Sigma x)^2][N\Sigma y^2 - (\Sigma y)^2]}}$$

Donde

N = Número de valores o elementos

Σxy = la suma de los productos de las puntuaciones emparejadas

Σx = la suma de puntuaciones x

Σy = la suma de puntuaciones y

$\Sigma x2$ = Suma de cuadrados Puntuación x

$\Sigma y2$ = Suma de cuadrados Puntuación y

En la siguiente tabla añado datos probables tomados durante una semana *típica* en el imperio mexica prehispánico. Según el historiador mexicano **Mariano Cuevas** se sacrificaban alrededor de 20 mil personas al año (solo en Tenochtitlán), lo que arroja una media de 55 sacrificios al día.

Día	(X) nº sacrificios acumulados	(Y) nº días acumulados sale el sol	XY	X²	Y²
1	60	1	60	3.600	1
2	115	2	230	13.225	4
3	172	3	516	29.584	9
4	232	4	928	53.824	16
5	290	5	1.450	84.100	25
6	345	6	2.070	119.025	36
7	405	7	2.835	164.025	49
Sumatorio	1.619	28	8.089	467.383	140

Resolvemos la fórmula anterior y obtenemos un coeficiente de Pearson de 0,99994066.

La conclusión a la que habría llegado quienquiera que se ocupara de las estadísticas del imperio, es que existía una fuerte (casi máxima) correlación entre la práctica genocida y la salida del Sol. Exitazo. La realidad es que se trataba de una correlación casual.

Es fundamental tener también en cuenta que dos variables pueden tener una relación de correlación causal durante un intervalo de tiempo pasado el cual esa correlación cesa o se reduce en intensidad. Un ejemplo de esto es la edad y la altura. Desde los cero años hasta alrededor de los 18 o 19, una mayor edad causa que los individuos sean más altos, sin embargo, a partir de (aproximadamente) los 20 años la correlación cesa. Otro ejemplo: el grado de salinidad del agua aumenta según le vamos añadiendo sal hasta alcanzar su coeficiente de solubilidad, la cantidad de sustancia máxima que se puede disolver en 100 gramos de solvente (depende de la temperatura a la que está el solvente), y la correlación cesa.

Otro aspecto a tener en cuenta es que la correlación causal entre dos variables puede no darse en paralelo, ya que los cambios en una variable pueden tener un efecto detectable en otra, pasados meses, años, décadas o incluso siglos.

Termino haciendo algunas preguntas sobre las que volveremos a lo largo del libro:

¿Es el incremento de CO2 lo que causa un aumento de temperatura o es el aumento de la temperatura lo que causa que más CO2 sea liberado en la atmósfera? ¿Es una correlación causal o casual la que se manifiesta desde 1850 entre el incremento del CO2 y la temperatura media o puede tener más que ver con que desde 1850 estamos saliendo de un pequeño ciclo frío (la Pequeña *Edad de Hielo* entre los siglos XIV y XIX)?

Capítulo 2.

Consenso Científico versus Ciencia

"La ciencia es la creencia en la ignorancia de los expertos"

La frase anterior es atribuida a Richard Feynman, uno de los más grandes científicos de los últimos cien años. Feynman tenía claro que la ciencia no consiste en el respeto a ninguna autoridad y tampoco es un conjunto de hechos aprendidos, sino un método riguroso de cuestionamiento permanente en busca de una explicación mejor para las cosas que observamos.

Cuando los apóstoles de la IdC (recordemos: Iglesia de la Calentología) promueven leyes orientadas a disminuir tanto nuestra (bendita) huella carbónica como nuestras sagradas libertades, lo hacen siempre en nombre de, y escudados en, *la ciencia* y el famoso *consenso científico*. Algunos hasta afirman cosas como que "la ciencia ha hablado", que se trata de un asunto cerrado al debate que tan solo los *negacionistas* se atreven a cuestionar.

No es lo mismo hablar de consenso científico que de consenso de científicos. Que una serie de científicos estén de acuerdo con determinados postulados, teorías o hipótesis no significa que estos sean verdades incuestionables. Si a la Ciencia le quitas la duda le pasan dos cosas: se convierte en religión y deja de avanzar.

La Ciencia es un borrador permanente, nada está grabado en piedra, todo es cuestionable y todo debe ser cuestionado. Los términos "consenso" y "científico" ligan tan mal entre sí como las palabras "política" y "honradez".

Lo más parecido que podemos tener a eso que llaman "consenso científico" serían cosas tan repetidamente demostradas empíricamente como que la aceleración que experimenta un cuerpo que cae sobre la Tierra es de 9,8 metros por segundo al cuadrado. Pero incluso este dato, tan aparentemente incuestionable, admite dudas.

El campo gravitacional de la Tierra no es homogéneo y la fuerza de aceleración gravitacional (g) depende de la latitud, la orografía, la densidad en cada zona del manto, la altitud, la profundidad, de la forma no exactamente esférica del planeta, y de otros cuerpos celestes que también ejercen una atracción. Y además podemos sospechar que hay otros factores que aún no se han tenido en cuenta. Por supuesto *g* es distinta en cada punto del universo donde la midamos.

Y si seguimos rascando vemos que la propia fuerza de la gravedad (F) se calcula mediante una fórmula presidida por la Constante de gravitación universal (G) que resulta ser una de las constantes conocidas con menor exactitud (una incertidumbre de 1 parte entre 10.000).

Y hurgando más, vemos que la interacción gravitatoria (así la llaman últimamente) es la hermana malota de las cuatro Fuerzas Fundamentales (Nuclear Débil, Nuclear Fuerte, Electromagnetismo y Gravedad) que hace que **la Teoría General de la Relatividad** o relatividad general (la teoría del campo gravitatorio y de sistemas de referencia generales de Einstein) no pueda --al menos aún-- conciliarse con el **Modelo Estándar** o de partículas, que es una teoría cuántica de campos.

Hasta desconocemos cómo es la partícula asociada al campo gravitacional, el llamado gravitón. El gravitón es una partícula teórica que no se ha podido observar, o tal vez sea una cuerda. La mayoría de las teorías que contienen gravitones (teorías de gravedad cuántica) adolecen de graves problemas matemáticos y de inconsistencias. Los intentos de ampliar el modelo estándar, u otras teorías cuánticas de campos, añadiendo gravitones, tropiezan con serias dificultades teóricas a escalas próximas a la escala de Planck ya que los infinitos surgen como setas en estos modelos debido a los efectos cuánticos.

Cuando Galileo mediante sus experimentos con bolas y planos inclinados midió la aceleración gravitacional podría haber concluido que esa aceleración era constante en todo el universo, lo cual es falso.

Sigamos con la gravedad.

Isaac Newton tenía la corazonada de que la gravedad alcanza grandes distancias e intuía que la fuerza con la que dos cuerpos se atraían era directamente proporcional a sus masas e inversamente proporcional a la distancia entre ellos. Tras muchas observaciones Newton comprobó que su intuición iba bien encaminada y definió mediante una fórmula matemática el valor de la gravedad entre dos objetos: la fuerza (F) con la que dos objetos se atraen es directamente proporcional al producto de sus masas (m y M) e inversamente proporcional al cuadrado de la distancia entre ellos (r) y todo ello multiplicado por la constante gravitacional (G).

$$F = G \frac{mM}{r^2}$$

Newton se "inventó" el valor de G suponiendo una densidad de la tierra que se acercaba mucho a la que hoy estimamos. La intuición de Newton, sus observaciones y sus conocimientos matemáticos le llevaron a dar forma a la conocida como Ley de Gravitación Universal, una ley que juntamente con la Tercera Ley de Kepler permite entender y predecir el movimiento de los astros en el Sistema Solar.

De paso Newton tiró por tierra la hipótesis de su amigo Edmon Halley que postulaba que la Tierra era una esfera hueca, algo que Julio Verne propuso años después en su "Viaje al centro de la Tierra".

Edmon Halley era un reputadísimo científico en su época. Fue el segundo titular del puesto de *Astronomer Royal*, amigo del rey Carlos II de Inglaterra y era miembro de la Royal Society (como lo han sido Einstein o Darwin). Con la ayuda de los cálculos de su amigo Newton, Halley predijo la periodicidad con que el cometa que lleva su nombre visita la Tierra. Y si Halley, con todo su glamur y enorme prestigio, pensaba que la Tierra era una esfera hueca, solo un negacionista desorejado podría no estar de acuerdo con ello. ¿O no?

Edmon Halley era un experto y también era un ignorante (se puede ser ambas cosas). Algún irreverente cuestionó la idea de que la Tierra era hueca y la ciencia avanzó un poco. La frase de Feynman, *"la ciencia es la creencia en la ignorancia de los expertos",* debería presidir la sala de profesores de toda facultad.

La ciencia avanza más cuanta más irreverencia haya y más se cuestione todo; a eso se refería Feynman cuando hablaba de creer en la "ignorancia de los expertos". Porque todos somos ignorantes, el problema lo tenemos cuando olvidamos que todos lo somos en cierta medida. Es preferible tener un mente abierta, curiosa, escéptica y hambrienta que estar dispuestos a tragar píldoras de "consenso científico" recetadas por sabihondos interesados.

Sigamos con la gravedad un poco más.

Unas décadas después de que Newton asentara las bases de la Física moderna, un filósofo, químico y físico llamado Henry Cavendish, se dispuso en 1798 a literalmente "pesar la Tierra". Empleando esferas de plomo en una balanza de torsión Cavendish acabó topándose (y no dándole importancia) con la primera aproximación empírica de la constante de gravitación universal (G).

Cavendish obtuvo la densidad de la Tierra y logró dar una cifra para su peso, 6.660 trillones de toneladas, que solo difiere en un 10% de las últimas mediciones. No acertó, pero iba bien encaminado y de paso nos dio una buena estimación de G (la primera empírica ya que Newton la realizó a "ojímetro").

Urbain Leverrier, astrónomo y matemático, observó en 1859 que la órbita de Mercurio difería de los cálculos que la mecánica newtoniana predecía para este planeta. Dado que la física newtoniana llevaba 187 años (desde 1687) como algo incuestionable, Leverrier supuso que debía existir un planeta o un cinturón de asteroides entre la órbita de Mercurio y el Sol que hacía posible esos pocos segundos de arco que Mercurio se apartaba de donde "debía estar". El consenso científico dictaba que Newton era una vaca sagrada y su Ley de la Gravitación Universal era pétrea y válida en cualquier circunstancia. Leverrier no se atrevió a cuestionar el paradigma newtoniano y le habrían llovido críticas de haberlo hecho.

Nada se encontró entre Mercurio y el Sol.

Así quedó la cosa hasta que un alemán nacido 20 años después de que Leverrier se topara con el comportamiento *rebelde* de Mercurio, formulara en 1915 su **teoría general de la relatividad.** Un tal Albert Einstein.

En la misma época en que Einstein le mojaba la oreja a Newton, estaba naciendo la **teoría cuántica,** encabezada por Max Planck. En los años 70 del siglo XX aparece el **modelo de partículas,** una teoría cuántica de campos, heredera de las ideas de Planck y que logra explicar matemáticamente la interacción de tres de las cuatro fuerzas fundamentales (nuclear fuerte, nuclear débil y electromagnética). Nuestra amiga la gravedad, como he contado antes, no encaja con los modelos matemáticos del mundo cuántico. La teoría del todo es aún algo pendiente. Para dar una idea de lo esquiva que es la gravedad baste decir que enfoques como la teoría de cuerdas ven al gravitón como una partícula que actúa desde otra dimensión.

Sirva todo el jaleo gravitacional anterior para ejemplificar como detrás de cosas aparentemente "consensuadas" hay un montón de incógnitas por despejar.

Que la aceleración gravitacional en la Tierra esté en torno a 9,8 metros por segundo al cuadrado no es consenso científico, es solo constatar algo que cualquier niño de 14 años puede comprobar con un experimento tan barato como tirar una piedra desde una determinada altura y cronometrar la caída.

Detrás de esa realidad empírica tan común tal vez haya una partícula, el travieso gravitón, o tal vez no. Tal vez haya una cuerda cerrada y sin masa que proyecta una fuerza desde otra dimensión, o tal vez no. Si alguien cree que existe consenso científico en torno a qué es lo que hace que las cosas caigan, le invito a visitar el apasionante mundo de los físicos teóricos. Penrose, Hawkin, Susskind, Smolin, DeWitt, son algunos de los ídolos de la física actual que, a la hora de discutir, no difiere mucho de los aficionados al fútbol. No faltan equipos: la teoría M, cuerdas, supercuerdas, teoría F, teoría S, teoría E8, teoría de twistones, gravedad cuántica euclídea, gravedad cuántica de bucles, universo holográfico, …

Veamos ahora en qué consiste el "consenso científico" de la IdC. Esto es lo que dice esa organización, tan reverenciada como mafiosa, llamada la ONU (https://www.un.org/es/climatechange/what-is-climate-change):

El cambio climático se refiere a los cambios a largo plazo de las temperaturas y los patrones climáticos. Estos cambios pueden ser naturales, debido a variaciones en la actividad solar o erupciones volcánicas grandes. Pero desde el siglo XIX, las actividades humanas han sido el principal motor del cambio climático, debido principalmente a la quema de combustibles fósiles como el carbón, el petróleo y el gas.

Y más adelante añaden:

Los científicos dedicados a las cuestiones climáticas han demostrado que las personas somos responsables del calentamiento global de los últimos 200 años.

Empezaré por el final. **Los científicos no han demostrado, ni remotamente, que las personas seamos responsables del calentamiento global de los últimos 200 años**. De hecho, los científicos no han demostrado una mierda en relación a por qué el clima cambia en un sentido u otro tanto durante los últimos 200 años como en los últimos 200 millones de años.

Lo que realmente viene pasando en las últimas décadas es que los científicos que han formulado hipótesis que han sido del gusto de los políticos de tendencias liberticidas (¿el consenso político?) disponen de un mejor altavoz, de más medios, de más fama y de más dinero que aquellos que haciendo ciencia llegan a conclusiones que no sirven para asustar a la gente o subir los impuestos. A los primeros se les mima, a los segundos se les llama negacionistas. Esto es una constante hoy y ayer.

Para los políticos, consenso científico significa el consenso de aquellos científicos que les son útiles. El consenso de aquellos científicos cuyas hipótesis estén mejor alineadas y encajen mejor con la agenda de darnos a todos por culo. Ese es el consenso científico. ¿Te gusta?

Cuando los chicos de la ONU nos cuentan que los científicos han demostrado que los humanos somos los responsables del calentamiento global desde hace 200 años, nos están mintiendo. Nos mienten tan descaradamente que hasta esos científicos a los que la ONU alude, serían incapaces de decir en público que han demostrado tal cosa. Hablarían de probabilidades, de modelos de hipótesis plausible, pero jamás se atreverían a decir "hemos demostrado"; salvo que no sean realmente científicos o se den al consuman de peyote u otras substancias alucinógenas.

Lo que sería correcto decir es que algunos científicos **creen**, basándose en modelos matemáticos (a menudo corrompidos con premisas falsas), que la actividad humana es el principal factor del cambio climático en los últimos 200 años. La creencia de estos científicos tiene la misma base científica que tuvo la creencia de Edmon Halley de que la Tierra era una esfera hueca.

Volvamos a Richard Feynman.

"La ciencia es la creencia en la ignorancia de los expertos".

Así explicaba Feynman a sus alumnos el sentido de la frase anterior:

De todas las materias, la ciencia es la única que contiene en sí misma la lección del peligro de creer en la infalibilidad de los más grandes maestros de la generación anterior (...) Cuando alguien dice: "La ciencia enseña tal y cual cosa", está usando la palabra incorrectamente. La ciencia no enseña nada; la experiencia lo enseña. Si te dicen: "La ciencia ha demostrado esto y aquello", podrías preguntar: "¿Cómo lo muestra la ciencia? ¿Cómo se enteraron los científicos? ¿Cómo? ¿Qué? ¿Dónde?" No debería decir "la ciencia lo ha demostrado", sino "este experimento, este efecto, lo ha demostrado". Cualquiera tiene derecho al conocer los experimentos y la evidencia, a juzgar si se ha llegado a una conclusión sensata. (...) Los expertos que os están guiando pueden estar equivocados. (...) Creo que vivimos en una época acientífica en la que casi todos los embates de los medios de comunicación y la televisión son acientíficos. Como resultado, existe una cantidad considerable de tiranía intelectual en nombre de la ciencia.

Los "expertos" del consenso climático no pueden por tanto hablar en nombre de la ciencia porque la ciencia no es la prometida o la novia de nadie, sino un método y un debate continuo. La ciencia, como decía Feynman, no demuestra nada. Si alguien dice que algo está demostrado no puede esgrimir que la ciencia, o su tía abuela, lo han demostrado sino explicar y mostrar qué experimento o qué efecto lo demuestra.

Lo que los científicos adjuntos al clero de la IdC manejan no son dogmas (como los políticos nos venden) sino hipótesis sin verificar. Una hipótesis es una conjetura científica que requiere una contrastación experimental (mediante la experiencia empírica).

Una hipótesis es una propuesta provisional que debe ser verificada por el método científico. Esto es lo que se conoce como contrastación empírica de la hipótesis o proceso de validación de la hipótesis.

Sigamos el método científico utilizando un diagrama muy simplificado para averiguar cómo de buena es la hipótesis que la IdC nos quiere colar como dogma.

Modelo simplificado de las etapas del método científico

Diagrama simplificado del método científico (fuente: Wikipedia)

Al esquema le falta la primera fase que es la de observación de la realidad:

Observamos que la temperatura media del planeta viene subiendo desde aproximadamente 1850.

Investigamos para ver qué se sabe al respecto y qué explicaciones se han dado hasta el momento.

La pregunta sería:

¿por qué sube la temperatura?

La hipótesis sería:

Dado que en estos mismos años el aumento de la temperatura viene acompañado de un incremento en los niveles de CO_2 atmosférico (existe una correlación) que es un gas que causa un efecto invernadero y, dado que la actividad humana contribuye más que nunca antes al aporte de CO_2 a la atmósfera, suponemos que es ese aumento del CO_2 antropogénico (a causa de la actividad humana) el que determina en mayor medida el aumento observado de la temperatura.

Para entender esta hipótesis y lo que implica debemos tener además en cuenta que el aporte del CO_2 antropogénico al saldo de emisiones totales de dióxido de carbono es de entre un 3,5% y un 4%. La producción de CO_2 por parte del ser humano está entre las 29 y 40 gigatoneladas de las 750 gigatoneladas que se mueven a través del ciclo del carbono cada año. Un dato importante, que mucha gente desconoce, es que los humanos producimos el 4% del CO_2 que emite la Tierra anualmente. También conviene tener presente que el CO_2 supone un 0,04% de la atmósfera. Por tanto, el aporte humano anual de CO_2 a la atmósfera equivale al 0,0016% de esta. Por supuesto, al igual que se emite CO_2 a la atmósfera, también el océano, la corteza terrestre, las plantas etc., capturan ese gas. Hablamos de un ciclo con aportes y con capturas de CO_2.

La medición de las partículas de la atmósfera de hace miles de años, atrapadas en los núcleos de hielo antártico y groenlandés, nos cuentan que el CO_2 atmosférico (ver gráfico más abajo) se ha disparado un 40% desde 1950. Lo cual "demuestra" para los partidarios de la hipótesis de la IdC, que el ser humano post Revolución Industrial es culpable. Corramos pues a comprar un Tesla… ¿o no tan rápido?

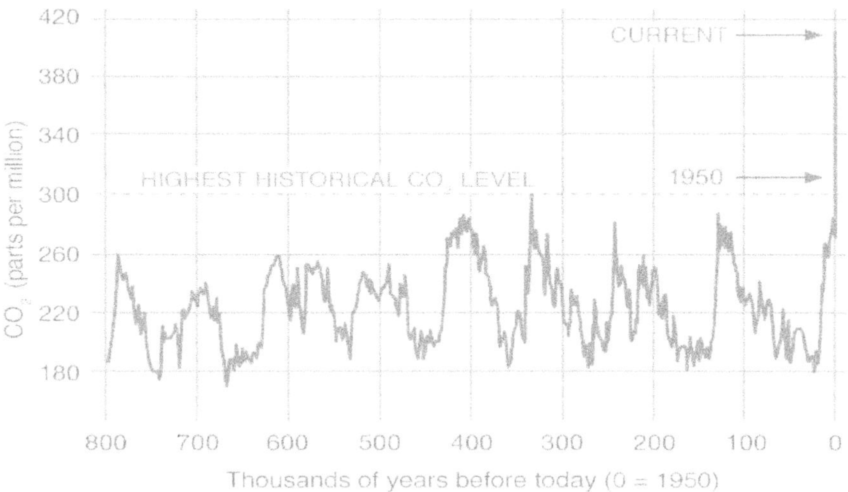

Fuente de datos: Reconstrucción a partir de núcleos de hielo.

Crédito: NOAA (National Atmospheric and Oceanic Administration, dependiente del gobierno federal de EE.UU.)

Volvamos al gráfico (que vimos antes) que muestra la variación en temperatura en los últimos 800 mil años del periodo cuaternario (en el que vivimos) con sus glaciaciones de más de 100 mil años y periodos cálidos de 10 a 20 mil años.

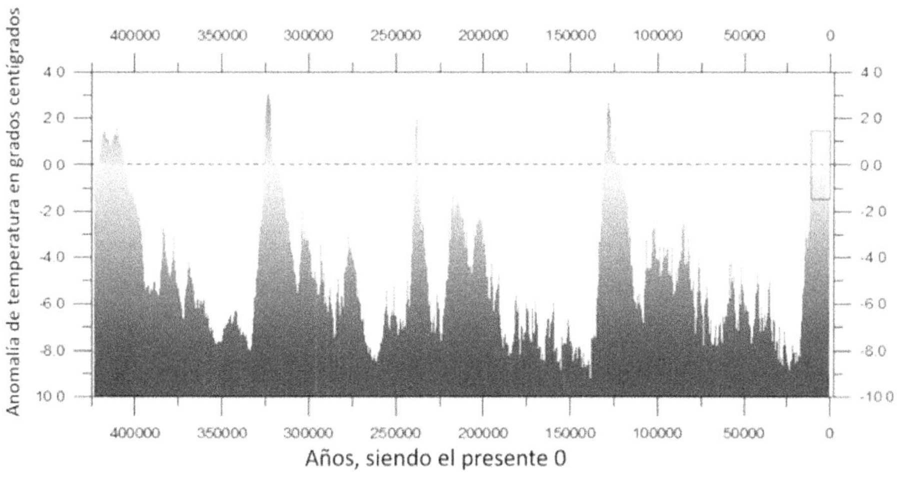

Temperatura global reconstruida durante los últimos 420.000 años basándose en el núcleo de hielo Vostok de la Antártida (Petit et al. 2001). El registro abarca cuatro periodos glaciales y cinco interglaciares, incluido el presente (Holoceno). La línea horizontal indica la temperatura moderna. El cuadrado rojo a la derecha indica donde nos encontramos en la actualidad

Comparemos los datos de ambos gráficos para los últimos 400 mil años. Resulta que durante al anterior periodo cálido (hace 125 mil años) teníamos niveles de CO2 por debajo de 300 ppm (partículas por millón) y el planeta tenía una temperatura media superior a la actual, y lo mismo pasaba en el resto de los períodos cálidos interglaciares.

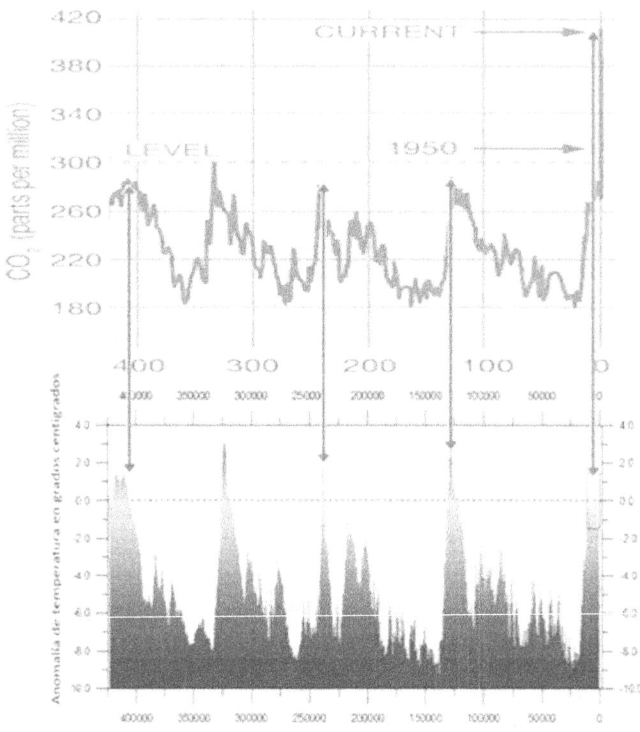

Si damos por válida la hipótesis de que el CO2 es la principal palanca que provoca el cambio climático, ¿Cómo puede ser que hoy con 420 ppm de CO2, tengamos una temperatura media inferior a la de hace 125 mil, 237 mil o 400 mil años cuando había menos de 300 ppm? O formulado de otra manera:

¿Cómo se explica que la Tierra tuviera hace 120 mil años una temperatura media superior a la actual con las dos terceras partes del CO2 que hoy tenemos?

Las respuestas que ofrecen a estas preguntas los devotos de la IdC suelen ser geniales: el Sol, las corrientes marinas, las placas tectónicas, las erupciones volcánicas… En definitiva, no estando los humanos de por medio el CO2 pintaba poco y las cosas a las que les restan importancia en el contexto actual eran entonces importantes. Es decir que, aparentemente, el CO2 solo es malo cuando conviene y solo juega un papel protagonista cuando se trata de hacernos sentir culpables como especie.

Hagamos "zoom" y analicemos la evolución del dúo temperatura media-CO2 en los últimos 2.000 años. Aquí la cosa se pone aún más *pecaminosa*.

Resulta que a lo largo de los últimos 1.900 años hemos tenido un periodo cálido medieval (con temperaturas medias muy superiores a las actuales) y una "pequeña edad de hielo" (que tratamos de superar quemando brujas)

… ambas etapas con temperaturas diametralmente distintas, pero con el mismo nivel de CO2 (280 ppm).

Con prácticamente el mismo CO2 hemos tenido un periodo con cultivos de trigo en Islandia o de vides en el norte de Inglaterra y otro de heladas en mayo en Centroeuropa. Y lo que es *peor* aún; resulta que hoy tenemos un clima más frío que hace 1.200 años a pesar de tener un 50% más de CO2que entonces.

¿Qué pasa? ¿Es que ya no se *hace* el CO2 como en los viejos tiempos?

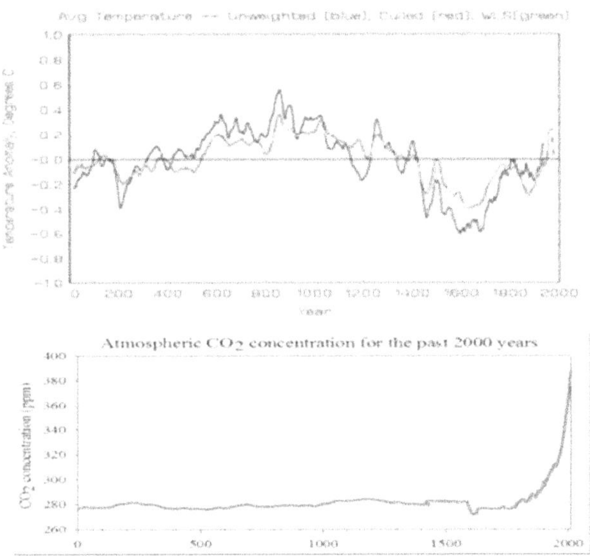

Gráfico anterior. Corrección de: Una reconstrucción de la temperatura global de 2000 años basada en indicadores distintos de los anillos de los árboles", por Craig Loehle y J. Huston McCulloch, 10 de enero de 2008. Gráfico inferior. Evolución del CO 2 Atmosférico durante los últimos 2000 años en ppm a partir del núcleo de hielo del Law Dome (Antártida) y primeros registros de aire adaptados de MacFarling Meure et al. (2006).

Uno de los gráficos que más se emplean por parte de los fieles de la IdC es uno que muestra la evolución del CO2 en la atmósfera medido en ppm (partes por millón) durante los últimos 800.000 años. El gráfico recoge mediciones tomadas de burbujas de aire atrapadas en los núcleos de hielo milenario extraídos de los casquetes polares.

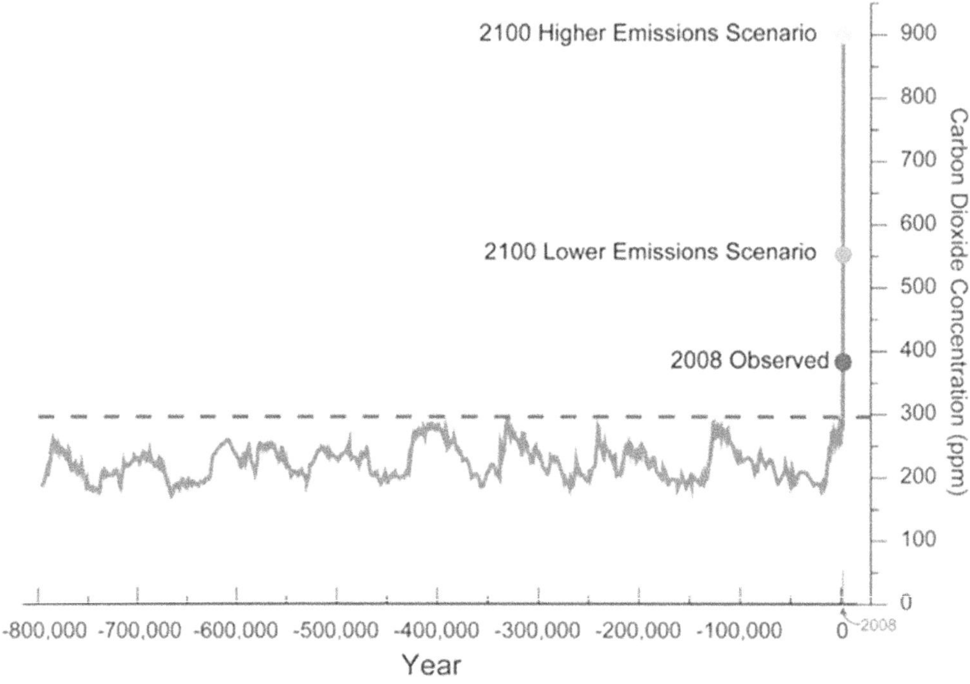

El gráfico anterior muestra cómo los niveles de CO2 han oscilado entre las 180 y las 300 ppm hasta que los humanos empezamos a quemar combustibles fósiles y a "llenar" la atmósfera de CO2. Si nos portamos bien en el año 2100 estaremos en 550 ppm y si somos unos pecadores carbónicos impenitentes llegaremos, también en 2100, a 900 ppm

El Foro Económico Mundial, ese *faro de Occidente* que tiene por mayordomo a Klaus Schwab --caricatura de supervillano con voz de malvado--, que aboga por que dejemos de comer carne y fusionemos nuestro yo digital y físico, advertía en 2018 de un "hito horripilante" al referirse a que por primera vez en 800 mil años el planeta había superado las 410 ppm de CO2.

En el mismo artículo de este foro liberticida puede leerse lo siguiente:

"Ese cambio tiene consecuencias inevitables y aterradoras. Las investigaciones indican que, si no se controla, esta tendencia podría provocar directamente decenas de miles de muertes relacionadas con la contaminación, llegar a un punto en el que ralentice la cognición humana y provocar el aumento del nivel del mar, olas de calor abrasadoras y supertormentas que los científicos proyectan como efectos del cambio climático".

Las "investigaciones" dicen. Menudas investigaciones deben ser cuando la conclusión es que el CO2 es un contaminante (algo que absolutamente no es). Lo de que el CO2 reduce la capacidad cognitiva es algo que no está en absoluto demostrado (sobre todo porque se basan en estudios en entornos cerrados con resultados dispares y donde el CO2 es el menor de los problemas). Iremos hablando del tema del incremento en el nivel del mar, de las olas de calor abrasadoras y de las súper-tormentas que estos *prendas* dicen que el CO2 causa.

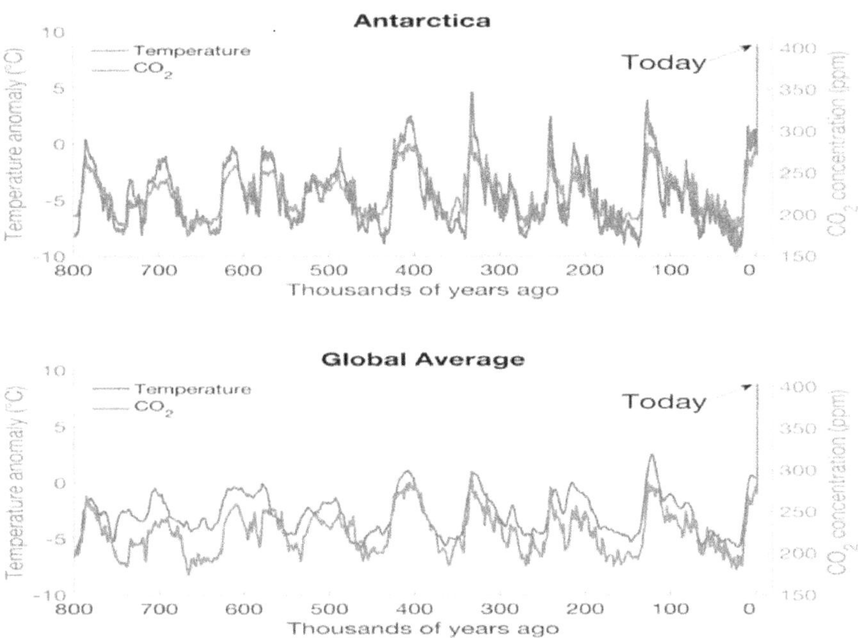

https://www.weforum.org/agenda/2018/05/earth-just-hit-a-terrifying-milestone-for-the-first-time-in-more-than-800-000-years/

En los gráficos de arriba nos muestran, los muy preocupados *hermanos* del Foro Económico Mundial, como existe una correlación entre las temperaturas medias y el nivel de CO2 durante 800 mil años. Lo más chocante de estos dos gráficos es, nuevamente, que no tenemos una temperatura media superior hoy a la de los periodos interglaciares (como el nuestro actual) que hubo hace 120 mil, 200 mil o 400 mil años a pesar de tener el CO2 *despendolado*. La hipótesis de la IdC nuevamente hace aguas.

Es más, en todo el gráfico no existe una brecha tan acusada entre CO2 y temperatura media como la que experimentamos en la actualidad. Y ante esta evidencia podríamos hacernos varias preguntas:

¿No será que quizá la correlación entre CO2 y temperatura media se "satura" en un punto y deja de existir?

¿Podría ser que la temperatura y el CO2 se correlacionan porque ambas variables son afectadas por una tercera (o terceras) variable?

¿Podría ser que sea la temperatura la que influye en el aumento y disminución del CO2 más que a la inversa? (*)

(*) más sobre esto en el capítulo 4

Imaginemos que entre el CO_2 y la temperatura pasara algo parecido al ejemplo que cité anteriormente en el que los ataques de tiburones se correlacionan con el consumo de helados. Esta correlación existe a pesar de que ninguna de estas variables causa cambios en la otra, sino que ambas se mueven en función de una tercera variable (el calor que haga que da más ganas de tomar helados y de bañarse).

Pensemos que el CO_2 y la temperatura media suben y bajan de forma paralela como efecto de una variable diferente. Si esa hipótesis fuera cierta, limitar la emisión de CO_2 humano tendría el mismo efecto en el aumento de la temperatura que abstenerse de comer helados para que disminuyan los ataques de tiburones.

Si el consenso científico fuera que disminuir el consumo de helados reduce el número de ataques de escualos la gente se metería en el mar con más confianza y aumentarían los ataques. Supongamos que se nos prescribió para los próximos 50 años cambiar los helados por cerveza.

¿Sería, en ese escenario, el consumo de cerveza considerado como la variable que influye en que aumenten los ataques de tiburones o la gente empezaría a poner redes en las zonas de baño?

Siguiendo con el método científico ahora que tenemos ya una hipótesis lo que toca es probar dicha hipótesis mediante experimentación empírica

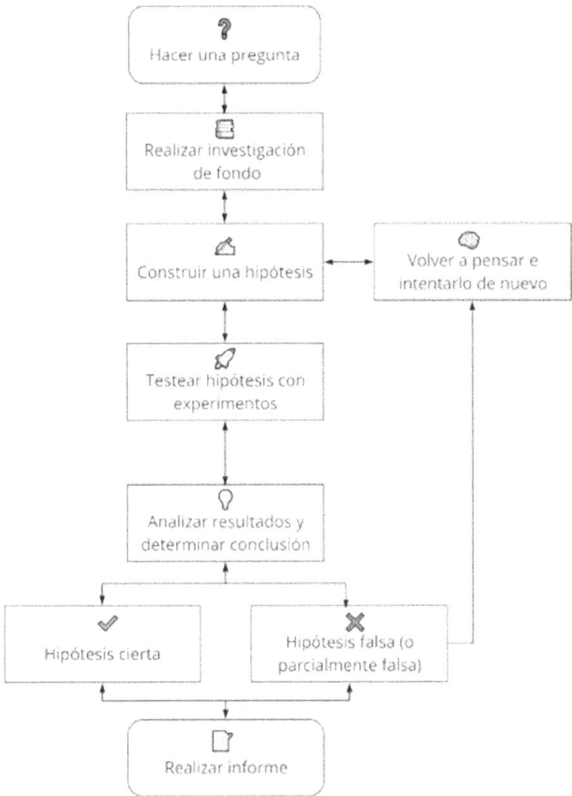

Newton podía experimentar y testear su hipótesis sobre la gravedad viendo el comportamiento de los astros, Cavendish ingenió una máquina para pesar la Tierra y de paso hallar la constante gravitacional; ¿y cómo testeamos la hipótesis de que el cambio climático es fundamentalmente causado por el CO_2 antropogénico?

Personalmente considero que lo más inteligente es poner los medios para paliar en lo posible el problema (colocar redes) mientras se siguen investigando y se siguen proponiendo hipótesis para ir entendiendo mejor los mecanismos y las variables que verdaderamente operan para causar el problema en cuestión. Y no podemos descartar nunca que dichas variables y los mecanismos puedan no ser controladas por los humanos con el nivel tecnológico que se tenga en ese momento.

Pero como decía antes hablando de la quema de brujas, el ser humano tiene una querencia por obstinarse con que puede explicarlo todo y además darle arreglo. Unas veces sacrificando niños, otras cortando cabezas, inventándose dioses ad-hoc, etc.

Pero volvamos al método científico. ¿Cómo testeamos empíricamente la validez de la hipótesis (dogma) de la IdC?

La mejor forma de hacerlo sería tener tres o cuatro planetas Tierra con sus correspondientes sistemas solares y disponer de una máquina del tiempo. En un planeta ponemos humanos "carbónicos" regodeándose en el consumo de carbón y petróleo, en otro ubicamos humanos "sostenibles" veganos y sin huella carbónica, en otro ponemos menos humanos y en otro no ponemos humanos. Corremos el tiempo hacia adelante y medimos. Rebobinamos y cambiamos los parámetros, marcha adelante y volvemos a medir. Comparamos. Así las veces que sean necesarias.

Como no disponemos de planetas de usar y tirar, y tampoco de una máquina del tiempo, lo que hacen los científicos es establecer modelos informáticos. Sobre esos modelos habrá un capítulo más adelante.

Anticipo que los modelos comparten los sesgos intelectuales y las presunciones de aquellos que los "alimentan" y que el mismo modelo matemático puedo arrojar resultados distintos con solo cambiar los parámetros de un par de suposiciones.

Dado que él dogma de la Iglesia de la Calentología no está demostrado empíricamente, siguiendo con el método científico lo que toca es dar la hipótesis como no cierta (o no enteramente cierta) y seguir intentándolo. Es decir, iterar una y otra vez, hasta obtener mejores hipótesis e ir dándole vueltas al asunto de cómo demostrar la validez de estas.

Mientras tanto, antes de apostar todo a rojo e impar, antes de quemar brujas, prohibir el petróleo o arrancar corazones, toca conocer el alcance del problema (algunas cosas consideradas problemas esconden oportunidades), y tomar medidas sensatas ignorando las putas conclusiones derivadas de dogmas disfrazados de consenso que tan solo son hipótesis inválidas.

Volvamos nuevamente a Richard Feynman:

"La ciencia es la creencia en la ignorancia de los expertos".

"La ciencia no enseña nada; la experiencia (lo empírico) *lo enseña"*.

"El principio fundamental de la ciencia, casi la definición, es éste: la única prueba de la validez de cualquier idea es el experimento".

Carl Sagan dijo lo mismo que Feynman con las siguientes palabras:

"La ciencia es más que un conjunto de conocimientos. Es una forma de pensar; una forma de interrogar escépticamente al universo con una fina

comprensión de la falibilidad humana. Si no somos capaces de hacer preguntas escépticas, de interrogar a quienes nos dicen que algo es cierto, de ser escépticos con respecto a quienes tienen autoridad, entonces estamos a merced del próximo charlatán (político o religioso) que venga divagando. "

En la ciencia no se cree, la ciencia no va de dogmas, en la ciencia se interroga porque la ciencia tiene que ver más con una manera de pensar que con un conjunto de conocimientos.

Terminaré este capítulo sobre el *consenso científico* trayendo algunas frases de otro Richard, **Richard Lindzen**, doctor en Matemáticas Aplicadas por Harvard y físico que ha sido profesor, entre otros centros, en el prestigioso MIT de Boston.

"Lo que definitivamente se preguntarán los historiadores en los siglos futuros es hasta qué punto una lógica profundamente defectuosa, oscurecida por una propaganda astuta e implacable, permitió a una coalición de poderosos intereses especiales convencer a casi todos en el mundo de que el CO2 procedente de la industria humana era una toxina destructora de planetas. Será recordado como el mayor engaño masivo en la historia del mundo: que el CO2, el gas de la vida para las plantas fue visto durante un tiempo como un veneno mortal".

"Las generaciones futuras se preguntarán con asombro y perplejidad cómo el mundo desarrollado de principios del siglo XXI entró en un pánico histérico por un aumento de la temperatura promedio global de unas pocas décimas de grado y, sobre la base de grandes exageraciones de proyecciones informáticas altamente inciertas combinadas en cadenas de inferencias inverosímiles, procedieron a contemplar un retroceso de la era industrial".

"Los científicos que disienten del alarmismo han visto desaparecer sus fondos de subvención, su trabajo ha sido ridiculizado y ellos mismos difamados como títeres de la industria, piratas científicos o algo peor. En consecuencia, las mentiras sobre el cambio climático ganan credibilidad incluso cuando van en contra de la ciencia que supuestamente es su base".

"Controlar el carbono es el sueño de un burócrata. Si controlas el carbono, controlas la vida" **(y por tanto a la gente)**

"Cuando un tema se convierte en una parte vital de una agenda política, como es el caso del clima, entonces la posición políticamente deseada se convierte en un objetivo y no en una consecuencia de la investigación científica".

"La influencia de la humanidad en el clima es trivialmente cierta y numéricamente insignificante".

"El discurso público sobre el calentamiento global tiene poco en común con los estándares del discurso científico. Mas bien, es parte del discurso político donde se hacen comentarios para asegurar la base política y asustar a la oposición en lugar de iluminar los problemas. En el discurso político, la información debe "hilarse" para reforzar creencias preexistentes y desalentar la oposición".

"La ciencia del clima ha sido el objetivo de un importante movimiento político, el ecologismo, como el centro de sus esfuerzos, en el que los desastres naturales del sistema terrestre han llegado a identificarse con las actividades del hombre, generando miedo y una agenda para la sociedad. reforma y control... Esto facilita enormemente cualquier esfuerzo consciente para politizar la ciencia a través de la influencia en organismos donde un puñado de individuos (a menudo ni siquiera científicos) hablan en nombre de organizaciones que incluyen miles de científicos e incluso imponen posiciones y agendas científicas específicas".

"En este complejo sistema multifactorial** (refiriéndose al clima), **¿cuál es la probabilidad de que el clima (que, en sí mismo, consiste en muchas variables y no solo en una anomalía de temperatura promedio global) esté controlado por esta perturbación del 2% en una sola variable? Creer esto es bastante parecido a creer en la magia. En cambio, te dicen que es creer en la 'ciencia'".

"Como ocurre con cualquier secta, una vez que la mitología de la secta comienza a desmoronarse, en lugar de decir, oh, estábamos equivocados, se vuelven cada vez más fanáticos".

Si hay una palabra que va ligada a la Ciencia esa es escepticismo, y no consenso.

Capítulo 3

Un palo de hockey y una "paradoja" medieval incómoda

En 1999 Michael Mann, Raymond Bradley y Malcolm Hughes publicaron, en la revista Geophysical Research Letters, un artículo titulado "Temperaturas del hemisferio norte durante el último milenio: inferencias, incertidumbres y limitaciones" (*Northern hemisphere temperatures during the past millennium: Inferences, uncertainties, and limitations*).

La conclusión del artículo reza así:

"Aunque las reconstrucciones del HN (hemisferio norte) antes del año 1400 d. C. aproximadamente muestran incertidumbres ampliadas, todavía es posible sacar varias conclusiones importantes. Si bien el calor a principios del milenio se acerca a los niveles medios del siglo XX, aun así, el final del siglo XX parece anómalo: los años 1990 son probablemente la década más cálida, y 1998 el año más cálido, en al menos un milenio. Se necesitan datos más generalizados de alta resolución que puedan resolver la variabilidad a escala milenaria antes de poder llegar a conclusiones más seguras con respecto a los detalles espaciales y temporales del cambio climático en el último milenio y más allá".

Mann y sus colegas establecían con este famoso gráfico la base teológica de la moderna Iglesia de la Calentología. Mil años con temperaturas medias similares y en 50 años la actividad humana incontrolada (el CO2 antropogénico) nos lleva a la década más calurosa del milenio.

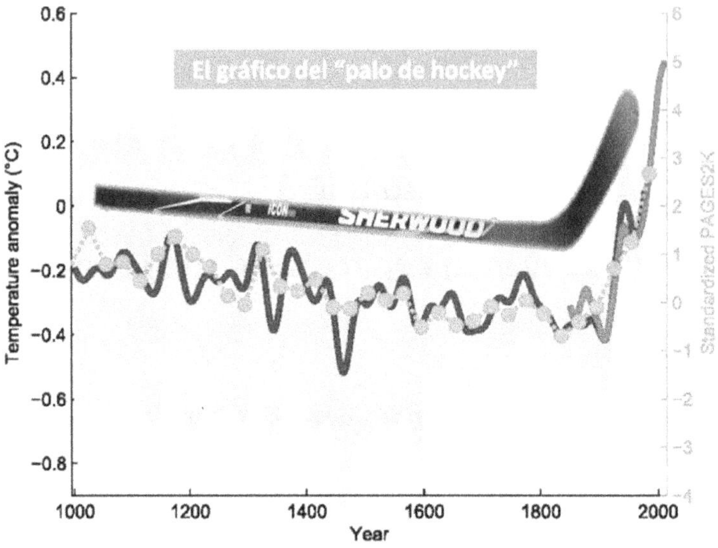

Gráfico conocide como "The Hockey Stick" o palo de hockey que aparece en el artículo co-firmado por Michael Mann "Northern hemisphere temperatures during the past millennium: Inferences, uncertainties, and limitations". El palo de hockey añadido por el autor del presente libro para mejor visualización del efecto.

En la imagen se puede ver cómo, según el estudio de Mann, Bradley y Hughes, desde el año 1000 hasta 1900 la temperatura media (en el hemisferio norte) sigue una suave tendencia hacia el enfriamiento y a partir de ahí se dispara como un cohete, lo que hace que la gráfica semeje la forma de un palo de hockey y de ahí el nombre popularizado.

El *palo de hockey* se convirtió en una imagen icónica blandida por todos los apóstoles de la IdC que desde entonces tocan a rebato constantemente exigiéndonos sacrificios rituales sin base científica alguna. Entre esos apóstoles del culto calentológico destaca la figura pop de una adolescente con síndrome de Asperger que se saltaba las clases para chillarnos a todos, hasta en la ONU, aquello de "¿cómo os atrevéis?" (*how dare you?*): Greta *coletas* Thunberg.

Para los apóstoles de la IdC, y para su pasmada feligresía, la *cosa* del clima se puede resumir en el siguiente párrafo:

Tenemos el palo de hockey y tenemos el miserable (en todos los sentidos porque como sabemos es un 4% del total que la Tierra emite) aporte de CO_2 humano corriendo en paralelo. *Habemus* correlación. La ciencia ha hablado, hay consenso pétreo, un pedazo de dogma. Estaos quietos aquellos científicos negacionistas que obstinadamente os empeñáis en seguir los consejos de Richard Feynman. Los huracanes, las sequías, las heladas, y —por qué no—los terremotos son culpa nuestra, ¡oh jodidos pecadores carbónicos! El clima dejó de ser un sistema hipercomplejo moldeado por cientos de variables, eso quedó atrás; ahora puede ser explicado con cinco palabras: dióxido de carbono humano malo. Amén.

El artículo de Mann (1999) venía que ni al pelo por aquellos años inmediatos a la aprobación del Protocolo de Kyoto (1997) que iba a entrar en vigor en 2005. Un señor que daba conferencias (a más de 100 mil dólares la hora) y viajaba por el mundo en jet privado, soltando CO2 como un campeón, se enamoró tanto del palo de hockey que quiso metérnoslo por el recto a todos los humanos. Ese señor se llama Al Gore.

Al Gore decía en enero de 2023 en la cumbre de Davos del antes mentado club de liberticidas millonarios llamado Foro Económico Mundial, que el CO2 antropogénico es "lo que hace hervir a nuestros océanos".

Las profecías de este *arzobispo* de la IdC harían ruborizar a cualquier bruja sacacuartos que se dedique a echar las cartas (el índice de correlación de Pearson profecía-mentira para Gore es perfecto: 1).

-   **"Dentro de una década, no habrá más nieve en el Kilimanjaro"** (Al Gore, 2006). En el momento de escribir estas líneas (16 de enero de 2024) está nevando en el Kilimanjaro según una web especializada en montañismo (https://www.mountain-forecast.com/peaks/Mount-Kilimanjaro/forecasts/5963) que además anuncia una tormenta de nieve para dentro de tres días. En noviembre de 2022, Snow-forecast.com, una página web para esquiadores, informó que un promedio de 2,3 metros de nieve hasta las altitudes medias del Kilimanjaro durante noviembre y diciembre. Y 22 centímetros de nevadas combinadas era el promedio esperado para las elevaciones medias durante julio y agosto, el período de dos meses con menos nevadas en la parte media de la montaña.
-   "En 2014 el Océano Ártico estará prácticamente sin hielo en verano" (Al Gore 2009 citando estudios científicos que le habían hecho llegar)

El libro de Al Gore "An inconvinient truth" (Una verdad inconveniente) se convirtió en película y ganó dos premios Oscar (yo le hubiera otorgado otro… a la mejor película de ficción). Visualizar esta película del multimillonario Gore fue parte del contenido curricular en escuelas de todo el mundo como parte de la labor evangelizadora de la IdC para criar niños asustados y manipulables.

Sus mentiras, su demagogia y su colosal hipocresía le fueron recompensadas a Gore con un Premio Nobel de la Paz (2007) … dos años antes de que se lo concedieran a un futuro criminal de guerra llamado Barak Obama por sus inexistentes logros en ese campo (el de la paz).

En un capítulo posterior hablaré extensamente de muchas otras profecías apocalíptico-climáticas que han desfilado por las secciones científicas de los medios y hoy son un bochorno que Google se empeña en ocultar.

Volvamos al palo de hockey que Gore y otros muchos han empleado para golpearnos el cráneo.

El gráfico no muestra variaciones significativas en la temperatura media del hemisferio norte durante los periodos correspondientes a los denominados "Periodo Cálido Medieval" (aprox. desde 800 a 1200) y la "Pequeña Edad de Hielo" (aprox. desde 1400 a 1850)

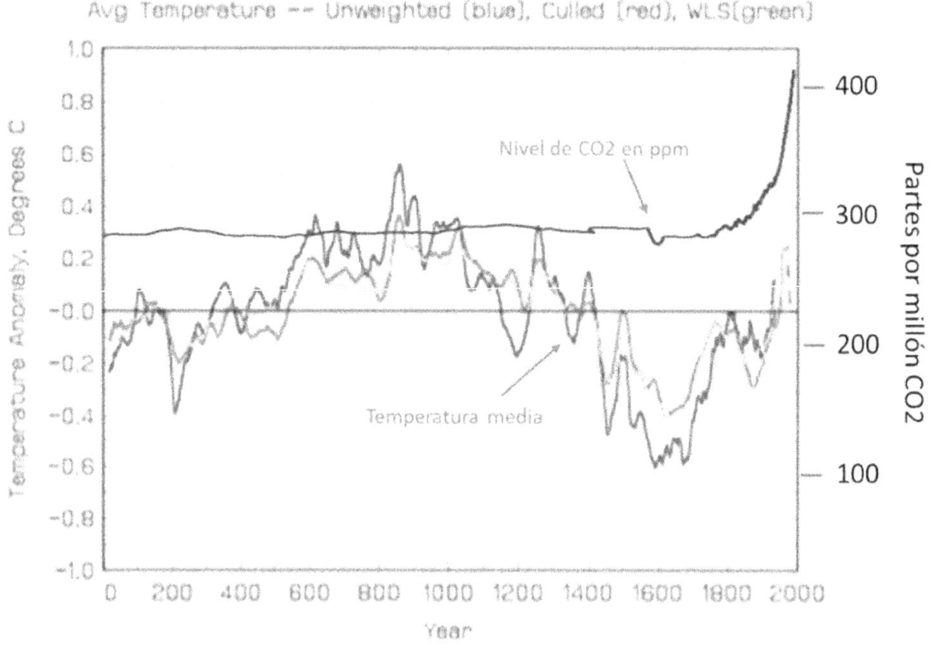

Corrección de: Una reconstrucción de la temperatura global de 2000 años basada en indicadores distintos de los anillos de los árboles", por Craig Loehle y J. Huston McCulloch, 10 de enero de 2008. He superpuesto los niveles de CO 2 Atmosférico durante los últimos 2000 años en ppm a partir del núcleo de hielo del Law Dome (Antártida) y primeros registros de aire adaptados de MacFarling Meure et al. (2006).

En el gráfico anterior podemos ver que las fluctuaciones de temperaturas medias a lo largo de los últimos 2000 años no siguen el patrón de una línea recta casi plana 1900 años seguido de una curva (asintótica al eje de ordenadas) disparada hacia arriba en los últimos 100 años.

En 1999, Michael Mann y sus cuates *fusilaron,* con su palo de hockey vengador, siglos enteros de clima "molesto".

Pero algunos científicos, de esos que creen que la ciencia va más de demostrar cosas que de agradar a políticos, encontraron que el gráfico tenía inconsistencias. A muchos investigadores les parecía que en el artículo se trataba más de llegar a una conclusión determinada que de buscar la verdad o aproximarse a la misma.

En el centro de esta disputa estaba en los datos tomados de árboles en la península de Yamal en Siberia. Mann y sus colegas, supuestamente demostraron que las temperaturas del aire se habían mantenido estables durante 900 años hasta el siglo XX, y luego, de repente, se dispararon (atribuyendo esto a las emisiones de gases de efecto invernadero causadas por el hombre). El gráfico resultante, posteriormente bautizado como palo de hockey, se presentó para apoyar la urgencia de establecer un límite al dióxido de carbono a través del Protocolo de Kioto aprobado dos años antes y que en ese momento impulsaban Al Gore y las Naciones Unidas.

Este famoso gráfico ha aparecido en los informes del Panel Intergubernamental sobre Cambio Climático (IPCC) varias veces y de forma destacada (sobre el IPPC, auspiciado por la ONU, hay todo un capítulo más adelante). Las muestras de árboles de Yamal empleadas para elaborar el gráfico, provienen de sólo 12 especímenes de los 252 analizados. Una muestra más amplia, de 34 árboles, de la misma zona y que no fueron empleados para generar el palo de hockey, no evidenció un calentamiento reciente dramático y sí en cambio temperaturas más cálidas durante la Edad Media (coincidiendo con el denominado periodo cálido medieval).

A este "truco" que Michael Mann (y otros muchos en el contexto calentológico) emplea, se le denomina **"falacia de la prueba incompleta"**. Esta falacia argumentativa que en inglés se llama *cherry picking* (seleccionar las cerezas) se define como un acto de manipulación mediante el cual, de todos los datos disponibles sobre una cuestión, se escogen solo aquellos que interesan, ignorando u omitiendo los que no. Es como si para determinar la altura media de una clase de tercero de primaria solo se tengan en cuenta a los más altos porque alguien haya pedido o asumido que los niños de esa clase deben ser gigantes.

Otro problema que plantea para muchos científicos el gráfico de Mann es la fecha de corte para pasar de datos indirectos (*proxies* en inglés) a datos tomados por estaciones meteorológicas. Mann cambia de unos a otros en 1961 lo que coincide sospechosamente con las fechas en las que los cálculos de datos proxy de anillos de árboles realizados por Keith Briffa en la Universidad de East Anglia mostraban una disminución en la temperatura media.

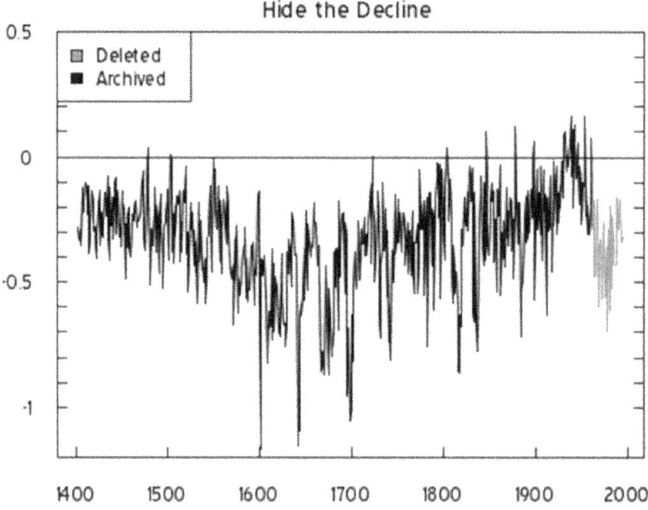

En la imagen de más arriba la reconstrucción de las temperaturas medias entre 1400 y 1998 que Keith Briffa realizó basándose en los anillos de troncos de árboles. Michael Mann empleó los datos de Briffa para su "palo de hockey", pero "convenientemente" omitiiço los datos desde 1961 (en rojo y con tendencia descendente) saltando a datos de estaciones meteorológicas.

Es decir que Mann y sus cómplices (llamemos a las cosas por su nombre) primero eligen los árboles que muestran datos coincidentes con sus presunciones apriorísticas y luego saltan de datos indirectos a datos de estaciones meteorológicas justo cuando los datos indirectos les dejan de ser propicios. Y luego llega un cretino como Al Gore que no solo se atreve a llamar ciencia a esa repugnante manipulación, sino que encima lo utiliza para ganar un Premio Nobel, dos Oscar, llamarnos tontos y mala gente y seguir viajando en jet privado.

Todo este tejemaneje disfrazado de ciencia que esta casta endogámica nos vende como "consenso" lo resumió en 1989 Stephen Henry Schneider, profesor de Biología Ambiental y Cambio Global en la Universidad de Stanford con las siguientes palabras:

*"Por un lado, como científicos estamos éticamente vinculados al método científico y, de hecho, prometemos decir la verdad, toda la verdad y nada más, lo que significa que debemos incluir todas las dudas, las advertencias, los peros y los condicionantes. Por otro lado, no somos sólo científicos sino también seres humanos. Y, como a la mayoría de las personas, nos gustaría ver el mundo como un lugar mejor, lo que en este contexto (el del cambio climático) se traduce en nuestro trabajo para reducir el riesgo de un cambio climático potencialmente desastroso. Para lograrlo necesitamos conseguir un apoyo amplio para captar la imaginación del público. Eso, por supuesto, implica obtener mucha cobertura mediática. Así que **tenemos que ofrecer escenarios aterradores, hacer declaraciones dramáticas y simplificadas y hacer poca mención de cualquier duda que podamos tener**. Este "doble vínculo ético" en el que nos encontramos con frecuencia no puede*

resolverse con ninguna fórmula. Cada uno de nosotros tiene que decidir cuál es el equilibrio adecuado entre ser eficaz y honesto. Espero que eso signifique ser ambas cosas."

Como científico, según la "doctrina" Schneider, tienes que contar TODA LA VERDAD, pero como "ser humano" debes asustar, tratar como a imbéciles a todos y olvidarte de mencionar cualquier duda.

Como yo lo veo es que si un científico habla de ciencia --como científico--, su lealtad en ese momento se la debe a la ética científica y no a su condición de "humano" miembro de un culto sectario. Si alguien habla del clima desde la autoridad de sus títulos académicos y de su prestigio científico debe ceñirse a exponer los datos, las dudas, todo y no a infundir miedo mediante el sensacionalismo.

Si alguien habla de medicina como médico o de la compraventa de acciones como experto en mercados financieros, deben hablar como médico o como economista respectivamente y no ocultar las dudas, los matices y las incertidumbres.

Regresando a la patraña (el palito de hockey) parida por Michael Mann, esta quedó en evidencia a raíz de las críticas de numerosos científicos y, sobre todo, a que ciertos emails entre colegas, absolutamente bochornosos, salieran a la luz.

Las cosas realmente se pusieron feas para Mann a finales de 2009, cuando más de 1.000 correos electrónicos suyos y de otros científicos fueron extraídos de un servidor en la Unidad de Investigación Climática (CRU) de la Universidad de East Anglia en el Reino Unido. Esta institución de investigación es (o tal vez era) considerada líder en el mundillo del clima. Los correos electrónicos mostraron las vergüenzas de esta casta mostrando cómo Mann y sus colegas investigadores estaban claramente a la defensiva y confabulándose para mostrar un discurso unificado más político que científico.

Entre esos correos sustraídos de la universidad de East Anglia aparece uno escrito por el antes mentado Kieth Briffa, cuyos datos sobre los anillos de los árboles Mann no tuvo en cuenta a partir de 1961. Briffa escribía a Michael Mann lo siguiente el 22 de septiembre de 1999:

Sé que hay presión para presentar una historia bonita y ordenada sobre el 'aparente calentamiento sin precedentes en mil años o más en los datos indirectos', pero en realidad la situación no es tan simple... [Hay] algunos cambios inesperados como respuesta que no coinciden con el calentamiento reciente. No creo que sea prudente ignorar esta cuestión.

Y continúa:

Para que conste, creo que los datos indirectos muestran condiciones inusualmente cálidas en las últimas décadas. No estoy seguro de que este calentamiento inusual quede tan claro en los datos de respuesta del verano. Creo que el calor reciente probablemente se igualó hace unos 1000 años. No creo que las temperaturas medias anuales globales simplemente se hayan enfriado progresivamente a lo largo de miles de años como parece creer Mike, y sostengo que hay evidencia sólida de cambios importantes en el clima durante el Holoceno (no Milankovitch) que requieren explicación y que podrían representar parte de la variabilidad actual o futura de nuestro clima.

Briffa tenía dudas sobre el artículo de Mann y además reconocía que existía una "presión para presentar una historia ´bonita´ y ordenada sobre el calentamiento global".

El mismo 22 de septiembre de 1999 Michael Mann respondía con el siguiente email:

*Entonces, si Chris [Folland] y Tom [Karl] están de acuerdo con esto, estaría feliz de agregar la serie de Keith. Dicho esto, plantea un enigma: demostramos [mediante la comparación de un promedio exatropical de nuestros patrones del hemisferio norte con las series más extratropicales de Phil) que las principales discrepancias entre las series de Phil y las nuestras pueden explicarse en términos de muestreo espacial/énfasis latitudinal. (La estacionalidad parece ser secundaria aquí, pero probablemente explica gran parte de las diferencias residuales). Pero esa explicación ciertamente no puede rectificar por qué la serie de Keith, que tiene una estacionalidad *y* énfasis latitudinal similar a la serie de Phil, difiere en gran parte exactamente en la dirección opuesta que la de Phil difiere de la nuestra.] Este es el problema que todos detectamos. **(Todos en la sala del IPCC estuvieron de acuerdo en que esto era un problema y una distracción potencial desde el punto de vista razonablemente consensuado que nos gustaría mostrar con las series de Jones et al y Mann et al).***

*Entonces, **si mostramos la serie de Keith en esta trama, tenemos que comentar que "algo más" es el responsable de las discrepancias en este caso.** [¿Quizás Keith pueda ayudarnos un poco explicando el procesamiento que se realizó en la serie y los factores potenciales que podrían llevar a que sea "más cálida" que las series de Jones et al y Mann et al? Tendríamos que decir algunas palabras al respecto] **De lo contrario, los escépticos se van a divertir poniendo en***

Según Mann si se incluían los datos de Briffa tendrían que contar que "algo más" es responsable y que los chicos de IPCC (el sanedrín de la ONU para asuntos de fe calentológica) consideraban esto una distracción innecesaria dado que existe un consenso. Mann continuaba lamentándose de que si los datos de Briffa se incluían (jodiéndole su palo de hockey) los escépticos plantearían dudas y se divertirían; algo que podría socavar la fe en las paleo-estimaciones.

Al parecer al "científico" Mann las dudas, algo consustancial a la ciencia, le espantaban tanto como que se socavara la fe en las paleo-estimaciones. Además, ya en 1999, asomaba la patita el *consenso* de mis amores.

¿Dudas? ¿Fe? Un tipo con miedo a las dudas y temeroso de que la gente pierda la fe puede ser muchas cosas, pero desde luego no es un científico.

Los miles de correos que entre 2009 y 2011 salieron a la luz, en lo que se conoce como el *Climategate,* dibujan una imagen indecente del brazo armado pseudocientífico de la Iglesia de la Calentología. Repasando estos correos hay tres cosas que quedan claras:

1. científicos destacados, claves para el debate sobre el calentamiento global están tomando medidas para **ocultar**, en lugar de difundir, los datos y discusiones subyacentes.
2. estos científicos ven el calentamiento global como una **"causa" política en lugar de una investigación científica** equilibrada y
3. muchos de estos científicos admiten francamente entre sí que gran parte de la "ciencia" alrededor del dogma calentológico es débil y es en gran parte consecuencia de **la manipulación deliberada de hechos y datos**.

En definitiva, todos estos ideólogos que se escudaban en sus perfiles científicos son leales a una doctrina de carácter mágico-político antes que a la ética científica y siguen al dedillo el guion que, como antes vimos, Henry Schneider esbozaba una década antes:

El mismo patrón se viene repitiendo en los últimos 35 años, yendo la cosa a más. Estos lameculos han copado las redacciones de las principales revistas científicas vetando la publicación de cualquier artículo "blasfemo"; cuentan con la mayor parte de las subvenciones y ayudas a la investigación; revisan sus publicaciones entre ellos mismos para amplificar su caja de resonancia; compiten entre ellos por ver quién es el más catastrofista; y acaparan los puestos de responsabilidad académicos, políticos y supranacionales creados entorno a la fe calentológica.

Son los personajes de esta calaña, seres abominables, quienes constituyen las fuentes autorizadas e incuestionables que nutren de munición (pseudo) científica a quienes nos ponen impuestos y tasas "ecológicas" y se sacan de la manga leyes para descarbonizar nuestra existencia.

Valiéndose de la (inexistente) autoridad moral y científica de estos estómagos agradecidos, nuestros políticos creen tener vía libre para decretar cosas como el fin del vehículo de combustión; para exigirnos que comamos menos carne (o bebamos menos café); para forzar a los agricultores a que dejen de cultivar; o para obligarnos a quedarnos quietos o movernos solo cerca de casa (ciudades de 15 minutos). Quieren que nos convirtamos en humanos de cero emisiones, muertos de hambre, despojados de derechos y libertades persiguiendo una meta que con toda seguridad no va a servir para arreglar un problema inventado. En eso estamos.

Llegados a este punto voy a ser crudo. Me voy a permitir sincerarme contigo lector. El culto calentológico realmente no tiene como finalidad última salvar nuestro planeta y al ser humano, esa es solo la tapadera. De lo que va esto es de un nuevo intento de llevar a cabo una agenda eugenésica convenciéndonos de que somos culpables de los males del planeta, y que por tanto merecemos y debemos ser castigados. Nada nuevo en la Historia humana, dicho sea de paso (véase el capítulo 1 de este libro).

La emergencia climática es un fraude por más que esto lo oculten con propaganda, saturándonos con mentiras catastrofistas hasta embotar nuestras entendederas. **Nos están medicando contra una enfermedad que no padecemos. El objetivo no es acabar con la enfermedad sino administrarnos su letal medicina.** Descarbonizarnos de raíz, hacernos pobres, sumisos, esclavos…, muertos. Tenernos siempre asustados, aprensivos, hipocondríacos y adictos a medicarnos con lo que se les antoje. Por nuestro bien. Menos gasolina y más terapias génicas; es por tu bien cordero. Hay hasta quien habla de la agricultura como una forma de "ecocidio" similar en gravedad a cualquier genocidio (*).

(*) Jojo Mehta, cofundadora y directora ejecutiva de la ONG *Stop Ecocide International* dijo en Davos, en 2024, que el "ecocidio" debería ser un delito procesable que reciba un castigo similar al del genocidio cuando se comete contra seres humanos. Según ella, la pesca, la agricultura y la ganadería son delitos.

¿Alguien aún se cree que quienes nos pastorean, nos vigilan (y afortunadamente aún nos temen) velan por nuestro bien y son filántropos desinteresados? o atienden a sus propios intereses?

Nada de filantropía, es eugenesia endulzada. Para quienes se ven a sí mismos como nuestros señores, los plebeyos somos demasiados y encima algunos, los más incómodos, nos obstinamos en creer que nacemos con derechos. Nuestros neo señores feudales sinceramente creen que les corresponde a ellos decidir qué derechos tenemos, qué debemos (o no) hacer y qué debemos opinar para que no seamos echados del feudo.

Hablando de feudalismo, metámosle mano a esa paradoja medieval incómoda que forma parte del título de este tercer capítulo.

Para los partidarios de la hipótesis del "calentamiento global <u>sin precedentes</u> que estamos experimentando por culpa de los humanos desde hace un siglo" el **Periodo Cálido Medieval**, también llamado Óptimo Climático Medieval, es un problema. Que durante cuatro siglos la temperatura media del planeta fuera superior a la actual es un precedente verdaderamente incómodo.

La narrativa de "calentamiento sin precedentes" se va al carajo cuando resulta <u>no solo que hay un precedente cercano, sino que además este tuvo lugar con niveles de CO2 un 33% más bajos que los actuales</u> (280 ppm versus 420 ppm).

Algunos, como vimos (Michael Mann), directamente fusilaron en sus estudios este precedente para que sus gráficos coincidieran con el mensaje apocalíptico necesario. Otros no pasan por alto que existió este precedente, pero le restan importancia.

Acerca de las causas que dieron lugar a este periodo la Wikipedia nos cuenta, en su versión en inglés, lo siguiente:

"Las posibles causas del PCM (Periodo Cálido Medieval) incluyen el aumento de la actividad solar, la disminución de la actividad volcánica y cambios en la circulación oceánica. La evidencia modelada ha demostrado que la variabilidad natural es insuficiente por sí sola para explicar el PMC y que un forzamiento externo tenía que ser una de las causas." (*)

(*) Cuando de temas relacionados con el correctismo político se trata, Wikipedia es una severa institutriz que tutela con celo lo que sus editores pueden o no contar en ciertas "entradas delicadas" (lo sé por experiencia). El PMC es una de esas entradas.

La actividad solar, los volcanes, la circulación oceánica… ¿Y el CO2? El CO2, al parecer, estaba de vacaciones por entonces. Resulta que los factores que se consideran marginales a la hora de explicar el clima actual fueron los protagonistas del clima en el pasado mientras que el CO2 era simple comparsa. Muy conveniente.

Otros autores restan importancia al PCM aduciendo que, al contrario que en el actual calentamiento global, el PCM fue algo localizado en el hemisferio norte o, según otros, solo alrededor del Atlántico Norte.

Don J. Easterbrook (*) publicó en 2011 un libro muy bien documentado titulado "Ciencia climática basada en la evidencia (*Evidence-Based Climate Science*)" donde recoge abundantes datos de muchas investigaciones donde se evidencia que el PMC es una realidad.

(*)Easterbrook es doctor en Geología y ha sido presidente del Departamento de Geología de la Universidad Western Washington durante 12 años.

En el libro de Easterbrook podemos ver como distintas mediciones a través de indicadores proxy.

La temperatura superficial en el Mar de los Sargazos deducida a partir de isótopos en organismos marinos muestra la existencia de un periodo cálido en el medievo con temperaturas muy superiores a las actuales.

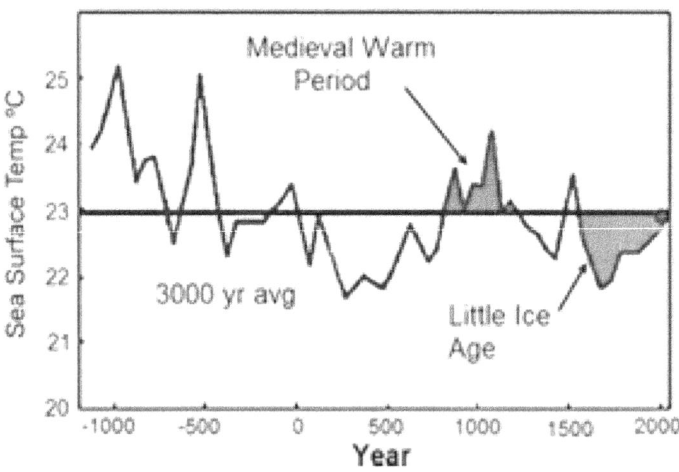

Imagen superior: Temperaturas de la superficie del Mar de los Sargazos reconstruidas a partir de proporciones de isótopos en organismos marinos (Keigwin, 1996).

Easterbrook también cita en su libro el artículo de Craig Loehle, publicado en 2007, donde este autor obtiene una media agregada, partiendo de cerca de 20 series de temperaturas en distintos lugares del mundo, de las temperaturas medias a partir de indicadores distintos a los anillos de los árboles. Tanto el Periodo Cálido Medieval como la Pequeña Edad de Hielo son claramente distinguibles

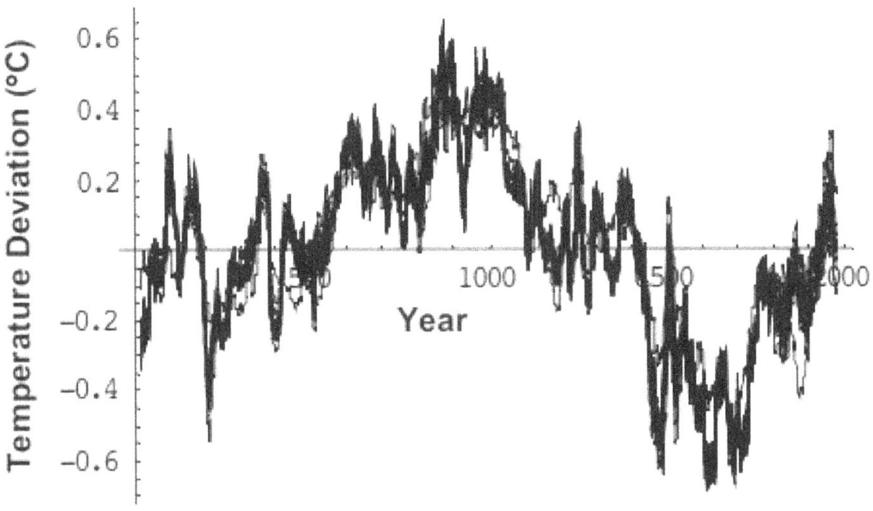

En la imagen superior se muestran las temperaturas medias obtenidas por Craig Loehle en su artículo "A 2000-YEAR GLOBAL TEMPERATURE RECONSTRUCTION BASED ON NON-TREE RING PROXIES"

Si superponemos el famoso "hockey stick" de Mann encima del gráfico de Lohele (imagen inferior) podemos ver claramente cómo el primero literalmente *se fumó* dos periodos con temperaturas muy distintas y *parió* 900 años de temperaturas prácticamente estables. A eso se le llama, empleando la terminología de Henry Schneider, "estar éticamente vinculado" a una ideología en lugar de a la ciencia.

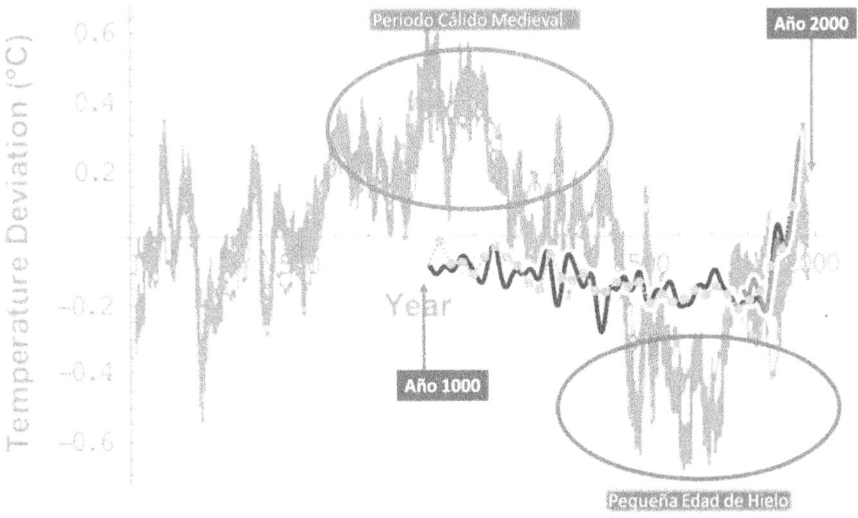

La interpretación de los datos de los núcleos de hielo y de las conchas de moluscos sugiere que entre los años 800 y 1300 las zonas próximas a los fiordos del sur de Groenlandia tenían un clima relativamente templado, varios grados por encima de las de hoy en día, con árboles y plantas herbáceas, cría de ganado y encima hay constancia de que a cebada se cultivaba hasta el paralelo 70.

Los vikingos llegaron a Groenlandia en el año 986 y se marcharon (más bien desaparecieron) a finales del siglo XIV. La estancia de los nórdicos en esta gran isla coincidió, casi exactamente, con el Periodo Cálido Medieval.

Un equipo de investigadores del Museo Nacional de Copenhague, encabezados por Peter Steen Henriksen, descubrió trozos muy pequeños de granos de cebada carbonizados en un montón de basura vikingo en Groenlandia.

El hallazgo es la prueba definitiva de que los primeros vikingos que vivieron en Groenlandia cultivaban cebada, el ingrediente más importante para elaborar cerveza, preparar un tipo de avena u hornear pan. Todos estos productos están tradicionalmente considerados alimentos básicos en la dieta vikinga.

Resulta curioso comprobar que los acólitos de la IdC como buenos *progres* (a mí me gusta más denominarles *progremonguers*) han acuñado un término eufemístico para referirse a este periodo cálido medieval. Llamar a un periodo "cálido" y "medieval" destroza con tan solo dos palabras la premisa de que el actual –y presuntamente catastrófico-- calentamiento es algo sin precedentes. Por tanto, al igual que al aborto lo llaman "salud reproductiva", un término alejado del concepto de muerte, los feligreses del culto calentológico llaman al Periodo Cálido Medieval "Anomalía Climática Medieval" *(Medieval Climate Anomaly* o MCA en inglés), para que en nada evoque el concepto calor.

Quienes se refieren a este periodo "anómalo" como un hecho circunscrito a una zona concreta del planeta (el Atlántico Norte) pasan por alto numerosos estudios que dejan bastante claro que el calentamiento medieval fue un fenómeno que también se dio en zonas tan alejadas de Groenlandia como el sur de África.

A modo de ejemplo (hay muchos) citaré un párrafo del trabajo publicado en 2000 por P.D. Tyson, W.Karlén, Karin Holmgren y Georg A. Heiss titulado *The Little Ice Age and medieval warming in South Africa* (La Pequeña Edad de Hielo y el calentamiento medieval en Sudáfrica):

"El registro climático indirecto se ha constituido a partir de datos de isótopos de oxígeno y carbono y de densidad de color obtenidos de una estalagmita bien fechada derivada de la cueva de aire frío en el valle de

*Makapansgat. El clima del interior de Sudáfrica era alrededor de 1°C más frío en la Pequeña Edad del Hielo **y puede haber sido más de 3°C más alto que el actual durante los extremos del período cálido medieval. Fue variable a lo largo del milenio, pero mucho más durante el calentamiento de los siglos XI al XIII. Los eventos extremos registrados muestran distintas conexiones con eventos similares en otras partes del mundo, tanto en el hemisferio norte como en el sur (*).***"*

(*) South African Journal of Science, 2000, Vol 96, Issue 3, p121

Como veíamos, la Wikipedia resume este incómodo precedente de calentamiento global como algo "raro" causado por un "forzamiento externo" y apunta a que algunos científicos lo consideran un fenómeno local. Pero el hecho es que con un 33% menos de CO2 tuvimos una temperatura media superior. Traigo de nuevo la cita de Wikipedia:

"Las posibles causas del PCM (Periodo Cálido Medieval) incluyen el aumento de la actividad solar, la disminución de la actividad volcánica y cambios en la circulación oceánica. La evidencia modelada ha demostrado que la variabilidad natural es insuficiente por sí sola para explicar el PMC y que un forzamiento externo tenía que ser una de las causas."

Tiene también bastante gracia que la Wikipedia hable de la "evidencia modelada" para determinar que el calentamiento medieval fue forzado externamente. Cuando más adelante repasemos los modelos climáticos, y veamos cómo han fallado contrastados con la realidad, entenderemos que asociar estos a "evidencia" supone entrar en el reino del humor negro.

El precedente que la IdC dice que no existe, está ahí: 400 años de evidencia. Una paradoja incómoda que llaman "anomalía".

¿Quién cultiva hoy cebada en Groenlandia? Ahí queda.

Capítulo 4

Para la calentología el Sol no existe y Milankovitch tampoco

Imagina que para entender cómo tu coche se mueve, en lugar de estudiar el funcionamiento de su motor o el del sistema de transmisión, te dedicas a analizar el líquido del limpiaparabrisas. ¿Absurdo verdad?

El Sol es el motor del clima y la transmisión de la energía que ese motor genera estaría en gran medida relacionada con los océanos. El CO_2 es el líquido del limpiaparabrisas. Si algo pasa con el movimiento del coche, el clima, y queremos entenderlo, lo lógico sería echarle un vistazo al motor en lugar de montar un circo de tres pistas alrededor del líquido del limpiaparabrisas.

Pero la calentología va de cualquier cosa excepto de lógica.

Existen dos únicas fuentes de energía primaria en nuestro planeta: El Sol y el núcleo terrestre.

Las demás fuentes de energía que explotamos o podremos explotar son derivadas de estas dos fuentes primarias (*).

(*) La energía nuclear la pongo en una categoría separada. La energía atómica que hemos aprendido a emplear en procesos de fisión es un regalo, principalmente en forma de uranio, proveniente probablemente de la colisión entre estrellas de neutrones. Nos queda aprender a generar energía mediante procesos de fusión atómica (los que ocurren en el Sol) empleando elementos más abundantes como el hidrógeno.

Los hidrocarburos, la energía hidroeléctrica, la eólica, la mareomotriz o la geotérmica son fuentes derivadas de las fuentes primarias. Huelga decir que la energía solar procede del Sol, pero por si acaso dicho queda.

El Sol libera energía a una tasa de conversión masa-energía de 4,26 millones de toneladas métricas por segundo, lo que produce el equivalente a 38.460 septillones de vatios ($3,846 \times 10^{26}$ W) por segundo. Para poner esto en perspectiva, esto equivale a aproximadamente $9,192 \times 10^{10}$ megatones de TNT por segundo, o 1.820.000.000 Bombas del Zar (la bomba termonuclear más poderosa jamás construida). España produce unos 266.000 gigavatios hora (2023). Un gigavatio son mil millones (10^{9}) de vatios. Para poder comparar tenemos que en España se generan $2,66 \times 10^{14}$ vatios por hora. Un año tiene 8.766 horas. En España se generan por tanto $2,66 \times 10^{14}$ x $8,766 \times 10^{3}$ vatios. La producción energética de España en un año es por tanto de $2,331 \times 10^{18}$ vatios. **Un segundo en el Sol genera la energía suficiente para "alimentar" el consumo español durante $1,645 \times 10^{8}$ años, 164 millones de años.** Casi nada.

Sin entrar (de momento) en los detalles sobre cómo el Sol afecta a nuestro clima, parece algo bastante intuitivo que un astro con más de un millón de veces el volumen de la Tierra, que nos calienta y sustenta la vida, tenga algo que ver en el devenir de nuestro clima.

¿Tendrá pues algo que ver el Sol con el clima en la Tierra? Según la fraternidad de la calentología, entre muy poco y casi nada. Si realizas una búsqueda sobre el asunto empleando la tecnología de Gran-Hermano-Google, encontrarás decenas de artículos y publicaciones desmintiendo la implicación del Astro Rey en esta nuestra presente *emergencia climática*. En asuntos de dogma, como el de la acuciante "catástrofe climática", Google se siente en la obligación de alimentarte con propaganda y tirar por la ventana cualquier atisbo de rigor o imparcialidad.

Somos los humanos quienes a través de nuestras emisiones de CO2, y con la ayuda de las flatulencias metánicas de las vacas, controlamos el termostato terrestre, y no esa bola de fuego colosal que emite cada segundo un millón de veces más energía que la que la Humanidad consume en un año. Es lo que hay, nada que ver aquí, vayan circulando.

No debe pasarnos desapercibido el detalle de que el Sol no es controlable por los humanos y que resultaría absurdo, incluso para nuestros "filósofos fascistas", gravarnos con impuestos para gobernar lo que de momento es indomable. Achacar la culpa del calentamiento a todos y cada uno de nosotros, por nuestra huella carbónica, es mucho más eficaz de cara al objetivo de nuestros hijoputas: someternos y robarnos a manos llenas.

Esquema del termostato terrestre según los calentólogos. Fuente: elaboración propia

El Sol afecta a nuestro clima de numerosas formas, muchas de las cuales aún desconocemos. Algunos ejemplos:

El Sol puede causar un calentamiento o enfriamiento de la atmósfera en latitudes bajas y medias dependiendo de la cantidad de radiación ultravioleta que nos llegue debido a cómo esta radiación interactúa con el ozono.

Los ciclos y la actividad solar en general (eyecciones, manchas solares, tormentas magnéticas) influyen en que el llamado viento solar sea más o menos intenso. Cuando el viento solar es más débil esto permite que una mayor cantidad de rayos cósmicos alcancen la Tierra. Los rayos cósmicos estimulan la formación de aerosoles (o núcleos de condensación) alrededor de los cuales la humedad puede condensarse formando nubes (*). Las nubes enfrían la tierra al bloquear parte de la radiación solar.

(*) Response of high-altitude clouds to the galactic cosmic ray cycles in tropical regions. https://www.frontiersin.org/articles/10.3389/feart.2023.1157753/full Hiroko Miyahara (Profesora de Astronomía y Ciencias Aeroespaciales)

La Iglesia de la Calentología necesita descartar, o restar importancia, al papel del Sol en su exégesis del cambio climático. El Sol o cualquier otro factor que no tenga su origen en nuestros pecados individuales deben ser ocultados. El miedo funciona, pero lo hace mucho mejor si se añade la culpa y se invoca al sacrificio necesario para "salvar al planeta". Si resulta que no es nuestra culpa se van al paro millones de hijoputas e interesados y encima la gente no hará caso.

Antes de meternos en explicar someramente en qué consisten los ciclos de Milankovitch dejo una observación de Ian Clark (*) que considero muy interesante y que sintetiza lo que acabo de comentar:

*"Sin embargo, muy pocos observadores han considerado la posibilidad de que la ciencia esté al revés: que el aumento de la temperatura sea impulsado por factores no relacionados con la actividad humana y que el CO2 siga su estela. **Culparnos a nosotros mismos como la mano maquiavélica que causa el desastre climático satisface un sentimiento de culpa colectiva y también engendra la visión antropocéntrica de que los humanos son tan poderosos que nuestras acciones son un determinante climático global importante**. El argumento de esto tiene un atractivo aún mayor: todo lo que tenemos que hacer es ajustar las emisiones de CO2 y podremos revertirlo y detener el `cambio climático´"*.

(*) Ian Clark es profesor de Ciencias de la Tierra en la Universidad de Ottawa, especializado en paleoclimatología e hidrología isotópica.

Vayamos con Milankovitch.

Los movimientos de la Tierra más conocidos son el de rotación alrededor de su propio eje, la línea imaginaria que pasa entre los dos polos, y el de traslación alrededor del Sol.

Hay muchos más.

La Tierra se traslada también, acompañando al Sistema Solar, alrededor del plano de nuestra galaxia y además subimos y bajamos por encima y por debajo del plano galáctico. Nuestra galaxia también viaja dentro de lo que se llama el Grupo Local (las galaxias vecinas) por el espacio y, dentro de ese grupo, nos acercamos hacia una colisión con la galaxia Andrómeda.

Nuestro planeta también experimenta movimientos que alteran la orientación de su eje de rotación con respecto a las estrellas (**precesión axial**) y el grado de inclinación de este (**inclinación axial**).

Para terminar de hacer el "baile" más movidito, también la forma de la órbita que la Tierra describe alrededor del Sol cambia con el tiempo (**excentricidad**). Nuestra canica azulada pasa de describir una órbita casi circular con una excentricidad de 0,000055 hasta una elíptica con una excentricidad de 0,0679.

Hay algunos movimientos más en los que no voy a entrar porque este libro no pretende ser un tratado de astronomía. Me centraré en los citados movimientos de precesión axial, inclinación axial y excentricidad orbital.

Vayamos con la explicación de cada uno de estos antes de conocer a Milutin Milancovitch.

Excentricidad.

Debido fundamentalmente a la atracción gravitatoria de Júpiter (y de Saturno en menor medida) la figura geométrica que describe la órbita de traslación de la Tierra alrededor del Sol pasa de ser casi circular a tomar una forma más elíptica.

Este cambio orbital hace que la diferencia entre el perihelio (el punto el que la Tierra está más cercana al Sol) y el afelio (punto más distante) sea mayor.

Cuanto mayor es la diferencia entre el perihelio y el afelio mayor es también la diferencia de la radiación recibida por la Tierra entre ambos puntos.

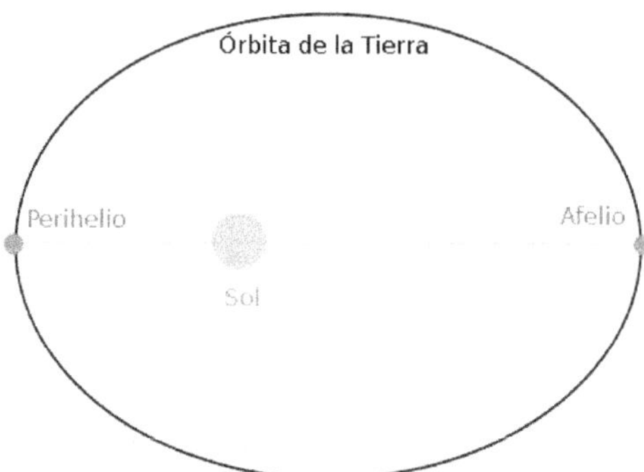

Cuando la órbita se hace más elíptica el punto de mayor proximidad al Sol (perihelio) está más cercano a nuestra estrella que cuando la órbita es más circular. En cambio, con la órbita elíptica el punto de mayor distancia al Sol (afelio) está más alejado que cuando la órbita es más semejante a un círculo (ver figura de más abajo)

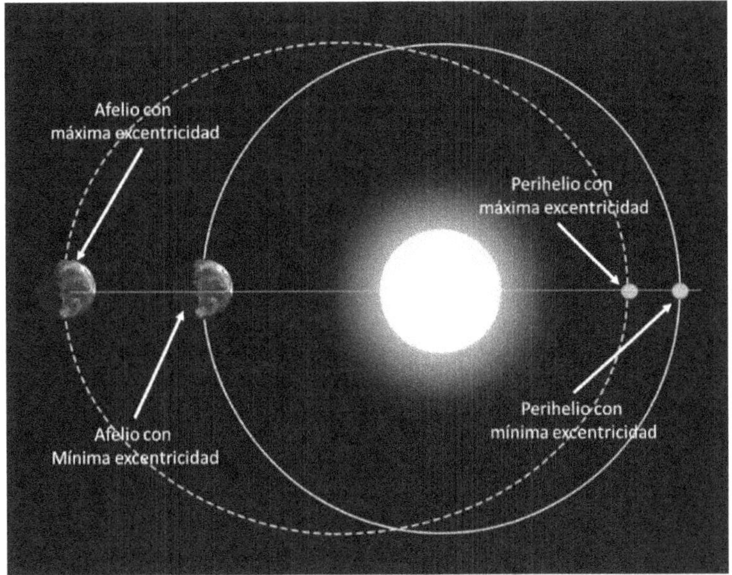

En definitiva, cuanto más elíptica se hace su órbita, la Tierra se aproxima más al Sol en el perihelio y también se aleja más de este durante el afelio. Esto supone un mayor diferencial en la radiación recibida entre un momento y otro del año.

Cuando la órbita es más circular recibimos aproximadamente la misma radiación solar a lo largo del año, mientras que cuando la órbita se "estira" hacia una figura más elíptica, el diferencial de radiación entre un periodo del año y otro, aumenta.

Actualmente el perihelio (mayor cercanía al Sol) tiene lugar en el verano austral, el 3 de enero, mientras que el afelio (mayor distancia) sucede durante el verano boreal, 4 de julio.

Este fenómeno tiene una duración cíclica de 413.000 años y los efectos sobre el clima de la Tierra se combinan con los de los ciclo de la precesión y la inclinación axiales.

Precesión axial.

Imaginemos una peonza. Cuando la lanzamos y observamos su movimiento está claro que esta gira sobre su eje (equivalente a la rotación terrestre de 24 horas), pero también podemos observar cómo la punta superior (nuestro polo norte) va describiendo un movimiento circular que hace que vaya apuntando en distintas direcciones.

La precesión axial está causada por las fuerzas gravitacionales del Sol y la Luna sobre la Tierra.

Este movimiento hace que la que hoy llamamos Estrella Polar dentro de unos años dejará de serlo a medida que la punta de nuestra peonza (el polo norte) vaya moviéndose hacia otra dirección.

En la actualidad la Tierra está más cercana al Sol durante el verano del hemisferio sur y más alejada de este en el verano del hemisferio norte; pero la precesión axial hace que esto no sea siempre así y eso tiene profundas implicaciones en el clima.

El hemisferio sur tiene una masa continental mucho más pequeña que la del hemisferio norte y eso permite que el océano atempere las temperaturas, por lo que el hecho de que el perihelio coincida con el verano austral no hace que este sea tan extremo como lo será cuando este coincida con el verano en el hemisferio norte.

En la imagen podemos ver dos "fotografías" de la Tierra mostrando cómo su eje cambia su orientación. El ciclo completo dura 25.771 años.

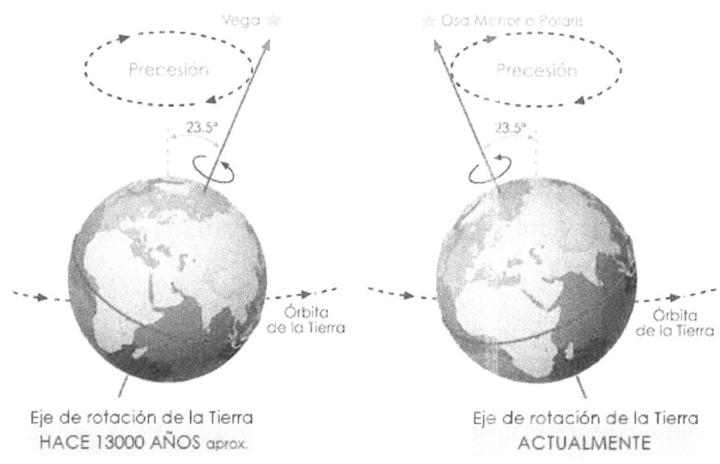

Fuente: Astrogredos.com

Inclinación axial:

El ángulo de la inclinación del eje de rotación de la Tierra respecto al plano orbital alrededor del Sol varía entre 22,2° y 24,5° en un ciclo de unos 41.000 años.

Siguiendo con el símil de la peonza, la precesión axial es cómo la punta va cambiando la dirección hacia la que apunta y la **inclinación axial** sería cuánto de inclinada está la peonza con respecto a la línea perpendicular al plano del suelo en el que gira.

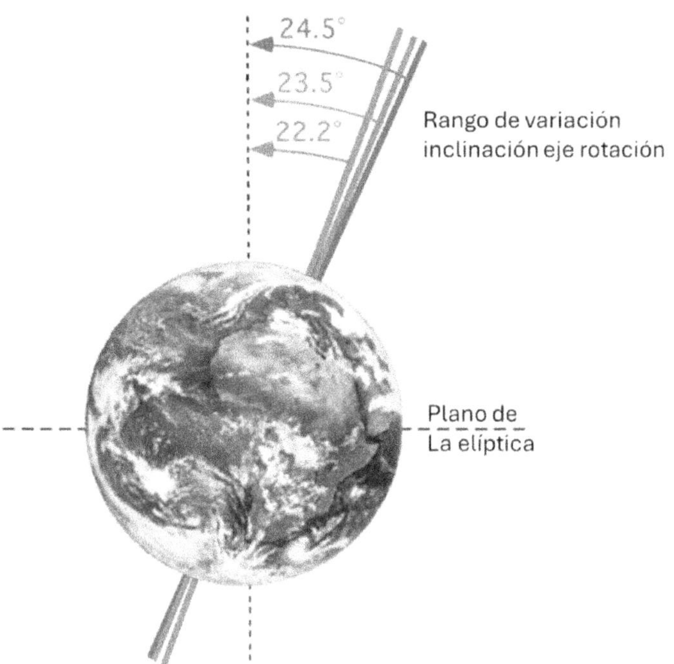

Cuando la inclinación es mayor la insolación en las regiones más próximas a los polos aumenta en verano y disminuye en invierno y sucede lo opuesto cuando el grado de inclinación disminuye.

Ya he dicho que hay más movimientos, pero creo que con estos tres que he explicado ya puede alguien hacerse una idea de cómo estos bailes cósmicos que realiza nuestro planeta afectan al clima.

El clima en la Tierra es muy distinto cuando esta describe una órbita más circular y su eje de rotación apunta hacia la estrella polar con una inclinación de este de 23° que cuando la órbita se hace más excéntrica y el eje está más inclinado y apunta en otro sentido.

Hoy el verano del hemisferio norte coincide con el afelio de una órbita casi circular, y dentro de unos años puede tener lugar en el perihelio de una órbita más excéntrica, lo que hará que los veranos sean mucho más calientes.

Milutin Milankovitch fue un ingeniero de caminos e investigador serbio que nació en Dalj (hoy Croacia) en 1879.

Milutin, que además de ingeniero era también un excelente matemático, se interesó por los descubrimientos geológicos de su época que daban cuenta de periodos glaciares, y empezó a realizar cálculos para determinar cómo los movimientos terrestres podrían estar relacionados con esos periodos de hielo.

Milankovitch estaba convencido de que la insolación (la cantidad de luz y energía que llega radiada del Sol a un cuerpo) era la clave para explicar los distintos periodos climáticos.

A Milankovitch, a pesar de perder a su padre cuando solo tenía 8 años, no le fue mal en la vida, ganó bastante dinero con sus seis patentes en el campo de la ingeniería civil (patentó un nuevo tipo de techo nervado de hormigón armado) y pudo sortear las dos guerras mundiales (*) sin demasiadas penurias

(*) La Primera Guerra Mundial le sorprendió estando en su luna de miel y por su condición de serbio fue hecho prisionero y llevado a Nezsider (Hungría). Gracias a los buenos contactos profesionales de Milankovitch a quienes acudió su mujer (Kristina Topuzović) logró ser trasladado a Budapest teniendo permiso para trabajar.

En 1939 Milankovitch se dedicó a recopilar sus trabajos, notas y publicaciones sobre el asunto de los movimientos terrestres, el grado de insolación y su relación con los periodos climáticos en un libro que se publicó en Alemania (*) en 1941: "Der Kanon der Sonneneinstrahlung der Erde und seine Anwendung auf das Problem der Eiszeiten" (El canon de la radiación solar de la Tierra y su aplicación al problema de las edades de hielo).

(*) El manuscrito se envió a imprimir el 2 de abril de 1941, cuatro días antes del ataque de la Alemania nazi al Reino de Yugoslavia. La imprenta donde se imprimía su obra fue destruida en un bombardeo; sobreviviendo el libro de Milankovitch en el almacén. Unos oficiales alemanes (y estudiantes de geología) llevaron a Milankovitch los saludos del profesor de geología Wolfgang Soergel. Milankovitch les dio la única copia de su obra con la promesa de que fuera preservada y publicada.

Durante los años 50 el (famoso) "consenso científico" entre los meteorólogos era que las hipótesis de Milankovitch no debían tenerse demasiado en cuenta. Según los "expertos"(*) de la época los diferencias en la insolación debidas a los cambios en los elementos orbitales de la Tierra eran insignificantes y no podían alterar significativamente el sistema climático.

(*) Recordemos una vez más, porque *viene al pelo*, el consejo de Richard Feynman: "La ciencia es la creencia en la ignorancia de los expertos"

En las décadas de los 60 y 70 del siglo pasado la investigación de los sedimentos de los fondos marinos, los trabajos sobre mecánica celeste y los primeros modelos climáticos reivindicaron las ideas del erudito serbio. Los cambios en la insolación de la Tierra inducidos por sus movimientos astronómicos eran la causa fundamental del aumento y disminución de los hielos durante el periodo Cuaternario.

El libro del serbio Milankovitch, que se salvó de un bombardeo nazi y que fue impreso en la Alemania nazi, acabó siendo traducido al inglés (1969)

gracias a los auspicios del Programa de Traducciones Científicas de Israel. Fueron los judíos quienes rescataron del olvido el libro de un serbio impreso por los nazis. ¿Para cuándo la película?

No voy a profundizar más, aunque estoy tentado, en cómo se acoplan los ciclos de Milankovitch en apasionantes gráficas, cómo se retroalimentan, cómo coinciden determinados periodos climáticos con ciertos hitos de los "bailes" terrestres, o cómo la ciclo-estratigrafía acudió al rescate del erudito serbio. Quien quiera más, puede encontrar mucha información en la literatura científica y alguna en la de divulgación.

En nuestros días el legado científico de Milankovitch vuelve a estar oculto como lo estuvo su libro en ese almacén de una imprenta de Belgrado en abril 1941.

No puede ser el Sol, eso es blasfemia. Debe ser algo que además de asustar transmita sentimiento de culpa y permita.

El Sol está ahí, sale cada día, aunque se le ignore, y la Tierra no para de bailar. Pero es el tu CO_2, el de tu cuñada y el de tu cortacésped lo que nos conduce al apocalipsis. Dicen.

Capítulo 5

Aprende a amar al CO_2 porque él te quiere

Antes de que nazca en tu corazón el amor por el dióxido de carbono, diseccionaré algunas de las frases articuladas por la clerecía de la IdC a través del cretino-secretario general de la ONU António Guterres, destinadas a espantar al personal.

"La humanidad ha abierto las puertas del infierno". (1)

"El calor horroroso está teniendo efectos horrendos. Los agricultores están angustiados observando los cultivos arrastrados por las inundaciones". (2)

"Temperaturas sofocantes que generan enfermedades". (3)

"Miles de personas huyen aterrorizadas mientras se desatan incendios históricos". (4)

António Guterres (septiembre 2023)

"Los países del G-20 – que son responsables de más del 80% de la polución del clima – deben mostrar el camino." (5)

António Guterres (noviembre 2023)

António Guterres no es un simple agorero hijoputa. Calificarle como tal sería un cumplido y supondría quedarse muy cortos. Guterres es un embustero de los pies a la cabeza, que miente conscientemente para, desde su puesto de capo de ese capítulo de la mafia que llamamos ONU, aterrorizar a los siervos. El terror que practica este hijoputa transnacional tiene como fin hacer que los siervos aceptemos cualquier cosa que nos quieran recetar. Creo que hay por ahí un sustantivo que engloba a aquellas personas que practican el terror.

Todos los enunciados de este atrabiliario cabroncete anteriormente citados son mentira. Vamos una por una:

(1) La Humanidad no ha abierto las puertas del infierno. No es serio que alguien con el puesto de secretario general de la ONU se permita sembrar el pánico y mentir tan descaradamente. Mas bien el infierno se asemeja a ese paraíso utópico al que nos quieren conducir a base de miedo y garrote.

(2) Los agricultores no están angustiados por las inundaciones, que son tan habituales como siempre, sino porque no les dejan cultivar, les suben los precios del combustible o no les permiten usar fertilizantes.

(3) Las temperaturas sofocantes no generan enfermedades, sino que, dependiendo de qué tipo de enfermedades se trate, pueden ayudar a que estas se propaguen más rápido. Esto es así hoy y hace mil años. Recortar el uso de combustibles fósiles acelera aún más la

propagación de enfermedades. Esto es así porque, entre otras muchas cosas, no es fácil mantener medicamentos a una temperatura adecuada en un país del Sahel con generadores eólicos o placas solares; al menos no si no se cuenta con un sistema de soporte de la red basado en hidrocarburos. Tampoco hay muchas ambulancias eléctricas ni lugares donde recargarlas (y menos rápidamente) en Laos. Otra cosa que hace que la gente se muera, de frío o de hambre, por ejemplo, es no poder pagar facturas eléctricas o de gas elevadas artificialmente para mantener la fiesta de las mal llamadas energías limpias o renovables.

(4) Los incendios nunca han sido menos frecuentes ni han existido mejores medios para detectarlos y extinguirlos y la gente no huye más "aterrorizada" hoy que en tiempos pretéritos. A la gente no le gusta quemarse ni que se queme su propiedad. En el siguiente gráfico se pueden ver el número de acres (1 acre son 0,40 hectáreas) quemados en Carolina del Norte desde 1928 hasta 2021. Con ese tipo de discurso Guterres pretende que creamos que la gente emigra "aterrorizada" por el clima, lo cual es falso. Es bastante fácil percatarse de que esos hombres sanos, grandes, jóvenes y fuertes que llegan en pateras y sin mujeres a las costas de Europa no alegan desplazarse a causa del clima.

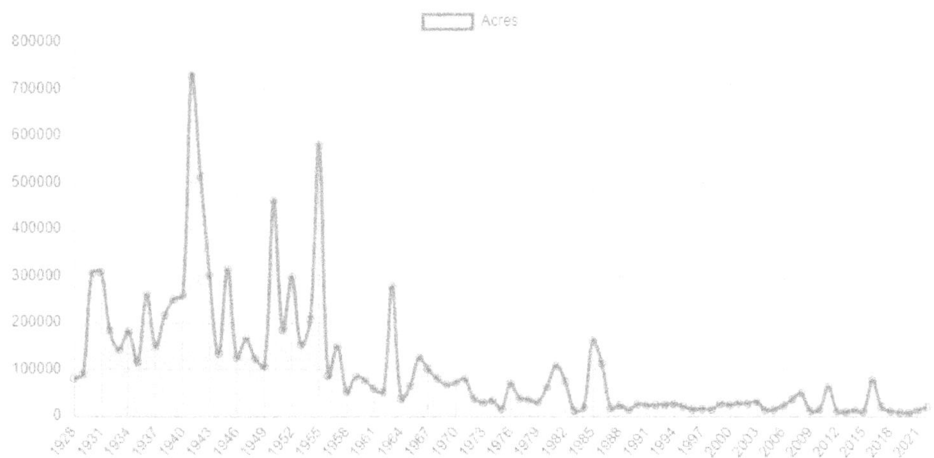

Fuente: North Carolina Forest Service

Si vamos a las estadísticas de todo EE.UU. vemos las cifras que da el Servicio Forestal del Departamento de Agricultura estadounidense (gráfico a continuación). Y en general esto es así en todo el mundo. A los obispos de la Iglesia de la Calentología, como este hijoputa António, no les interesa contar la verdad sino *su verdad*. No deja de ser curioso que sean sujetos de esta misma ganadería (con cuernos y rabo) quienes se lamentan constantemente de lo que ellos llaman desinformación. Se ve que para ellos lo verdaderamente importante no es la verdad, sino sostener el monopolio de la mentira.

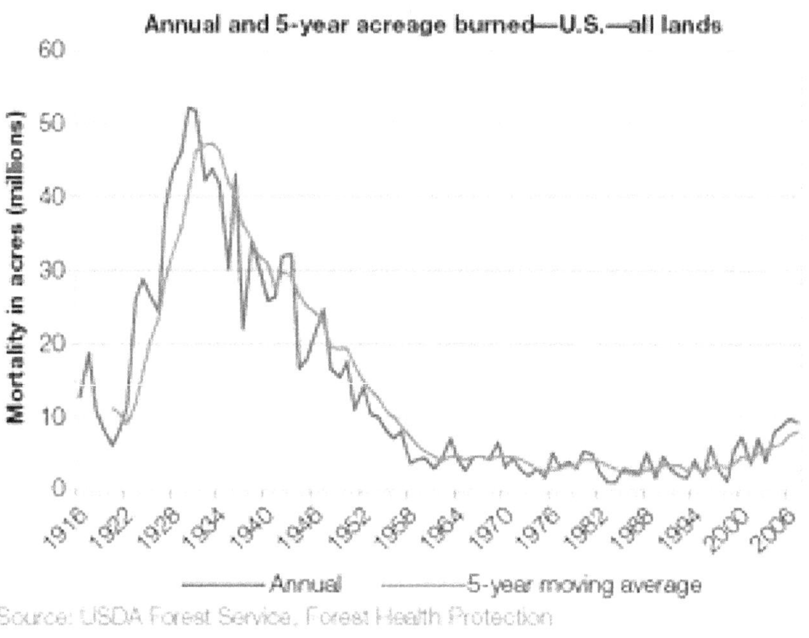

Cinco veces menos superficie quemada en 2010 que en 1930. Y entre 2021 y 2023 en ningún año se han superado los 10 millones de acres quemados (fuente: National Interagency Fire Center).

A pesar de que la realidad le da capones en los cuernos al hijoputa Guterres, este va y se sube a una tribuna para tratar de acojonar, mintiéndonos descaradamente hablando de "incendios históricos".

¿Verdad o no que falta cuerda para tanta soga como haría falta?

(5) Hablar de "la polución del clima" como hace Guterres carece de sentido. El clima no tiene polución (¿quién le escribe a este hijoputa Guterres sus discursos?). La polución puede estar en la atmósfera, en la superficie de la tierra, en las capas freáticas o en los mares. Al igual que el oxígeno o el nitrógeno, el CO2 no es polución ni es contaminación sino una parte ESENCIAL de la atmósfera sin la cual la vida no existiría. Si llamamos polución al CO2 estamos tardando en hacer lo propio con el nitrógeno, con el oxígeno o con los llamados gases nobles.

Gentuza como Guterres achaca al CO2 la apertura de las puertas del Averno, las inundaciones y la angustia de los agricultores, las enfermedades, los incendios, la emigración masiva, y encima lo etiquetan como contaminación, … esperando que cuele.

Nuestras desgracias climáticas son culpa de las brujas, del dios Huitzilopochtli o Taranis, o del CO_2 antropogénico. Créetelo porque es el consenso de cada generación y está de moda. La realidad es que no tenemos un suficiente entendimiento de por qué cambia el clima, pero nos seguimos empeñando en hacer cosas; lo que sea.

Nos automedicamos, para tratar una enfermedad cuyas causas desconocemos o que ni siquiera existe, con medicinas que nos causan más daño que la cura que no podrán lograr.

Hablando de medicamentos. En el siglo III antes de Cristo el emperador chino Qin Shin Huang llegó a la conclusión de que el secreto para su inmortalidad radicaba en tratarse con mercurio. No me cabe duda de que hubo consenso en la corte. Murió envenado.

La cocaína era alabada por Sigmund Freud y se vendía hasta para tratar la caspa y estimular el crecimiento del pelo o era administrada en forma de gotas para aliviar el dolor dental de los niños.

Anuncio publicitario de 1896 en el que se promociona un medicamento a base de cocaína para el pelo y contra la caspa.

El mismo Freud publicó un libro titulado *Úber Coca* (Sobre la cocaína) en el que escribía lo siguiente:

"No aparece ningún deseo de seguir consumiendo cocaína después de la primera o incluso después de una toma repetida de la droga".

El consenso científico sobre la cocaína venía avalado por un insigne *yonki* como Freud, que cobraba de las empresas farmacéuticas (Merck y Parke Davies) para promocionar la *mejor* coca.

Freud, un drogodependiente con depresión, recomendando lo que esnifa y se pincha, mientras quienes lo venden le pagan por ello. Y además afirmando que no creaba adicción. ¿Qué podría ir mal?

"Curar el clima" reduciendo el CO2 tiene el mismo sentido que prolongar la vida tragando mercurio o tratarse la caspa con cocaína.

Igual que había dinero para vendernos que se podía acabar con la dependencia a la morfina a base de coca, también hoy lo hay para convencernos de que podemos mejorar el clima reduciendo el CO2 antropogénico. A Freud le pagaban las empresas farmacéuticas; los profetas calentólogos tienen desde los gobiernos hasta la puta ONU (disculpas a las rameras) pasando por las multinacionales detrás de su causa.

El denominador común de todos estos "remedios" *piadosos* y *bienintencionados* es que son siempre los seres humanos, los individuos, quienes acaban pagando las consecuencias. Niños sacrificados en los picos de los Andes; mujeres quemadas en piras; multiplicación de los adictos a la coca; gente desposeída de su derecho a usar un coche o a comer carne; e impuestos inútiles para financiar políticas equivocadas que buscan solucionar problemas inventados.

Es el progreso… hacia el abismo.

Ya hablé antes de que si el nivel de ese *maligno* CO2 cayera por debajo de 150 ppm todos moriríamos porque el 85% de las plantas dejarían de existir. No está mal recordarles a quienes califican a ese gas como contaminación que sin él no podrían prepararse sus delicias veganas.

Pero el CO2 no es solo la comida de las plantas (que literalmente lo es), también es el gas que nos permite respirar, regular el pH sanguíneo, o absorber la glucosa. El CO2 también juega un importante papel en la sinapsis neuronal, el sistema inmunológico o la vasodilatación sanguínea.

La función respiratoria inconsciente viene determinada por el nivel de CO2. Si no hubiera CO2 nuestro cerebro se olvidaría dar la orden de respirar. El tronco encefálico regula la respiración monitoreando el nivel de CO2 en sangre, no el de O2 (oxígeno).

Un nivel alto de CO2 induce una respiración más rápida para expulsar el CO2 sobrante mientras que si el CO2 está en un nivel bajo, la respiración se hace más pausada.

Un excesivo ingreso de oxígeno aumenta el nivel de pH de la sangre hasta el punto de desarrollar una condición conocida como alcalosis respiratoria, que puede causar mareos, temblores y otros efectos adversos. Tan adversos como que con un PH de 8 te mueres.

Cuando alguien hiperventila (inhala aire repetidamente y rápido) por una crisis nerviosa, lo que está haciendo es exhalar una excesiva cantidad de CO2. La carencia de CO2 hace que el cerebro mande órdenes para respirar menos y más despacio, lo cual nos pone más nerviosos. El cuerpo quiere respirar menos para restaurar el equilibrio de gases, empezamos a sentir mareo, experimentamos visión de túnel y cosquilleos. Y entonces llega alguien y nos dice "respira profundo", y es peor. La solución es respirar despacio aire rico en CO2 empleando por ejemplo una bolsa de papel.

El CO2 es importante para el ajuste entre la perfusión y la ventilación. La hipocapnia (niveles reducidos de CO2 en la sangre) puede empeorar este equilibrio y el intercambio de gases en los pulmones pudiendo desencadenar entre otras cosas:

-Dolor de pecho

-Opresión en el pecho

-Dificultad para respirar

-Broncoconstricción

-Reducción de la ventilación colateral

-Aumento de la derivación intrapulmonar

-Atenuación de la vasoconstricción pulmonar hipóxica

El CO2 permite debilitar el vínculo entre la hemoglobina y el oxígeno lo que hace que este llegue mejor a las células (quien quiera saber más que busque el efecto Bohr). Además, los niveles bajos de CO2 provocan tensión alta puesto que, para evitar la mala entrega de oxígeno, el cuerpo lo compensa aumentando la frecuencia cardíaca y la presión sanguínea.

Y volviendo a las plantas.

"Según un estudio, la fertilización con dióxido de carbono reverdece la Tierra"

El titular se puede encontrar (de momento al menos) en una entrada de la página web de la NASA (1). El estudio del que la NASA se hacía eco llega a la conclusión de que el reverdecimiento de la Tierra entre 1982 y 2015 equivale a añadir una cubierta de hojas del tamaño de dos veces la superficie de EE.UU. excluyendo Alaska y Hawaii.

A esa conclusión llegó un equipo internacional de 32 autores pertenecientes a 24 instituciones de ocho países (2) publicado en la revista Nature.

(1) https://www.nasa.gov/technology/carbon-dioxide-fertilization-greening-earth-study-finds/
(2) https://www.nature.com/articles/nclimate3004

Una alfombra de 16 millones de kilómetros cuadrados de verdor extra en 33 años. Todo por culpa del maldito CO2 y la afición de las plantas por comer.

¿Qué horror será el siguiente? ¿Mejores cosechas? ¿Menos hambre?

Hijoputa Guterres no te va a contar estas cosas.

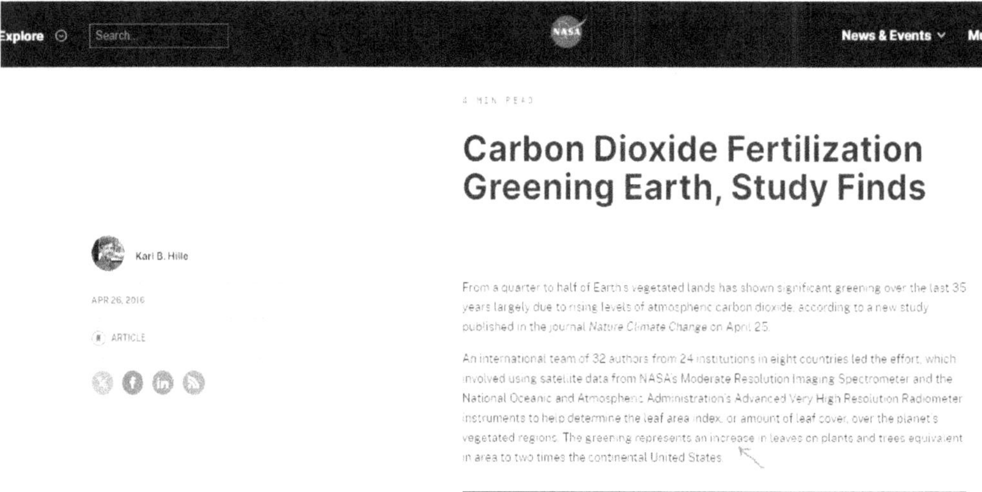

Resulta paradójico que el gas que supuestamente va a acabar con todos nosotros haga que el planeta se torne más verde y fértil.

No menos paradójico es el hecho de que nos vendan que el aumento del CO2, la comida de las plantas hará que los agricultores lo pasen mal, que haya inundaciones, tornados y sequías, y que las cosechas se arruinen. Es como querer convencer a alguien que beber agua cuando tiene sed es contraproducente.

Basta visitar un invernadero y preguntar allí cómo hacen que sus cultivos crezcan. Una de las claves está en el enriquecimiento de CO2 con el que se logra:

- Mayor rendimiento (doblando el nivel de CO2 aumentas entre un 40% y un 100% la producción)
- Crecimiento más rápido
- Floración más temprana
- Mayor resistencia del tallo
- Mejora de la salud de las plantas

- Aumento de la biomasa vegetal
- Mejora en la retención de agua en las hojas (ahorro de riego)
- Aumento del número de botones florales
- Aumentar la capacidad antioxidante de los productos

El valor nutricional del CO2 es sólo una parte de su beneficio para las plantas. No menos importante es la contribución del CO2 a hacer que las plantas sean más resistentes a la sequía.

Dicho de otra manera: con niveles más altos de CO2 las plantas pueden crecer en entornos más secos.

Las hojas de las plantas tienen pequeñas perforaciones llamadas estomas, agujeros superficiales que permiten que el CO2 pase desde la atmósfera hacia el interior de la hoja, en donde se fotosintetiza en carbohidratos. La apertura de los estomas la regula la planta en función de la cantidad de comida que haya disponible (CO2).

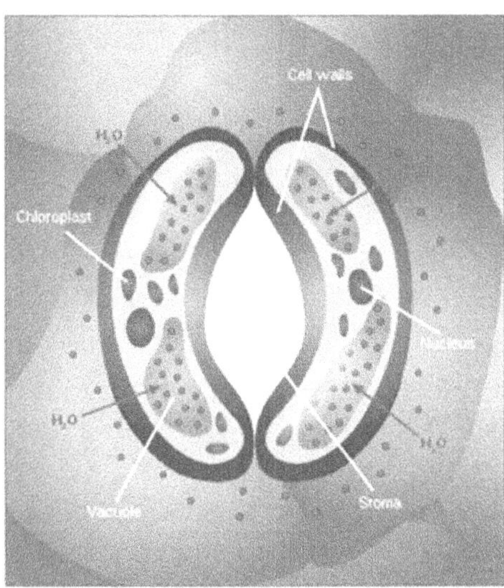

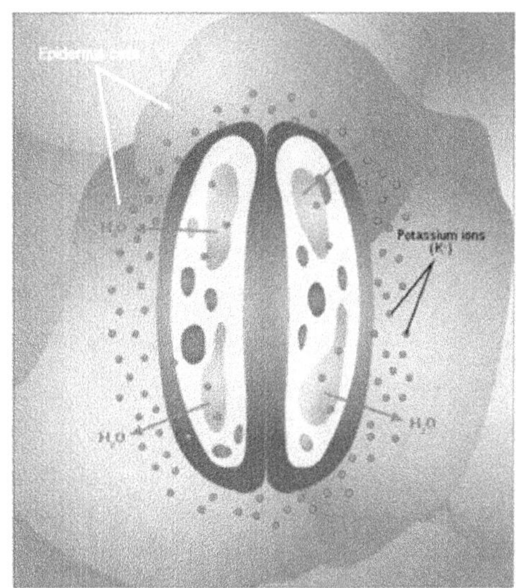

Estoma abriéndose   Estoma cerrándose

Esquema de un estoma. Fuente Wikipedia

Cuando una planta crece en un entorno rico en CO2 no necesita tener los estomas muy abiertos para capturar la cantidad de CO2 que necesita y esto a su vez reduce la pérdida de agua que escapa por el mismo estoma. Si hay poco CO2 disponible la planta debe abrir más estas válvulas lo que hace que pierda más agua en el proceso de alimentarse.

Dependiendo de la humedad relativa del aire exterior, hasta 100 moléculas de H2O pueden escapar de la hoja por cada molécula de CO2 que ingresa. Es por eso que la mayoría de las plantas terrestres necesitan al menos 100 gramos de agua para producir un gramo de carbohidratos.

Podríamos afirmar que una caída de los niveles de CO_2 supondría un desplome en la productividad agraria, la desertificación de grandes áreas del planeta y hambre.

Así pues, querido lector (o lectora), cuando dese la ONU traten de asustarte con las hambrunas y las sequías causadas por el espantosísimo calentamiento global por culpa del CO_2, recuerda que el objetivo de estos hijoputas no es tu bienestar sino tu obediencia.

Y de esa obediencia ciega que se nos exige es de lo que vamos a hablar en el siguiente capítulo.

Capítulo 6

La "Curva de los Apóstoles". Estúpidos, interesados e hijoputas

La credibilidad de los (comerciales) evangelistas calentólogos es bastante dudosa como estamos viendo, pero queda aún más en entredicho cuando se observa que esos mismos comerciales suelen apuntarse a todas las *causas de moda.*

Predicar consensos de *chichinabo*, más falsos que un euro de plastilina, y exigir la aquiescencia de todos, es parte consustancial del día a día de nuestros políticos y de nuestros autoproclamados líderes.

Podemos observar que los comerciales del cambio climático suelen llevar también en su cartera de "productos", en su portfolio, otras verdades, supuestamente consensuadas, incluso más estrambóticas.

Los mismos que dan la turra con el tostón calentólogo nos anuncian la existencia de infinitos géneros o predican que los hombres pueden quedar embarazados y tener la regla. Todos estos también solían vender, hasta hace bien poco, que determinadas pociones experimentales eran 100% seguras y eficaces, que prevenían el contagio de un virus chino-estadounidense y la enfermedad causada por el mismo sin (apenas) efectos secundarios.

Pero no todos los calentólogos son iguales.

Según yo lo veo existen tres tipos de *apóstoles* de la calentología y del resto de las pseudociencias del catálogo globalista:

Tipo 1.- Los que de verdad se lo creen. **Los estúpidos**.

Tipo 2.- Los que no lo tienen totalmente claro, pero sí tienen claro que defender estas causas redundará en su beneficio personal. **Los interesados**.

Tipo 3.- Aquellos (pocos) que saben que las recetas que nos prescriben no tienen como objetivo salvar al planeta, la salud, o el bienestar de la gente, sino controlar, someter y esclavizar. Este grupo emplea y se aprovecha de los sentimientos de la gente, sobre todo el miedo, como palancas para lograr sus fines. **Los hijoputas**.

El mayor mérito de los apóstoles del tipo 3, los hijoputas, consiste en no reírse mientras nos reprochan nuestros supuestos pecados. Yo confieso que no valdría. Es de justicia elogiar sus dotes interpretativas.

Todos los hijoputas son interesados, pero no todos los interesados son hijoputas. Sospecho que un interesado solo asciende a hijoputa por invitación. El interesado sabe que le sale a cuenta subirse al carro de lo que está de moda, aunque alberga algunas dudas, porque le resulta conveniente (y cómodo) ser políticamente correcto. El interesado saca más provecho siguiendo la corriente (más aceptación social, pertenecer al grupo de los buenos y concienciados, no tener que argumentar por su cuenta) que haciendo públicas sus íntimas dudas. En cualquier caso, un interesado no hijoputa cree en las buenas intenciones de los prescriptores de soluciones, aunque estas le parezcan imperfectas o sospechosas. El interesado hijoputa no duda de que engaña. La única causa que verdaderamente apoya el hijoputa interesado es la suya y la de su club de hijoputas.

La categoría de los estúpidos (el tipo 1) son la infantería de choque, la gente que cree estupideces como que en la ONU velan por la Humanidad y todo lo que de esta viene es benéfico, vamos que orinan perfume; o que piensan Ursula von der Leyen llegó a ser presidenta de la Comisión Europea gracias a ser una bellísima persona.

Los estúpidos discuten o razonan solo sobre temas permitidos --sobre fútbol, el *reality* hortera de moda o sobre si la tortilla de patatas es mejor con o sin cebolla--, pero no tienen tiempo ni les da la gana de pensar demasiado en otros asuntos.

Los estúpidos aceptan la premisa de moda que toque, adoptan como suyas las dos o tres consignas o eslóganes que les llegan de todas partes (televisión, medios de masas), y creen que con eso ya tienen una opinión propia. Los estúpidos piensan que quienes no aceptan los dogmas que ellos ni se cuestionan, son gente rara, negacionistas que no merecen ser siquiera escuchados. Quienes pertenecen a esta categoría de tontos útiles siempre darán más credibilidad a lo que digan sus ídolos que a lo que dicte la razón. La famosilla histérica de tertulia o el deportista que anuncia coches en su papel de "referente moral", que hablan al dictado de quienes les pagan, tienen mayor predicamento entre la infantería estúpida que cualquier argumento razonado.

El estúpido de hoy es el mismo que apilaba la leña primero y contemplaba después, feliz, cómo ardían las brujas. Algo habrían hecho las muy putas. Luego, como era martes y había mercado, el estúpido vendía sus huevos y discutía con sus colegas estúpidos sobre qué noble señor era el más gallardo de la comarca.

Siguiendo con el símil. El interesado de hoy es el mismo que entonces no terminaba de ver claro que quemar a esas mujeres ayudara demasiado, pero pensaba que si el obispo y el comendador, gente letrada y de buenas intenciones, decían que era lo apropiado, él no era quien para llevarles la contraria. El interesado también sabía que había precedentes de gente que objetó y pasó de ser público a protagonista. Calla, mira y si hace falta aplaude.

El hijoputa de hoy es el mismo que en aquel entonces veía a las mujeres ardiendo en la pira y sabía que daba lo mismo quemar una que dos millones de supuestas brujas, que eso no arreglaba nada. El hijoputa no buscaba acabar con la brujería, en la que ni siquiera creía. El hijoputa de entonces pensaba que el espectáculo era bonito, cohesionaba a los plebeyos, les daba una causa y un propósito y ayudaba a tener a los siervos controlados, asustados y entretenidos. Los objetivos de los hijoputas eran entonces, y lo son ahora, control, sometimiento, miedo y esclavitud.

He elaborado un sencillo gráfico a efectos de visualizar dónde se sitúan estos tres tipos de *apóstoles* en un sistema de coordenadas fe-hijoputez, donde hijoputez puede perfectamente sustituirse por interés.

La "curva de los apóstoles" muestra como el tipo hijoputa anda escaso de fe y sobrado de hijoputez, los estúpidos muestran un grado de maldad/interés mucho menor y una fe que tiende al infinito, y los interesados se encuentran en el medio.

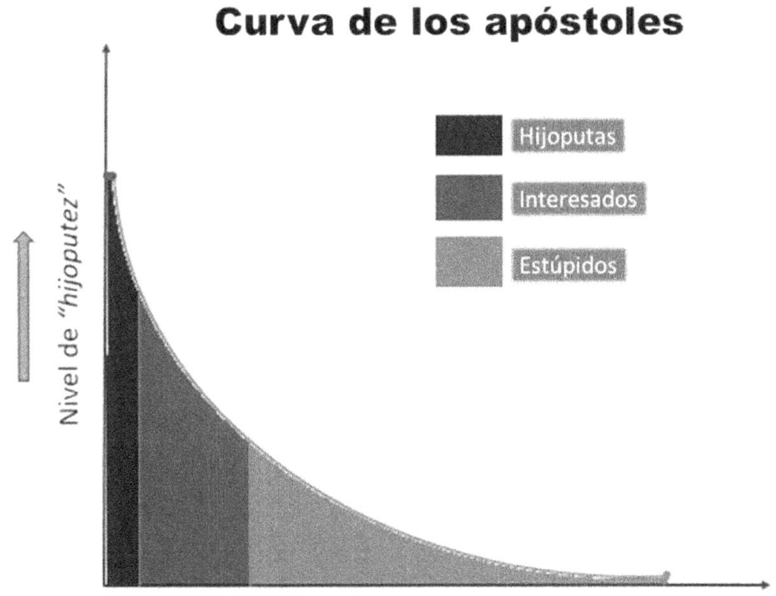

La curva de los apóstoles sirve para ubicar en un esquema fe-maldad tanto a los fieles del culto calentólogo como a los de la Iglesia del Santo Arcoíris de los Infinitos Géneros, los de la Cofradía del Pinchazo Perpetuo, o la feligresía de cualquier otra secta ponzoñosa.

Decíamos que los objetivos reales de quienes fabrican estas premisas falsas se resumen en control, sometimiento, miedo y esclavitud.

Con la tecnología disponible hoy en día, el control total de todos es una posibilidad cierta. El rastreo y control de cada individuo 24 horas al día durante toda su vida es algo factible. Las herramientas están ahí (te invito a que indagues en las mismas):

- Los dispositivos y las aplicaciones que empleamos,
- las cámaras de circuito cerrado,
- las monedas virtuales programables de los bancos centrales (CBDC),
- la creciente *tokenización* de la economía,
- el advenimiento de sistemas de crédito social
- pasaportes sanitarios (lo que vendría a ser un DNI mundial)

Lo único que faltaba para cerrar el cerco al individuo era contar con la capacidad de digerir y analizar esta ingente cantidad de datos, de manera que las políticas que se quieran llevar a cabo en cada momento se puedan sustanciar mediante castigos y estímulos. De este cometido se ocupará la IA o Inteligencia Artificial.

Nuestros amos podrán (pueden) por ejemplo segmentar grupos de "indeseables" para hacerles objeto de sanciones o castigos. Pondré un par de ejemplos de cosas que son posibles hoy en día. Algunas segmentaciones factibles:

- Personas que pasan más de 3 horas en un coche y que gastan menos de un 10% de sus ingresos con tarjeta de crédito (que pagan en metálico mayoritariamente)
- Sujetos que compran productos cárnicos por un valor superior a 200 euros al mes y que escriben más de 100 entradas a la semana en redes sociales y emplean más de 10 veces una o varias de las siguientes palabras: OTAN, progre, *suciata*, nuevo orden mundial.

A los individuos del primer segmento se le requerirá disminuir el uso de su vehículo por haber superado su cuota de CO2 y se le hará una inspección fiscal. A los del segundo grupo se les cortará la cuota de carne (mucho CO2 y mucha energía proteínica) y se les vigilará muy de cerca para poderles acusar de delitos de odio.

Los medios (para jodernos) los tienen y las ganas nunca les han faltado. Solo falta lograr que hacer estas cosas sea legal. Aquí es donde entran en juego las falsa premisas, los dogmas y los cultos.

El propósito fundamental de las prisiones es tener controlados a los delincuentes (lo de rehabilitarlos es bonito pero secundario). Cuando todo el mundo pueda ser controlado en todas partes y en todo momento, y se le presuma culpable hasta que no demuestre su inocencia, podremos asegurar que el planeta entero es una cárcel. En eso estamos.

Todas las sectas postmodernas de corte globalista, con sus premisas y dogmas impulsados de arriba hacia abajo, convergen en un mismo desquiciado (e ilógico) paradigma:

Debes someterte por el bien de todos.

Esta frase, que bien podría estar escrita en un cartel a la entrada de cualquier hormiguero o colmena, se nos repite de manera constante de manera explícita, indirecta o incluso subliminal a través de todo tipo de mensajes.

- "No seas egoísta e inyéctate una substancia (de cuyos efectos no nos hacemos responsables) por el bien de todos. ¿Acaso quieres matar a tu abuela?"
- "No uses el coche porque matas al planeta y eliminas el futuro de tus hijos. Muévete poco (y acepta comprarte el tipo de coche que te digamos. Uno que solo podrás arrancar con nuestro permiso)"
- "Admite que esa persona rubia de 120 kilos y 1´90 de altura con barba y pene en realidad es una mujer japonesa lesbiana. No seas transfóbico, no hieras sus sentimientos"
- "Acepta que tu hija de 12 años te diga un día que, desde que un grupo de personas con el pelo morado le dieron una charla en el colegio, ha descubierto que ella es en realidad un niño. Sé feliz cuando te cuente que va a someterse a una terapia hormonal que arruinará su pubertad, la dejará estéril y que en dos años se someterá a una faloplastia y una masectomía. Si ella dice que se llama Lucas y no Lucía tienes que celebrarlo, y si no te quitaremos su custodia"
- "No uses las palabras madre, padre, marido o mujer porque son herencia del heteropatriarcado. Emplea el neolenguaje adecuado para no ofender: progenitor 1 o 2, persona, persone..."
- "Cambia tu dieta porque comer carne no es sostenible debido a las ventosidades metánicas de las reses y además vamos a crucificar a los ganaderos hasta el punto en que solo los billonarios podremos

comernos un chuletón. Tranquilo, no te faltarán grillos, cucarachas y algas"

La conclusión en todos los casos es que hay ciertas amenazas (el CO2, el heteropatriarcado o un virus coproducido entre EE.UU. y China) contra las que todos debemos luchar unidos y (sobre todo) sacrificar nuestras libertades por un bien común.

Hasta las empresas multinacionales nos muestran el camino, jactándose de su decencia y dándonos lecciones de bondad, mediante publicidad trufada de empalagosa moralina.

- "Compra esta crema manufacturada con procesos sostenibles. Cuida tu piel y cuida el planeta"

UNA PIEL. UN PLANETA. UN CUIDADO.

- "Santander se compromete a ser neutro en carbono para el año 2020. Banco Santander se ha comprometido [hoy, 11 diciembre de 2019] a ser neutral en carbono en 2020 compensando todas las emisiones generadas por sus propias operaciones"

Centrémonos por un momento en esto último de ser "neutros en carbono". ¿Qué significa esto? ¿Es quizá que no están ni a favor ni en contra del carbono? Y, por cierto, el carbono es un elemento de la tabla periódica y el CO2, que es a lo que se refieren realmente, es una molécula compuesta por dos átomos del elemento oxígeno y uno del elemento carbono.

Lo que subyace tras la afirmación de ser "neutros en carbono", lo que de verdad significa, es que emitirán CO2 (es imposible no hacerlo) y pagarán una multa como compensación por sus pecados carbónicos.

Los 200 mil empleados de Banco Santander (y del resto de empresas "comprometidas" que quieren hacer ostentación de su hipócrita buenismo) seguirán pudiendo exhalar CO2, las plantas de los despachos de los virtuosos ejecutivos del banco seguirán haciendo la fotosíntesis y la electricidad que ilumina sus instalaciones y mantiene sus servidores seguirá llegando desde instalaciones que emiten CO2. Lo que Santander hará y hace es pagar un peaje por existir.

Cuando estas empresas nos anuncian que van a consumir energía proveniente de fuentes renovables con el objeto de disminuir su huella de carbono pasan por alto tres cosas:

1.- TODO proceso que genera energía emite CO2. Los procesos de construcción de las presas hidroeléctricas, de los molinos de viento, de las centrales nucleares suponen una emisión de CO2. Los mismos pantanos que alimentan las centrales hidroeléctricas causan la emisión de todo tipo de gases por la descomposición de plantas.

2.- Una red eléctrica necesita mantener constante el flujo de electricidad y eso no se logra con energías que son por definición intermitentes (el sol no siempre brilla… sobre todo de noche, el viento no siempre sopla y los pantanos no pueden siempre expulsar agua para mover las turbinas). La única manera de garantizarse una red eléctrica estable -- hasta que existan pilas de almacenamiento con capacidad suficiente y eso no parece estar cerca-- son los hidrocarburos (un trozo de carbón o una garrafa de petróleo arden siempre). Los hidrocarburos almacenan energía que puede ser dispuesta en cualquier momento y circunstancia y por eso son el respaldo (back-up en inglés) necesario para tener una red eléctrica estable y sin intermitencias.

3.- No hay nada malo en emplear una energía fiable y disponible porque la emisión de CO2 no es un problema. Este es el argumento principal. El CO2 no es malo.

Y no solo es que estas energías sean intermitentes; también hay que tener en cuenta el impacto ambiental de las llamadas energías limpias. Estas energías requieren de un cultivo latifundista. Hacen falta cientos de hectáreas, kilómetros cuadrados, de campos plagados de molinos de viento o de placas solares para igualar la energía que una central térmica puede generar ocupando 10 hectáreas.

Hagamos algunos números.

Un kilogramo de antracita produce 33 MJ (mega julios), un litro de gasoil 39 MJ y un metro cuadrado de placa solar (en una ubicación muy soleada, por ejemplo en Almería) genera 85 MJ al año. La conclusión es que 1 metro cuadrado de placa solar funcionando un año puede ser sustituido por 3 kilos de carbón o por 2 litros y medio de gasoil.

Un campo de 1 km (1 millón de metros cuadrados) dedicado a la energía solar puede tener una superficie de 800 mil metros cuadrados (útiles) de placas.

Esas 100 hectáreas plagadas de espejos pueden generar en un muy buen año (con mucho sol) 68 millones de MJ. Esa misma energía la producen 2 mil toneladas de antracita o 1480 toneladas de gasoil --1740 litros—(el litro de gasoil pesa aproximadamente 0,85 kg).

El peso medio de la antracita es de 1,6 gr/cm3 por lo que dos mil toneladas de antracita tienen un volumen de 1.250 metros cúbicos.

Un tanque de gasoil cilíndrico de 10 metros de radio por 5,5 metros de altura o un montón de antracita (en forma de cono) de 5 metros de altura y una base de 15 metros de radio acumulan en un espacio reducido la misma energía que la que produce u kilómetro cuadrado de cultivo fotovoltaico en un año.

Esta energía acumulada en el carbón o el petróleo puede ser empleada cuando se requiera. Funciona de noche, con frío, sin viento, se puede acumular y se puede transportar. Un campo de placas solares, que funciona solo cuando el sol brilla, se puede ir literalmente al vertedero con una buena granizada.

Tras leer esto, tal vez a alguien se le ocurra que soy contrario a las llamadas energías renovables o limpias. Nada más alejado de la realidad. Mostrarse contrario a la energía solar, eólica, geotérmica o mareomotriz sería algo digno de fanáticos. Todo lo que contribuya al bienestar y al progreso de la Humanidad debe ser bienvenido. Cuantas más opciones existan mejor.

Si alguien que vive en una zona con buena insolación le saca partido y logra ahorros poniendo placas fotovoltaicas en el tejado de su casa, es perfecto. Si otra persona, que vive en más allá del círculo polar ártico o en una zona muy nublada, opta por almacenar carbón o tener un depósito de gasoil, también me parece estupendo.

Lo que NO me parece de recibo es decidir, sin base científica alguna y pasándose la razón y el sentido común por el forro, que unas formas de generar energía deben sustituir a otras obligatoriamente.

Toda la avalancha de mensajes institucionales, corporativos o voceados por oenegés sesgadas hasta el tuétano, confluyen, como decía anteriormente, en un único mensaje (relato en neolenguaje):

Debes someterte por el bien de todos.

Los hijoputas cocinan este relato; los interesados lo sirven; y los estúpidos se lo comen y hasta piden otro plato.

No te sometas, no te lo "comas", y lánzales el plato a la cara… con el cuchillo incluido.

Capítulo 7

El chantaje mafioso: libertad y prosperidad a cambio de seguridad. Corporatismo, política y negocio… y un ejemplar "hijoputa": Bill Gates.

El propósito general de este libro es hacer que dudes, en el sentido científico del término que daba Richard Feynman. Aunque el libro se centra fundamentalmente en activar la sana duda acerca de las (falsas) premisas de lo que denomino la Iglesia de la Calentología, es importante que sobrevolemos a más altura el paisaje para tener una perspectiva de cómo encaja este culto artificial en una estructura de orden superior.

En un mundo en el que imperara la lógica humanista y científica el culto calentológico, disparatado como es, sería tenido por una rara secta de desquiciados patéticos y divertidos a partes iguales. Hoy por hoy en nuestro mundo no impera esta lógica y debemos entender por qué.

Los calentólogos, sus premisas y sus dogma-recetas no surgieron por generación espontánea, sino que son síntomas de una enfermedad sociopolítica global. Es necesario por tanto tomar altura para entender cómo se ensambla la calentología con otros cultos, todo esto sobre un fondo político y moral, y dentro de una dinámica de poder. Por tanto, este capítulo tendrá un marcado acento filosófico y ético que nos permitirá entender mejor la segunda mitad del libro.

Siguiendo el enunciado de este capítulo empezaremos hablando de en qué consiste ese chantaje mafioso en el que se nos demanda renunciar a nuestras libertades y a nuestra prosperidad en aras de una seguridad más que incierta.

El chantaje consiste básicamente en que los hijoputas y su corte de interesados buscan que los demás aceptemos recortar nuestras libertades y derechos individuales (sometimiento) para ser "salvados" colectivamente (el bien común). Sometimiento por el bien común.

El bien común es algo evanescente, difícil de definir y más aún de cuantificar. El bien común es un agregado, un sumatorio de bienes y desgracias individuales que se supone que arroja un saldo, pero en el que se diluye el único bien merecedor de ser defendido: el individual. El bien común es, sobre todo, algo totalmente subjetivo. ¿Qué es mejor y quien lo decide?

Quien crea que el "mejor" bien común lo deben elegir nuestras *seráficas* autoridades, asumiendo algo tan absurdo como que semejante tropa de hijoputas están permanentemente afanados en la búsqueda de nuestra felicidad, pertenece al tipo estúpido mencionado en el capítulo anterior. Estúpido cum laude.

A diferencia del vaporoso "bien común", las libertades y derechos individuales sí son cosas bien concretas: derecho a ir donde nos dé la gana, comer lo que queramos, consumir la energía que prefiramos o expresar lo que nos dé la gana expresar. Los hijoputas predican que el bien común es la suma de las desgracias individuales y que menos libertades y derechos conducen a una mayor felicidad. El Foro Económico Mundial lo dice claramente: "no poseerás nada y serás feliz".

No perdamos de vista que cualquier recorte de libertades incide de forma directamente proporcional en un recorte de la prosperidad. Entre estas dos variables (libertad y prosperidad) existe una correlación de causalidad (ver capítulo I). Más libertad deviene en más prosperidad. "No poseerás nada y serás feliz", esta frase fue parida por el Foro Económico Mundial en una de sus presentaciones sobre la Agenda 2030. El Foro Económico Mundial y otras organizaciones criminales como la ONU, nos quieren convencer de que seremos más felices siendo menos prósperos y libres. Son tan repugnantes como las cucarachas que quieren que comamos.

Un club de millonarios súper-propietarios (el Foro Económico Mundial) nos recomienda ser unos desposeídos y alelados zampa-insectos (en la misma presentación anuncian que comeremos menos carne) para lograr la felicidad, pero los miembros de ese club acaparan todo lo que pueden. ¿Alguien dijo hipocresía? Reitero que el mayor mérito de los hijoputas consiste en no reírse mientras nos expiden sus recetas.

El ser humano no se desprende ni renuncia a cosas salvo que haya un *incentivo* de por medio. Existe un incentivo muy poderoso que se puede condensar en cuatro palabras: hazlo o si no.

Obligar a la gente a renunciar a algo, sin pagarles, solo se logra de tres maneras: con miedo, con miedo y con miedo.

- **Miedo a que te castiguen**: multas, impuestos extras, delitos de nuevo cuño.
- **Miedo a que**, **por tu culpa**, como decía el hijoputa António Guterres, **se abran las puertas del infierno y todos muramos** por culpa de tu *vicioso* gusto por el entrecot.
- **Miedo a que**, si no te sometes y renuncias a tus derechos por el jodido "bien común" diseñado por y para los hijoputas, **te conviertas en un apestado social** que no sigue la fe verdadera que toca seguir y te digan cosas feas… como negacionista.

Los dos últimos miedos desaparecerían si la gran mayoría de los ciudadanos ejercitaran costumbres tan sanas como el pensamiento crítico y el amor propio. Rompiendo estos dos tabúes, culpabilidad y vergüenza, podremos conjurar el miedo a que nos castiguen porque seremos nosotros quienes castigaremos –a patada limpia-- a los hijoputas. A lo que yo añado que así sea, hasta acabar con ellos por lo civil o por lo militar.

Solo cuando lleguemos a la sabia conclusión de que (en sentido figurado) nos falta cuerda para tantas sogas como debemos anudar, podremos hacer que el miedo nos abandone y se mude a vivir en los corazones de quienes merecen temer: los hijoputas (y algunos interesados).

Ya sea mediante elecciones, si estas son verdaderamente abiertas y transparentes (que distan mucho de serlo), o mediante una revolución, debemos arrancarnos estas garrapatas hipócritas de nuestras chepas y orear la sala (la sociedad).

No necesitamos dogmas sino luz y ventanas abiertas, de par en par, por donde fluya la brisa fresca del debate de ideas y del sentido común.

Pero para que los hijoputas nos teman hay que convencer a una cantidad suficiente de estúpidos. Hay un océano de ellos. Debemos hacer ver a quienes se creen a pie juntillas unos dogmas tan disparatados, que existen otros puntos de vista y que lo que les dicen por todas partes sobre un supuesto consenso es mentira. Hay que liberarles del sentimiento de culpabilidad (tu coche no mata el planeta). Hay que ayudarles a sustituir el miedo a ir por libre. Hay que mostrarles que no es obligatorio seguir al rebaño de los supuestos biempensantes y que tener dudas no es algo de lo que avergonzarse. Hay que inocularles una sana desconfianza e insuflarles el sentimiento de orgullo que proporciona informarse empleando distintas fuentes, ser curioso, hacerse preguntas, reflexionar, debatir e ir sedimentando un criterio propio en lugar de repetir las consignas emitidas por los canales "oficiales".

El principal objetivo de este libro es exactamente lo descrito en el párrafo anterior. Mi propósito es hacer que quienes leéis este libro penséis de forma más científica, o lo que es lo mismo: que dudéis y cuestionéis todo. Como ya vimos, Richard Feynman decía que "la ciencia es la creencia en la ignorancia de los expertos". Eso mismo. No será la última vez que cite al *amigo* Richard.

Me dirijo a ti lector. No seas estúpido. Hazte preguntas en lugar de memorizar respuestas. Y a la hora de dudar, por favor duda también de lo que te cuento, contrasta, compara, razona y ten un criterio propio en evolución y siempre abierto a nuevas evidencias.

Los hijoputas obviamente no lo ven así. Dudar no es una opción. Su estrategia es repetir el dogma (que toque) a toda horas y desde distintos altavoces a la vez que catalogan como negacionistas a quienes osen disputar su verdad.

Es un chantaje mafioso en el que ellos, los hijoputas, te advierten de que hay un peligro inminente acechando y es por tu culpa; pero que pagando un precio (tal vez) ellos, dueños de la verdad, podrán ir postponiendo el castigo que todos (menos ellos) nos merecemos.

Los hijoputas nos venden sus inútiles recetas para conjurar peligros manufacturados por ellos mismos. Crean el peligro, nos imputan que este exista, y nos inoculan el miedo y la culpabilidad.

Su objetivo no es impedir que esos peligros nos embosquen y nos alcancen. Su objetivo es que consumas sus recetas y tenerte domesticado para seguir ahondando en tu sumisión con nuevas excusas.

Lo que para los estúpidos es el fin, para los hijoputas es el medio y viceversa.

Antes resumía el chantaje mafioso como sometimiento a cambio de seguridad; pues bien, para los hijoputas la seguridad no es el fin, el fin es tu sometimiento. Duérmete niño.

Para los estúpidos salvar el planeta, acechado por nuestra producción de *demoníaco* CO2, es el objetivo por el cual merece la pena sacrificarse; pero para los hijoputas esa finalidad es simplemente el medio, la excusa, la palanca o la coartada para lograr que te tragues sus recetas. La aceptación de sus recetas, impuestas a la fuerza, son el verdadero fin. Tu obediencia es el fin.

La moneda para pagar por esas recetas es siempre tu libertad. El miedo, la culpabilidad, la coerción y exterminar cualquier disidencia, son factores clave para los hijoputas. Si la gente se desprende del miedo y de la culpabilidad; si se desafía el dogma sin avergonzarse por estar en contra del discurso obligatorio; y si encima nos reímos de los hijoputas y de los interesados en sus caras, estaremos más cerca de acabar con esta basura.

Voy a poner un ejemplo doméstico de la dinámica hijoputas-interesados-estúpidos. Un ejemplo doméstico tan sencillo y universal como ilustrativo.

Algunos padres, desesperados, que no saben qué hacer para que su hijo hiperactivo de cuatro años se duerma, a veces recurren a amenazarle con que si no lo hace vendrá un monstruo. Duérmete niño o si no vendrá "el Coco".

Evidentemente el objetivo de los padres no es evitar que el Coco venga y se lleve al niño. Los padres no creen en el Coco, lo que buscan es que el niño se duerma de una (jodida) vez. Los padres venden a su hijo una receta, dormir, para impedir un peligro en el que solo el niño cree, el coco.

Para el niño el Coco es una amenaza muy real por la que está dispuesto a renunciar a su libertad de saltar por el pasillo. El pobre niño es el estúpido y los padres son los hijoputas.

El objetivo para el niño es evitar la llegada de El Coco. El niño cree que los padres persiguen ese mismo y noble objetivo y acepta la "receta" que le dan sus padres: dormir.

El objetivo de los padres es que el niño acepte su receta, dormir, y para ello emplean como palanca el miedo del niño al señor Coco.

La meta del niño, evitar al Coco, es el medio para los padres, y la meta de los padres, que el niño duerma, es el medio para el niño.

Saquemos más jugo a este símil.

Supongamos que al niño en el colegio los profesores le dicen que el Coco es un peligro que se cierne sobre sus cabecitas y que lo mejor que pueden hacer es obedecer a sus papás y dormir. Los profesores son los interesados.

Imaginémonos a los niños debatiendo en el recreo sobre el tema de "el Coco". Entre los 25 niños hay 3 que aseguran que el Coco no existe y que no tiene nada que ver la aparición de ese ser con el hecho de que los niños se duerman o no. A esos tres niños los padres y los profesores les calificarían de…, exacto: negacionistas.

Vayamos más lejos.

Es mismo niño hiperactivo de 4 años, viendo que sus padres y hermanos mayores se acuestan más tarde, se pregunta por qué el Coco solo acude si ellos no se duermen. ¿Acaso depende de él solo impedir que el monstruo acabe con toda su familia? ¿Es culpa suya, por no dormir, que acuda un monstruo?

Esto mismo que se pregunta el niño de mi *cuento*, se preguntan muchos cuando ven acudir a los líderes de la calentología en reactores privados (mega emisores de CO2) a las cumbres en las que se discute cómo debemos, los demás, recortar nuestra pecaminosa huella carbónica.

Cuando la duda, la curiosidad y el razonamiento del niño vencen a su miedo y se sobreponen a la veneración por sus padres, el niño decide permanecer despierto toda la noche (con un palo a mano por si acaso). Quiere comprobar si el tal Coco se presenta. Ese niño es entonces un CIENTÍFICO porque dudó de los "expertos" y buscó la verdad experimentando.

No me canso de citar a Richard Feynman: "la ciencia es la creencia en la ignorancia de los expertos". Amén, mil veces.

A ese niño ya no se la vuelven a colar.

Nuestros hijoputas de guardia, con la ayuda de su cohorte de interesados, nos tratan como a niños, procuran infantilizarnos y sacar provecho del miedo que ellos mismos se afanan en inyectarnos. La infancia es muy bonita en muchos aspectos y a muchos niveles: la ilusión, la inocencia, la fantasía, la reverencia y la confianza ciegas por los "expertos".

Aparte de las escalas, completamente distintas, existen dos diferencias entre la historia del niño hiperactivo de cuatro años y el Coco y la nuestra con la *emergencia climática*.

La primera –y fundamental-- diferencia estriba en que los padres (en el papel de hijoputas en la historia), y en menor medida profesores (interesados), de ese niño, le quieren y buscan su bienestar, mientras que nuestros ínclitos hijoputas, y sus palmeros interesados, nos desprecian. Los padres (en la inmensa mayoría de los casos) se preocupan por sus hijos, los ven como parte y continuación de sí mismos, de su familia. Nuestros hijoputas nos ven como consumidores, en el mejor de los casos, y como un problema.

La segunda diferencia radica en que la infancia es un periodo que tendrá un final para ese niño, mientras que nuestros hijoputas aspiran a que el infantilismo de la población tenga un carácter perpetuo.

Llegados a este punto creo haber dejado aclarado el sentido de la primera parte del título de este capítulo: **"El chantaje mafioso: libertad y prosperidad a cambio de seguridad".**

Vayamos a por lo de **"Corporatismo, política y negocio"**.

Existe una cita apócrifa de Benito Mussolini donde este define el fascismo de la siguiente manera:

"El fascismo debería llamarse más apropiadamente corporativismo porque es una fusión del poder estatal y corporativo."

No está claro que Mussolini escribiera o dijera esas mismas palabras, sin embargo, como pronto vamos a comprobar, la frase encierra una enorme verdad.

Lo que sí está claro que escribió Mussolini, o al menos firmó, es lo siguiente:

"El Estado fascista pretende gobernar en el campo económico no menos que en otros; hace sentir su acción a lo largo y ancho del país por medio de sus instituciones corporativas, sociales y educativas, y todas las fuerzas políticas, económicas y espirituales de la nación, organizadas en sus respectivas asociaciones, que circulan dentro del Estado."

--"La Doctrina del Fascismo" (1935)--

Un Estado omnipresente que hace sentir su acción y su dominio a través del control de las terminales económicas, sociales, educativas y espirituales. Imposible que esta idea fascista no nos evoque realidades presentes. Quedémonos por el momento con la idea de un Estado corporativo o un corporatismo de Estado.

La Doctrina del Fascismo es un libro que más que escribirlo Mussolini le fue escrito por el principal filósofo fascista: Giovanni Gentile. Benito, según cuentan, se limitó a ponerle su firma.

Giovanni Gentile vendría a ser el padre intelectual del fascismo, como Karl Marx lo es del comunismo o Adam Smith del liberalismo.

Otras perlas del "Papá" del fascismo:

"Para el fascismo el Estado y el individuo son uno, o mejor dicho, Estado e individuo son términos inseparables en una síntesis necesaria"

"Para el fascismo, la sociedad es el fin, los individuos son los medios, y todo [en el fascismo] *consiste en utilizar a los individuos como instrumentos para los fines sociales".*

Y una frase más que interesante de Gentile a la hora de comparar su criatura con la de Karl Marx:

"El fascismo es una forma de socialismo; de hecho, es su forma más viable".

Esta última frase cobra sentido si tenemos en cuenta que Mussolini, antes de "trabajar" como Duce estrambótico, fue militante del partido socialista italiano durante 14 años.

La premisa filosófico-política que Gentile establecía era que un estado fascista se convertía (milagrosamente a mi entender) en un Estado "ético" controlado por unos pocos filósofos y, por tanto, los fines de ese Estado "ético" son buenos e incuestionables por definición.

Un Estado fascista sabe lo que le conviene a cada individuo mejor que el propio individuo, ignorante y egoísta, y por tanto, puede, o mejor debe, decidir por él. Ya sea inyectarse una vacuna experimental, dejar de comer carne, no usar una cocina de gas u obligarte a creer que los hombres también pueden tener la regla; da igual, es todo por tu bien.

Si la premisa es que el Estado es "ético", oponerse a sus designios es inmoral y someterse es lo sensato. Dado que el *estado ético* conoce el bien común mejor que cada individuo, oponerse a sus dictámenes pone en peligro a toda la colmena. Esa es. De forma condensada, la lógica fascista.

Además de saber que el Estado fascista se autoerige como un ser de luz benéfico por naturaleza, es importante conocer qué es ese Estado y quienes son esos bondadosos filósofos que lo dirigen.

Anteriormente, comentando el afán de omnisciencia del estado fascista, apunté el concepto de Estado corporativo o corporatista.

Emplearé el término corporatismo y no corporativismo porque en español el segundo tiene connotaciones gremiales (por ejemplo, el apoyo que se dan entre sí los notarios o los farmacéuticos a la hora de defender sus intereses como colectivo) y el primero es de un alcance muy superior.

En palabras de Jeffrey Tucker (Brownstone Institute) "el corporatismo es algo específico, no es capitalismo ni es socialismo, sino un sistema de propiedad privada con una industria cartelizada al servicio del Estado."

Jeffrey Tucker es uno de los pensadores libertarios más agudos y preclaros de nuestro tiempo, verdaderamente merece la pena leer sus artículos. A la definición de Tucker yo le agrego un detalle de mi cosecha y la definición nos quedaría así:

"El corporatismo es algo específico, no es capitalismo ni es socialismo, sino un sistema de propiedad privada con una industria cartelizada al servicio del Estado **e indistinguible de este.**"

Cuando por una parte el Estado se convierte en uno de los mejores clientes (sino el mejor) de empresas oligopólicas y por otra parte esas empresas descubren las bondades que les brinda el acceso al poder regulatorio del Estado, asistimos a una simbiosis perfecta.

En un régimen corporatista la frontera entre las grandes empresas y el Estado se difumina tanto que la realidad termina siendo que son la misma cosa. Dos cabezas de un mismo monstruo arrogante, que para colmo se ve a sí mismo como "ético".

Gentile tomó prestado del filósofo alemán Hegel la (absurda) idea del Estado ético. La comprensión hegeliana del Estado tuvo un impacto duradero en la filosofía de Gentile. Para Hegel, el Estado era el único camino para que los individuos fueran verdaderamente libres, ya que entendía al Estado como una creación humana cuyo propósito era satisfacer las necesidades de todos. Para Hegel la creación del Estado era una tarea moral suprema. Georg Wilhelm Friedrich Hegel pensaba que las personas no podían ser entendidas como individuos, sino a través de sus relaciones con su familia, su sociedad y su Estado. A su vez, el Estado, en opinión de Hegel, captaría esta comprensión de la existencia mutua, la protegería mediante la ley y proporcionaría estabilidad y orden.

Cualquier persona cuerda sabe perfectamente que el Estado y la ética raramente van de la mano. En mi opinión es el Estado el que no puede ser entendido sin el individuo y no al contrario como postulaban Hegel, Marx o Gentile. El Estado no es bueno, regular, malvado o ético, es solo un mal necesario que debe estar continuamente sujeto al escrutinio de una sociedad de individuos libres a los cuales el Estado está obligado a servir y a rendir cuentas.

Asumir que es del estado de donde emana nuestra condición de individuos y nuestra propia dignidad, y por tanto nuestros derechos y libertadas, es una aberración. Es justamente a la inversa, somos los individuos quienes otorgamos al Estado sus potestades y, conviene recordarlo, quienes podemos quitárselas. Quienes entienden al Estado como la fuente de la que manan nuestros derechos, el expendedor de estos, tienen mentalidad de esclavos.

La antítesis del estatismo fascista y/o socialista es la ética humanista cristiana, cuya premisa fundamental es que no solo el ser humano está hecho a imagen y semejanza de Dios, sino que es hijo de Este. La libertad de tener ideas y poder expresarlas es un derecho humano de nacimiento y no una concesión otorgada por un supuesto Estado ético. La dignidad del ser humano es por nacimiento, venga esta de Dios para los creyentes o por ley natural para los ateos, y no por una gracia concedida por un grupo, sea cual fuera este.

Gentile en cambio veía al individuo como un medio al servicio del Estado y tanto para él como para Hegel o Marx el individuo no puede ser entendido sin el Estado al que debe servir.

En una dialéctica marxista o corporatista no es solo que sean las necesidades de Estado las que deben siempre prevalecer, sino que se identifican (erróneamente) las necesidades del Estado con las de todos los individuos. El Estado ético es un dios que sabe mejor que tú lo que necesitas para ser feliz. Recordemos lo dicho anteriormente sobre el "bien común".

Hablamos sobre un ser, el Estado, que nuestros fascistas contemporáneos travestidos de liberales pretenden ético. ¿Qué es ese ser o quiénes son esos "pocos filósofos" que según Gentile deben dirigirlo?

En un contexto marxista el Estado lo dirige una cosa que se llama "El Partido", que es único y esta dirigido por unos presuntos representantes de las masas proletarias que ejercen una dictadura de clase. El corporatismo, una criatura híbrida, es igualmente aberrante, aunque más sofisticado que el marxismo. En el corporatismo los filósofos que dirigen el Estado son los representantes de distintos sectores económicos (generalmente beneficiarios de un oligopolio artificial) y los políticos electos y no electos.

Como dije antes, en el corporativismo se da una relación simbiótica perfecta entre la clase dirigente económica y la política. Ambas facciones trabajan por, para y desde el Estado, que a fin de cuentas son ellos mismos.

En un contexto corporatista quien un día es parte del Estado en calidad de político mañana lo será como consejero delegado de una empresa y financiará la campaña política de otro político que ayudará a aprobar leyes que beneficien a la empresa que le contrató como pago a los favores que este hizo.

¿Cuesta seguirlo verdad? Es como un juego de trileros. Lo voy a explicar para que incluso yo lo entienda.

Imaginemos a un político, le llamaremos Juan Velasco, que logró ascender en su partido gracias a sus buenas relaciones con la industria farmacéutica. El lobby farmacéutico apoyó las ambiciones de Juan logrando que se hablara muy bien de él en los medios de comunicación. Casualmente esos medios de comunicación y las empresas farmacéuticas que apoya a Juan tienen accionistas (propietarios) comunes y además esos medios de comunicación son regados con publicidad farmacéutica. Juan Velasco logra ser candidato al Congreso de los diputados por su circunscripción.

Nadie realmente conoce bien quién cojones es Juan Velasco, lo que verdaderamente piensa y a qué intereses realmente pretende servir, pero le votan porque representa unas siglas a las que son aficionados.

Juan Velasco obtiene el escaño en las elecciones.

En el Congreso Juan Velasco entra a formar parte de la Comisión de Sanidad y desde ese puesto defiende propuestas de ley que benefician a sus padrinos farmacéuticos. Un año después de que Juan Velasco termine su etapa política, y en pago por sus servicios, entra a formar parte del consejo de administración de una gran empresa farmacéutica desde la que podrá apoyar a otros políticos que se muestren "amistosos"; y el ciclo continúa ininterrumpidamente. A eso lo llamaremos "democracia liberal", que suena muy bonito.

Ambas facciones si bien amistosas y en relación simbiótica también se agarran mutuamente por las pelotas. Eso es parte del sistema y parte de su éxito. El político tiene el poder de regular y de gastar un dinero que no es suyo y la oligocracia económica ostenta el poder de quitar al político que les retuerza sus corporativas pelotas en demasía, haciéndole luz de gas o invirtiendo en desacreditarle empleando los medios de desinformación.

El papel de individuo en esta dinámica tan "edificante" es dar a unos y a otros la coartada que necesitan para vestir su inmundicia con una capa de dignidad que legitime este Estado "ético". Esa coartada se llama elecciones. En las elecciones a los ciudadanos se nos da a elegir entre distintos comerciales (llamados políticos) que venden el mismo producto bajo distintas marcas (también llamadas siglas o partidos políticos).

Los partidos tienen como misiones principales:

- **Aparentar que son distintos**. Dar la falsa imagen de que existe un verdadero debate de ideas y distintas concepciones políticas poniendo el foco mediático y social en los detalles y discutiendo sobre matices, pero evitando poner en tela de juicio el sistema en sí.
- **Alcanzar al máximo número posible de ciudadanos** para animarlos a participar en la *función*. Emplear distintos argumentarios comerciales destinados a sus segmentos de mercado, mintiendo si hiciera falta, para vender su marca o versión del mismo producto.

En este esquema mafioso de cosas, cualquiera que pretenda entrar en política con la disparatada idea de hacerlo al servicio de sus votantes, terminará o bien siendo expulsado del sistema, como un "cuerpo" ajeno al mismo y peligroso, o siendo asimilado por el mismo. En ese sentido el

Estado es un ser vivo que se nutre de hijoputas y que elimina o excreta a quienes no entienden que su deber es servirle.

Un político que no entiende o no termina entendiendo en qué consiste el juego, tiene garantizado que los leucocitos del Estado ético lo detectarán y le eliminarán. A ese político le aparecerán escándalos que la prensa sistémica aireará hasta tumbarle; le perseguirá Hacienda; y sus propios colegas le dejarán de lado.

El Estado ético, fascista y corporatista, como nos enseñaba Gentile, tiene el derecho e incluso la obligación moral de controlarlo todo, no solo la economía o la política. La educación, la ciencia o la sociedad civil deben ser domeñadas y supervisadas por papá Estado.

Universidades, oenegés (las detesto), asociaciones profesionales, sindicatos, patronatos, …, todos deben bailar al ritmo del Estado ético.

En última instancia el Estado ético aspira a conquistar el alma de sus siervos, eufemísticamente denominados ciudadanos, no vaya a ser que estos un día se sientan estafados y les quieran colgar del cuello o por los cojones. A este respecto cabe decir que la prohibición de que ciudadanos cumplidores de la ley posean armas responde más a un propósito de autodefensa del Estado fascista-corporatista que a temas de orden público.

Los hijoputas más "senior" entienden muy bien que, para mantener y ampliar el poder que tienen, es fundamental controlar las ideas, patrullarlas, e imponer una "verdad" para cada momento y circunstancia.

En última instancia esta cábala globalista desprecia al ser humano porque íntimamente se desprecian a sí mismos. Escuchan una voz lejana que algunos llaman conciencia, que les cuenta lo repugnantes que son y lo vacíos que están; se saben pestilentes y vuelcan ese odio que les corroe sobre los demás, con especial deleite sobre aquellos que les cantamos las verdades a la cara.

No es necesario que la "verdad" publicitada en cada circunstancia sea cierta y esté anclada en la realidad o que sea evidente, y tampoco pasa nada si es necesario ajustar o cambiar esa "verdad" según convenga; basta con que sea útil para los intereses de la casta estatal en un momento determinado.

Cuando las verdades que interesa predicar en un momento concreto son disparatadas y desafían lo que antiguamente llamábamos sentido común, los hijoputas no necesitan retractarse, eso jamás, tienen otros recursos. A saber:

- Llamar negacionista, fascista, conspiranoico, o lo que se tercie a quien les lleve la contraria.
- Categorizar como de discurso de odio cualquier razonamiento que destape su falta de vergüenza.
- Echar la culpa a los rusos (o a quien toque en cada momento) y decir que quien no piensa "correctamente" está a sueldo del Kremlin (o del *malo oficial* de turno)
- Convertir en delito las opiniones incómodas o
- Emplear la fuerza: arresto, encarcelación, amenazas de todo tipo (a través de terceros o proxis) o eliminación física.

La "verdad" oficial del Estado ético-fascista en lo referente al clima es que el CO_2 antropogénico es la causa principal de todo lo malo que acontece, meteorológica o socialmente. El calentamiento achicharrante, la emigración, los tornados, las malas cosechas, las enfermedades, y lo que toque inventarse, son culpa de nosotros, pecadores carbónicos impenitentes.

Los abonos nitrogenados deben ser prohibidos, la ganadería y la carne deben ser vetadas o restringidas al máximo hasta convertir el entrecot en un producto gourmet al nivel del caviar de beluga. Prueba estos insectos que están muy ricos y son *cultivados* con la financiación del fundador de Microsoft (*). Cámbiate a un coche eléctrico y evita así que el nivel del mar suba tanto que la "pobre" familia Obama vea horrorizada cómo el mar cubre su lujosa villa de 20 hectáreas, a nivel del mar, en la exclusiva localidad de Martha´s Vineyard. Sé buena persona y no hagas barbacoas porque de alguna intrincada y misteriosa manera eso crea sequías y refugiados climáticos. Recuerda que hay gente muy principal e importante que acude en jets privados a reuniones donde debaten cómo salvarte de ti mismo, miserable y egoísta cucaracha bípeda. Jamás en tu vida emitirás tanto CO_2 con todas tus barbacoas y tu Volkswagen T-Roc a pleno uso como John Kerry (una momia que es enviado especial de la Casa Blanca para el cambio climático) en uno de sus viajes a Davos. Los viajes privados de los líderes-filósofos benevolentes del Estado ético-fascista se realizan por una buena causa, no les queda más remedio; pero tú eres un sádico ecocida y un carnívoro machista impenitente, por resistirte a cumplir con sus designios. Serás jodido por tu bien, por el bien común y, por supuesto, es todo por tu culpa. Ah, y tranquilo, que serás muy feliz, … relájate y disfruta mientras te violamos, … te va a gustar, … es por tu bien, … has sido un niño malo.

(*) La Fundación Bill & Melinda Gates otorgó 100 mil dólares a All Things Bugs, LLC en mayo 2012 https://www.gatesfoundation.org/about/committed-grants/2012/05/opp1044748 y 2,2 millones de dólares a Insecti Pro Limited en agosto de 2021 https://www.gatesfoundation.org/about/committed-grants/2021/08/inv032416 . Más Adelante en este capítulo le daremos un repaso al hijoputa Bill

La "verdad" oficial de ese mismos Estado ético-fascista con respecto a su *plandemia* covidiana era que las vacunas experimentales eran 100% seguras y eficaces y constituían el único tratamiento aceptable. Eso era y es mentira y está demostrado. También fue durante algunos años verdad oficial que el virus se originó en la naturaleza y no en un laboratorio chino empleando recursos públicos estadounidenses y tecnología de esa misma nacionalidad. La evidencia es que, a diferencia de otros virus, a día de hoy no se ha encontrado el animal reservorio del Covid-19 ni tampoco el (animal) huésped intermediario desde el que el virus saltó al ser humano. La realidad es que se tuvo a la población mundial secuestrada, atemorizada, engañada y finalmente obligada a inyectarse lo que al Estado ético le salió de los cojones. No mires los datos de exceso de mortandad, ni los datos de efectos adversos ante las neo-vacunas (*), no cuestiones el por qué te pusiste un trapo en la boca que no servía para nada, no te preguntes el sentido científico que tenía pasear en una franja horario según tu edad o por qué no te estuvo permitido siquiera pasear por el campo. No te preguntes por qué la "comunidad científica" fue amenazada y untada de dinero a partes iguales (quien no tenía dignidad tenía un precio y quien tenía dignidad fue acusado de hechicería) para que solo las neo-vacunas fueran la opción aceptable.

No cuestiones por qué tratamientos eficaces y baratos como la Ivermectina fueron tachados como inútiles por los mismos organismos que tienen como principal financiador a Bill Gates (**). Había que esperar a las neo-vacunas salvadoras antes de que la gente se diera cuenta de que había otros tratamientos empleando medicamentos más testados y baratos. Por tu bien, claro.

(**) Gates, a través de su fundación, es el principal financiador privado de la OMS y el segundo solo por detrás del gobierno de los EE.UU.)

¿Por qué querría la OMS recomendar unas neo-vacunas producidas por una empresa en la que su principal "filántropo" (Gates) había invertido 4 meses antes de la Plandemia?

No te hagas preguntas y admite la Regla de Oro: quien tiene el oro pone la regla. Es por tu bien, por el bien común, no seas egoísta, tápate el hocico puerco y levántate la manga. Una dosis, por papá… Otra dosis, por la abuelita… No funciona, pero casi no mata.

(*) El máximo órgano público estadounidense en temas de salud la CDC (Centers for Disease Control and Prevention) cambió su definición de vacunación justo después de que las neo-vacunas empezaran a usarse durante la plandemia. Anteriormente la definición era "el acto de introducir una vacuna en el cuerpo para producir **inmunidad** contra una enfermedad específica" y ahora es "el acto de introducir una vacuna en el cuerpo para producir **protección** contra una enfermedad específica". La definición del CDC cambió de "un producto que estimula el sistema inmunológico de una persona para producir inmunidad contra una enfermedad específica" a la actual "una preparación que se utiliza para estimular la respuesta inmune del cuerpo contra enfermedades". https://www.cdc.gov/vaccines/vac-gen/imz-basics.htm

La verdad oficial del Estado ético-fascista es que existen un número indefinido de géneros y que tu género no lo dictamina la biología (esa ciencia heteropatriarcal) sino la percepción de cada cual. La alucinación y la fantasía son las bases de estas verdades. Los hombres pueden menstruar y quedar embarazados y las mujeres producen esperma. Las mujeres de 120 kilos con o sin pene pueden competir con sus congéneres nacidas con vagina en cualquier deporte (boxeo, halterofilia, natación) y ducharse después con ellas en los vestuarios. Regocíjate.

Negar estas "conquistas sociales", estos derechos trans, es propio de fascistas, según nos predica el Estado fascista desde todas sus terminales paniaguadas. Debes celebrar que un niño de 8 años sea sometido a terapias hormonales que arruinarán su pubertad (es una castración química, a fin de cuentas) porque ese niño que no puede votar, comprar alcohol o conducir, sí tiene derecho a decir que se auto-percibe como una niña y entrar en un tratamiento carnicero.

Alégrate de que a los padres de esa niña de 11 años que dice ser varón les quiten la custodia de su hija por oponerse a que le destruyan la vida. Si la niña dice que quiere tener pene no hay más que hablar, de todos es sabido que las preadolescentes se caracterizan por nunca cambiar de opinión y por la sensatez de sus decisiones. La niña con 16 años no tendrá la regla, pero sí un frondoso vello facial, no podrá dar a luz jamás y entrará a formar parte del colectivo con una mayor tasa de suicidios. Celebra su masectomía, su faloplastia y las charlas que le dieron en el colegio un grupo de seres de pelo azul o morado cuando tenía 10 años. Festeja y encomia la madura decisión de una niña de 11 años que la metió en un oscuro túnel de un solo sentido.

Y si no alabas el sinsentido, si no y te alborozas con el dislate, caiga sobre ti una lluvia de escarnio: fascista, heteropatriarcal, machirulo.

Cuando se es regado con insultos por defender la sensatez, aconsejo no amilanarse sino venirse arriba. Los insultos y las etiquetas persiguen invalidar el discurso, zanjarlo abruptamente, y sobre todo evitar tener que debatir como adultos. Cuando alguien en lugar de argumentar califica al interlocutor como machista, negacionista o conspiranoico (o lo que se tercie) busca invalidar a esa persona para no tener que vérselas defendiendo lo indefendible.

Una combinación de serenidad, lógica, crueldad dialéctica y sarcasmo es siempre muy útil a la hora de debatir con pasmados incapaces de otra cosa que no sea repetir eslóganes. Todo menos amilanarse. Es la guerra queridos.

Antes de seguir, quiero darle un repaso a uno de esos filósofos líderes del Estado corporatista ético-fascista: Bill Gates. Será un "caso práctico" muy útil para entender al ganado porcino *"hijoputista"* que nos parasita y gobierna.

William Henry Gates III ejemplifica a la perfección el talante de los filósofos dirigentes del Estado ético-fascista: arrogancia e hipocresía en niveles olímpicos.

Gates es inversor a título personal o a través de Breakthrough Energy Ventures en empresas como Beyond Meats, Carbon Engineering, Impossible Foods, Upside Foods (antes Memphis Meats) o Pivot Bio.

Empresas dedicadas a la producción de carne sintética o vegetal:

https://www.beyondmeat.com/

https://upsidefoods.com/

https://impossiblefoods.com/

¿Quieres los detalles acerca de cómo se manufactura esta "carne" de Impossible Foods? Aquí tienes la receta:

Agua, concentrado de proteína de soja, aceite de girasol, aceite de coco, 2 % o menos de: aromas naturales, metilcelulosa, dextrosa cultivada, almidón alimentario modificado, extracto de levadura, dextrosa, leghemoglobina de soja, sal, vitamina E (tocoferoles), L- triptófano, aislado de proteína de soja, soja.

¿Suena apetitoso?

Veamos qué es eso de la leghemoglobina.

La leghemoglobina de soja es un colorante tipo hemo que se produce a partir de levadura transgénica empleando una proteína que se encuentra en las raíces de la soja. Esta substancia es la que le confiere a las trans hamburguesas de Gates la apariencia de jugosidad sangunolenta que tiene una hamburguesa de verdad.

El uso de la leghemoglobina como alimento humano fue aprobado en 2019 por la FDA (Food and Drug Administration). La FDA es la misma agencia que aprueba medicamentos y vacunas.

Resulta que el CFS o Centro de Seguridad Alimentaria (*) ha puesto una demanda impugnando la decisión de la FDA por no haber exigido las habituales pruebas de laboratorio antes de proceder a la aprobación de la leghemoglobina para el consumo humano.

(*) El Centro para la Seguridad Alimentaria (CFS) es una organización nacional sin fines de lucro de interés público y defensa del medio ambiente que trabaja para proteger la salud humana.

Según Bill Freese, analista de procesos científicos del CFS *"la leghemoglobina de soja fue aprobada por la FDA a pesar de que no realizó ninguno de los estudios en animales a largo plazo. Estos estudios son necesarios, imprescindibles, para determinar si el producto perjudica o no la salud humana; los mismos deben incluir estudios de cáncer, deterioro reproductivo y otros efectos adversos solicitados por el Redbook de la FDA, que se considera la Biblia de las pruebas para aditivos alimentarios".*
"La FDA aprobó la leghemoglobina de soja a pesar de que no realizó ninguno de los estudios en animales a largo plazo necesarios para determinar si daña o no la salud humana"
https://www.centerforfoodsafety.org/press-releases/6256/lawsuit-challenging-fda-approval-of-novel-genetically-engineered-color-additive-that-makes-impossible-burger-bleed-moves-forward

Según el CFS, esta ausencia de los estudios necesarios es aún más preocupante dado que se detectaron varios efectos adversos potenciales en un ensayo a corto plazo con ratas. Se pudo comprobar que se generaba una **interrupción de los ciclos reproductivos y una reducción del peso uterino en las hembras**, y la aparición de biomarcadores de anemia, una capacidad de coagulación reducida y también problemas renales.

La misma agencia pública (FDA) que aprobó a toda prisa las neo-vacunas "covidianas" en las que Gates tenía intereses como inversor (lo veremos más adelante), también aprueba, a la carrera y sin estudios en animales, un aditivo alimentario clave para un negocio del que Gates también es inversor. Quien no vea ahí una pauta es un estúpido.

Bill Gates es la quintaesencia del triunfador en un Estado corporatista-fascista, porque él no necesita conquistar el mercado, le basta y le sobra con obligar a los consumidores a comprar su producto. La cosa viene a seguir un guion tal que este:

- Machacas primero, con el objetivo de prohibir después, a tus competidores (los ganaderos o los agricultores, por ejemplo) con la ayuda del músculo represor y regulatorio del Estado del que el mismo Bill es parte. Normativas medioambientales, costosas inversiones obligatorias, eco- impuestos, sacrificio obligatorio de cabezas de ganado, ...
- Creas un producto nuevo y lo haces el primero porque cuentas con el apoyo de los organismos del Estado fascista al que perteneces. Los

plazos y los procedimientos administrativos o de seguridad, que para otros son un muro, para ti no son un problema sino una ventaja competitiva. Tú vuelas sobre el muro mientras los demás se estrellan con él.
- Sin competencia y con la ayuda de tus pares (a los que devolverás el favor en su momento) te haces con el mercado.

El propio Bill no tiene problema alguno en dar a conocer su estrategia.

En una entrevista a la revista Technology Review (perteneciente al MIT) Gates dijo lo siguiente acerca de la "carne" sin carne:

"Así que no, no creo que los 80 países más pobres coman carne sintética. Creo que todos los países ricos deberían pasar a la carne 100% sintética. Puedes acostumbrarte a la diferencia de sabor y podemos afirmar que harán que sepa aún mejor con el tiempo. Al final, esa prima verde [en el sentido de sacrificio por el planeta] *es lo suficientemente modesta como para que se pueda cambiar el comportamiento de las personas o utilizar la regulación para cambiar totalmente la demanda"*.
https://www.technologyreview.com/2021/02/14/1018296/bill-gates-climate-change-beef-trees-microsoft/

Todo campanudo él. Habla sin tapujos de "cambiar el comportamiento de las personas o utilizar la regulación para cambiar la demanda". Si Adam Smith resucita y oye esto se vuelve a su tumba. Gates habla de utilizar la regulación para forzar a la demanda (a ti) como yo hablo de emplear los alicates para sacar un clavo. La "regulación" (el poder coercitivo del Estado) es un utensilio más en la caja de herramientas de Bill Gates.

Financias un par de campañas de congresistas, concedes unas becas aquí o allá, y una generosa donación a una ONG presidida por el cónyuge de alguien clave, y el milagro se obra.

Bill Gates, en sintonía con la ONU, con el Foro Económico Mundial y con el resto de los tentáculos del Estado ético-fascista, anuncia y decreta que la carne es mala y que tendrás que dejar de comerla. Pero puedes estar tranquilo, Bill como *dios* compasivo que es, aprieta, pero no ahoga. El "visionario empresarial" pondrá a tu disposición productos alternativos. Será el primero en hacerlo, altruista y soñador él, y si no te gusta…

Comerás su "carne" tanto si te gusta como si no, porque él se ocupará de que la regulación haga que no tengas otra opción, pero lo hace por tu bien. Vamos, traga.

Por otro lado, Gates se ha convertido en el mayor terrateniente de EE.UU. poseyendo 98 mil hectáreas de terrenos agrícolas (cerca de 1.000 kilómetros cuadrados) https://www.theguardian.com/commentisfree/2021/apr/05/bill-gates-climate-crisis-farmland

El súper ranchero Bill, no lo olvidemos, pertenece a esa casta que quiere convencernos a todos de que seremos felices sin poseer nada.

Mas empresas de William Gates.

Empresa dedicada a los fertilizantes con base de nitrógeno "sostenibles"

https://www.pivotbio.com/

Esta empresa vende abonos nitrogenados "sostenibles" y muy "buenos", dicen, y lo hace en un contexto en el que se está machacando a los agricultores y ganaderos prohibiéndoles emplear abonos nitrogenados "malos". Nuevamente Bill al rescate. Se ocupa de putear a la competencia avasallándoles con regulaciones, trabas administrativas y prohibiciones; les acusa de matar al planeta empleando nitrógeno (*); y está presto para ofrecernos una alternativa. ¿Nos va sonando ya la música?

(*) el nitrógeno constituye el 79% de la atmósfera. E nitrógeno se usa para producir aminoácidos, que producen las proteínas que construyen las células)

Empresa dedicada a la captura de CO2.

https://carbonengineering.com/

Esta empresa ofrece una tecnología (Direct Air Capture o DAC) que permite la captura de dióxido de carbono directamente de la atmósfera.

Nuevamente el esquema de nos inventamos un problema y creamos una solución que venderemos a un mercado forzado a comprarla.

Gates, por cierto, es un amante de las hamburguesas, de las de verdad.

Sigamos un poco más con Bill y sus exitosos negocios sin competencia. ¿Cómo le fue con las neo-vacunas?

La Fundación Bill y Melinda Gates multiplicó por 15 su inversión inicial en BioNTech (empresa asociada a Pfizer que elaboró su neo-vacuna covidiana) cuando vendió sus acciones en el punto máximo de su valor en 2021.

Según consta en la Comisión de Bolsa y Valores (SEC) la Fundación Gates redujo sus participaciones en BioNTech en un 86% (de 1.038.674 a 148.674 acciones) durante el tercer trimestre de 2021, el trimestre de mejor desempeño de BioNTech.

La fundación había comprado las acciones en septiembre de 2019, apenas unos meses antes de que se anunciara la plandemia, a un precio previo a la oferta pública de 18,10 dólares por acción.

Cuando la fundación vendió las acciones, a un precio de venta promedio de 300 dólares por acción, se embolsó una ganancia de aproximadamente 260 millones de dólares, o más de 15 veces su inversión original.

242 millones de dólares de esas ganancias no estuvieron sujetos a impuestos porque el dinero se invirtió a través de una fundación.

Además, la Fundación Gates vendió 2 millones de acciones adicionales antes del tercer trimestre de 2021 y posteriormente vendió 1,4 millones de acciones de CureVac, una empresa de tecnología de ARN mensajero con sede en Alemania, ganando otros 50 millones de dólares. https://www.dossier.today/p/bill-gates-secured-hundreds-of-millions

Pocos días después de embolsarse más de 300 millones de dólares, en el mismo mes de noviembre de 2021, va Bill Gates y dice:

"No teníamos vacunas que bloquearan la transmisión" contradiciendo entrevistas anteriores en las que afirmaba que las inyecciones bloquean significativamente la transmisión.

"Tenemos vacunas que ayudan con la salud, pero sólo reducen ligeramente la transmisión".

"Necesitamos una nueva forma de administrar las vacunas".

https://www.dossier.today/p/with-74-billion-covid-shots-deployed

Esta es la línea de tiempo de la jugada "vacunera" del granjero Bill:

- Seis meses antes de que la plandemia nos alcance, Bill Gates, visionario él, compra acciones de la empresa que será la principal productora de neo-vacunas.
- Bill gates alaba la eficacia y seguridad de las vacunas y aboga porque estas sean la solución ante la plandemia. Gates es parte del Complejo Censor Industrial que se ocupa de descalificar otros tratamientos más baratos, con otros medicamentos más consolidados, pero con los que nuestros "filósofos éticos" no ganan nada (Ivermectina o Hidroxicloroquina, por ejemplo)
- Cerca de 8.000 millones de dosis inyectadas a un mercado cautivo (en el más amplio sentido del término). Las acciones de Pfizer- BioNTech se disparan.
- Se abre camino la verdad. Las neo-vacunas son una verdadera y muy cara mierda. Bill vende y se embolsa 310 millones.

- Bill nos dice que no eran tan buenas las vacunas, que habrá que hacer otras, que vendrán nuevas pandemias y que la emergencia climática esto y aquello.

El término hijoputa se le queda muy pequeño a este detrito bípedo. Quien quiera conocer otras facetas de este ser inmundo que investigue sobre su relación con el "suicidado" Jeffrey Epstein y lo que la ex mujer de Bill (Melinda) opinaba al respecto.

Antes mencioné el concepto del Complejo Censor Industrial y afirmé que Bill Gates forma parte del mismo. Veamos en qué consiste y por qué es importante.

Cuando arrancaba este capítulo decía lo siguiente:

"En un mundo en el que imperara la lógica humanista y científica el culto calentológico, disparatado como es, sería tenido por una rara secta de desquiciados patéticos y divertidos a partes iguales. Hoy por hoy en nuestro mundo no impera esta lógica y debemos entender por qué".

Las "verdades" oficiales, algunas de las cuales hemos repasado, no obedecen a una lógica humanista y científica sino a una de corte autoritario. No es sencillo explicar a la población que detrás de estas verdades tan bizarras anida una estrategia eugenésica y una lógica homicida. Y, aunque están trabajando en ello, menos sencillo es aún convencer a las masas que deben alegrarse con su aniquilamiento programado.

Por tanto, se hace necesario, para los integrantes del Estado ético-fascista, orquestar un cuento chino, bonito y simple, para cada verdad, de cara a barnizar sus abominaciones con una pátina de virtud artificial. A esto se le llama el relato, y al arte de vendérnoslo lo llaman retórica.

Supongamos que alguien sostiene como verdad cierta que la Tierra es un esferoide oblato y otra persona afirma que es un disco plano.

La persona que afirma la esfericidad de la Tierra no necesita ser Demóstenes para convencer a la gente. En cambio, quien asegura que nuestro planeta es un disco plano necesita unas dotes colosales de orador y un montón de amigos que le ayuden a sustentar su disparate.

Vayamos a asuntos de especial interés para el Estado ético-fascista porque afectan a algún dogma suyo.

Una web centrada en la salud de los transexuales (Transhub.org.au) afirma lo siguiente:

Yo, que no soy biólogo, proclamo que solamente menstrúan los seres humanos con doble cromosoma X (XX), ergo las mujeres o hembras, durante su etapa fértil (cuando ovulan).

Transhub se maneja en el reino de la fantasía, la subjetividad y la alucinación colectiva. Yo constato la evidencia empírica.

La única forma que existe de que yo pierda un debate, en un momento dado, con estos seres, es lograr taparme la boca y desconectarme el micrófono.

Para evitar que vuelva a reincidir en mi desafío a la "verdad" oficial son muy útiles las amenazas (pérdida del trabajo, bloqueo de cuentas, inaccesibilidad a servicios financieros, encarcelamiento) y emplear con profusión la estrategia del hombre de paja llamándome machirulo, facha, o transfóbico.

En eso consiste el Complejo Censor Industrial (lo llamaremos CCI).

La labor del CCI es presentar las narrativas oficiales, apoyadas por el Estado ético-fascista, como las únicas válidas, aniquilando y/o denigrando las demás narrativas (y quienes las defienden) para crear consensos artificiales.

La defensa de las narrativas oficiales se realiza empleando la retórica manufacturada al efecto y repitiendo esta (casi como un eslogan) hasta crear una cámara de resonancia ensordecedora.

Machacan con su "verdad" mientras ocultan, desacreditan y castigan la disidencia, y ya tenemos el "consenso" universal.

Con esta estrategia llegamos a cosas como que el 97% de los científicos apoyan las tesis de la ONU sobre el calentamiento global o que en la "comunidad científica" existe un "consenso" sobre los orígenes del Covid o sobre la eficacia y seguridad de las neo-vacunas.

¡Consenso! Yo os diré cuál es el consenso.

En lo que están de acuerdo más del 97% de los científicos es en ganarse la vida y pagar sus facturas. Un porcentaje muy alto, además aprueba la idea de hacerse ricos. Casi a ningún científico le gusta perder su trabajo o sus fuentes de financiación y todos están de acuerdo con que prefieren no ser amenazados.

Los científicos que se han atrevido y se atreven a poner pie en pared y airear las verdades que incomodan han sido vituperados, calificados de embaucadores, han perdido subvenciones y cátedras, han visto como las revistas científicas (controladas por el Estado ético-fascista) se negaban a publicar sus estudios y como sus pares rechazaban revisar sus artículos científicos.

Me atrevería a decir que existe un consenso generalizado en que los científicos no son idiotas, por lo que deduzco que entienden perfectamente el precio a pagar por estar en el lado "equivocado". El escarmiento aplicado a sus colegas cimarrones es un aviso que incentiva a la "comunidad científica" a quedarse a cubierto.

Yo tengo a mano un ejemplo de consenso cojonudo. Apuesto a que el 100% de las personas a las que pregunte sobre mi gato afirmarán sin titubear que es el minino más guapo e inteligente del mundo (*). No creo que para alcanzar este consenso sea relevante el hecho de que les esté encañonando con una ametralladora Browning M1919, ni tampoco que cosiera a balazos a los tres que mostraron su inicial discrepancia.

(*) Es mi verdad incontestable

Terminaré este capítulo (me está quedando el más largo con diferencia) llamando la atención sobre un hecho muy llamativo. No entraré a fondo en analizar el hecho en sí, pero lo dejo algunos apuntes para que cada cual lo interprete o madure como guste.

Todas las verdades, todos los dogmas y todas las recetas que esta caterva de filósofos arrogantes e hipócritas predican y prescriben, conducen a un mismo lugar: **muerte**.

Menos producción de CO_2 se traduce en menor calidad de vida, menor movilidad, mayor pobreza. Menor esperanza de vida, más **muerte**.

Disminuir la cantidad de CO_2 se traduce en menor productividad agrícola y ganadera, mayores costes de la energía y los alimentos y más **muerte**.

Limitar la agricultura y la ganadería, bajo la premisa de que son actividades ecocidas porque emplea abonos nitrogenados, tiene como objetivo de dejarla en muy pocas manos... especialistas como Bill el Granjero. Cartelizar la producción de alimentos, dejándola en muy pocas manos (las de las corporaciones del Estado ético-fascista), supone tener el control del grifo del combustible de los humanos y poder decidir sobre su vida y su **muerte**.

Controlar lo que la población debe inyectarse haciendo hincapié en las consecuencias negativas que puede tener no hacerlo (pérdida de empleo, imposibilidad de viajar, secuestro de derechos, sanciones, cárcel) abre la posibilidad de que seamos inoculados con lo que se les ocurra y cuando les convenga. Recordemos que, con las neo-vacunas, las empresas farmacéuticas adscritas al Estado corporatista fascista (como Pfizer) se garantizaron por escrito estar exentas de responsabilidad por cualquier efecto adverso. Si a esto se añade que se ha convertido en aceptable el estar secuestrados en nuestros domicilios, con el impacto negativo para la salud que esto supone (depresiones, suicidios, menor natalidad, miedo). **Muerte**.

La plandemia covidiana "casualmente" anticipada por Bill Gates y muchos otros (*) también ha supuesto un traspaso de riqueza desde la clase media y alta hacia la casta dirigente billonaria corporatista.

"Los diez hombres más ricos del mundo duplicaron con creces sus fortunas, de 700.000 millones de dólares a 1,5 billones de dólares —a un ritmo de 15.000 dólares por segundo o 1.300 millones de dólares por día— durante los primeros dos años de una pandemia que ha visto caer los ingresos del 99 por ciento de la humanidad y más de 160 millones de personas más se verán obligadas a caer en la pobreza".

Lo anterior lo cuenta una organización globalista que no me gusta ni un pelo: Oxfam

https://www.oxfam.org/en/press-releases/ten-richest-men-double-their-fortunes-pandemic-while-incomes-99-percent-humanity

El Informe sobre la desigualdad mundial elaborado por una red de científicos sociales estimó que en 2021 los multimillonarios poseían colectivamente el 3,5% de la riqueza global mundial, frente a un poco más del 2% al comienzo de la plandemia a principios de 2020.

La lista anual de multimillonarios de Forbes para el año 2021 arrojaba la cifra récord de 2.755 multimillonarios.

Los billonarios pasaron de tener 8 billones de dólares a 13,1 billones (billones españoles, llamados trillones en el mundo anglosajón) en tan solo un año. Ese dato me alegraría mucho si la riqueza global hubiera crecido en la misma medida. Cosa que no ha pasado.

El mundo se queda sin clase media y sin clase alta, se proletariza y avanza pasito a pasito hacia un sistema feudal global. La plandemia fue un catalizador muy eficaz. Los pequeños y medianos negocios cerraron y su cuota de mercado la absorbieron, quizá para siempre, hijoputas como Jeff

Bezos, dueño de Amazon y de una fábrica de estiércol llamada The Washington Post. Un dato entre muchos: el 41% de los negocios propiedad de personas de raza negra en EE.UU. cerraron durante el secuestro *plandémico* (*)

(*) Camara de comercio negra de EE.UU. https://usblackchambers.org/news-events/black-business-owners-ranks-collapse-by-41-in-u-s-lockdowns/

Otra plandemia y en Davos tendrán que construir un estadio para alojar a todas las putas, y almacenar el champagne y la coca, que los chicos del Foro Económico Mundial van a necesitar para celebrar su éxito.

Para los demás: pobreza, sumisión, **muerte**.

La ideología de género y la elevación a categoría de santidad laica de la transexualidad y la homosexualidad incide en una disminución en la formación de familias tradicionales, que son las que empujan la natalidad. A este respecto me explicaré. Ser homosexual o transexual no es malo ni bueno, es una circunstancia como otra cualquiera; lo que sí es malo es convertir una circunstancia en un logro y en un banderín de enganche para enfrentar a unos con otros. El enemigo no es el homosexual, el heterosexual o el transexual; el enemigo es quien utiliza las circunstancias personales, deificándolas, para obtener poder y generar división.

Sacralizar la transexualidad y presentarla a los niños y adolescentes como una alternativa juiciosa y valiente en lugar de lo que realmente es, un trastorno mental (*), no es algo que coadyuve al incremento de la natalidad.

(*) Hasta 2028 la OMS clasificaba la transexualidad dentro del del capítulo dedicado a los "trastornos de la personalidad y el comportamiento" dentro del subcapítulo "trastornos de la identidad de género". Ahora   se clasifica dentro de las "condiciones relativas a la salud sexual" y se denomina "incongruencia de género".

Las legislaciones que normalizan la eutanasia y la presentan casi como una "salida laboral", y no solo para enfermos terminales (*), venden **muerte** para llevar.

(*) La legislación canadiense que regula la aplicación de la eutanasia se conoce como MAID (Medical Assistence in Dying o Asistencia Médica para Morir). En la web del gobierno federal de Canadá se dice claramente que "no es necesario tener una enfermedad mortal o terminal para ser elegible para recibir asistencia médica para morir" (https://www.canada.ca/en/health-canada/services/health-services-benefits/medical-assistance-dying.html#a2). MAID también significa doncella. ¿Poético?

Celebrar el aborto como una hazaña y un signo de militancia feminista y de orgullo, en lugar de como lo que realmente es, una tragedia, es repugnante. Llamar al aborto "interrupción voluntaria del embarazo" o encuadrarlo dentro del eufemístico término de "salud reproductiva", convierte la eliminación de una vida independiente en una trivialidad equiparable a sacarse una muela. Podemos estar a favor o en contra de la idea de que una madre tiene el derecho a matar a su hijo mientras lo lleva dentro, lo que no podemos es convertir un procedimiento sanguinario y triste an un motivo de gozo y honra. De nuevo trivializando la **muerte**.

Muerte, muerte, muerte. Ese es el plan. Les estorbamos, les sobramos. Si lo tuvieran ya al alcance de la mano, los hijoputas nos sustituirían por robots dejando a unos pocos especímenes de homo sapiens para su servicio y entretenimiento. De momento nuestro papel es el de siervos-consumidores.

Insisto: nos va a faltar cuerda para tantas sogas como tendremos que anudar.

Termino este capitulo llamando la atención sobre una paradoja.

Los mismos que abogan por tu no derecho a decidir lo que quieres que te inyecten en tu cuerpo, defienden el derecho de cualquier mujer a decidir sobre la suerte del cuerpo de otro ser, su feto. ¿Es demasiado pedir consistencia argumental?

La economía calentológica. Derechos de emisión y otras estafas

Señores pasajeros. Tras sobrevolar a 30 mil pies el paisaje y el paisanaje del Estado corporatista ético-fascista y las "verdades" de sus filósofos hipócritas, nos disponemos a descender de nuevo sobre la meseta de la calentología. Abróchense sus cinturones, pongan sus mesitas en posición vertical y vayan exhalando CO_2… antes de que volemos a ras y bombardeemos las posiciones enemigas.

Por un lado, el estribillo de la turra calentóloga nos exhorta y anima a ser sostenibles, neutros en carbono y cero emisiones; por otro lado, dejar de emitir CO_2 supone dejar de vivir. ¿Cómo se armoniza un eslogan panfletario con la realidad?

La respuesta corta a la anterior pregunta es que a nuestros hijoputas les da lo mismo. La respuesta larga es haciéndonos pagar por ello, por vivir. Aquí es donde entran en juego los derechos de emisión de CO_2.

¿Qué son los derechos de emisión de CO_2?

La respuesta corta, y mas acertada es que son un chantaje.

Hago una búsqueda para encontrar la respuesta larga y me topo con una web que dice que "los derechos de emisión de CO_2 permiten controlar la contaminación producida por las diferentes empresas e industrias mediante el establecimiento de un canon que deben abonar previamente". Cambiando "canon" por mordida, chantaje o extorsión estaremos más cerca de la verdad. También me vuelve a llamar la atención la insistencia en asimilar CO_2 con contaminación, algo demostradamente falso.

La Unión Europea, que en la actualidad comanda la ginecóloga Ursula von de Pfizer (otros dicen von der Leyen), pone cada año en circulación (desde 2005) derechos de emisión mediante un sistema de subastas. Se fija un límite y el total de emisiones no puede ser más elevado que el máximo subastado. Cada año se limita la oferta de manera premeditada, y la alta demanda hace que los precios se disparen. En los últimos años se ha pasado de 6 euros por tonelada hasta 49.

También cada año se amplia el número de sectores sujetos a la obligación de pagar este chantaje. Un coche medio con un uso también en la media emite entre 4 y 5 toneladas de CO_2 al año, por lo que cuando te toque a ti pagar el chantaje, ve preparando 300 euros extra para costear a los parásitos de Bruselas.

Las empresa que no logran comprar suficientes "derechos", bien porque se pasan de las emisiones previstas o bien porque no les alcanzó el dinero, tendrán que acudir al mercado secundario de derechos para pagar por sus pecados carbónicos.

Lógicamente todas las empresas repercuten estos costes en el consumidor, lo cual supone que la Guerra Santa contra el carbono la pagamos todos y se ve reflejada en la inflación y en la pérdida del poder adquisitivo de los ciudadanos.

En la web de una empresa enmascarada de ONG, CO2 COMPENSAMOS, S.L. explican que el CO2 "es un desecho" y que darle un precio al CO2 es como darle un precio a la basura. Según estos muyahidines calentólogos, que se lucran de todo este sinsentido, debes pagar un "impuesto" por la basura que generas. Abogan por que te esfuerces para reducir tu basura y ahorres dinero.

Pues bien, ni el CO2 es basura ni tendríamos que pagar por algo que no está demostrado que sea malo.

Estos pretenciosos "seres de luz", que basan su negocio en vender humo y miedo, continúan explicando con un *banana-ejemplo* lo magnánimos que son los euro-burócratas por no robarte todo lo que --según ellos en Compensamos-- tendrían derecho de sustraerte.

Vamos, que además debemos darles las gracias.

El banana-ejemplo cuenta que te compras 5 plátanos, medio kilo, por un euro. Las pieles de los plátanos, 50 gramos, son los desechos. Dado que los desechos son el 10% del peso y que los plátanos costaron 1 euro, has pagado 0,10 euros por la basura.

Continúan el cuento pidiendo que imagines que la Unión Europea pone un impuesto de un céntimo por cada 10 gramos de plátanos que tires a la basura. Por lo tanto, pagarías un impuesto de 5 céntimos por esas pieles de plátano en lugar de lo que "realmente" deberías pagar (10 céntimos).

¿Es o no es un chollo?

Finalmente dictaminan que la Unión Europea ha puesto un impuesto "ficticio" que no está conectado con la realidad, mientras que el dinero que te ha costado tu basura sí es real.

Pasan completamente por alto que cuando te compras unos plátanos, unas pipas o un coco, estás pagando un impuesto, el IVA, por el peso TOTAL del producto y que solo tendría un sentido confiscatorio hacerte pagar otra vez por las cáscaras de las pipas o la corteza del coco. Bastante hacemos con llevarlo todo GRATIS al contenedor apropiado.

Luego te cuentan que tu coche produce mucha basura, peor que la de las pieles de plátano y que pagas muy poco por ello. Pareciera como si para estos sacacuartos oportunistas la gasolina estuviera sujeta a impuestos. Veamos que nos dicen desde Repsol (a fecha de 2022):

En lo que respecta a la gasolina se pagan más impuestos (43%) por la gasolina que el coste de esta (42%) y en cuanto al diésel los impuestos están en un 38% y el coste del producto en 51%.

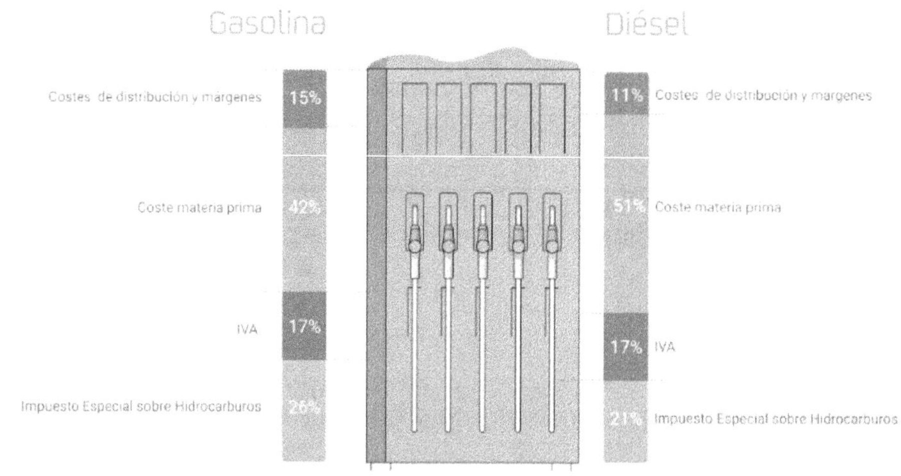

Sumemos peajes, mantenimiento, revisiones oficiales, impuestos de circulación y multas de todo tipo, y nos daremos cuenta de que lo que conducimos no es un coche sino una oficina de la Agencia Tributaria sobre ruedas. Y llegan estos prendas y nos ofrecen vendernos su absolución carbónica pagándoles. Es más provechoso dar limosna al mendigo a la puerta de la iglesia que a estos rateros con careta de santurrones.

Pero no es suficiente.

Sigamos un poco más con esta empresa, CO2 Compensamos s.l.

El modelo de negocio de estos sacacuartos (a las cosas hay que llamarlas por su nombre) consiste en que, bien como empresa o bien como particular, calcules online tu huella de carbono para que ellos te digan cuánto vale expiar tus pecados carbónicos. Una vez que cuantifican el precio que tiene resarcir tu vileza, puedes elegir uno de los proyectos piadosos y sostenibles que te sugieren y así tornar tu vicio en virtud. Vete y no peques más, y vuelve el año que viene.

En el Mercado del Carbono (sí, existe tal cosa) encontramos cosas como:

- ERPAs (Acuerdos de Pago por Reducción de Emisiones en sus siglas en inglés) por las que un país o una empresa pagan a otro país o empresa a cambio de derechos de emisión que los segundos no emplean,
- los créditos o derechos de emisión vistos anteriormente,
- las compensaciones de carbono (*carbon offsets*), que son unos valores que emiten algunas empresas invirtiendo en "cosas bonitas" y sostenibles, etc. (como nuestros amigos de "Compensamos")
- ETS, o Emission Trading Systems. Lo que vienen a ser esquemas de comercialización de emisiones

Empresas como Carbon Engineering –participada como vimos antes por Bill Gates— dedicadas a la *piadosa* labor de secuestrar CO2, también sacan tajada de esta fiesta.

En definitiva, se ha creado un mercado adulterado para "luchar" contra el gas que alimenta y hace crecer a las plantas. Toda una proeza.

Se crean activos artificiales –los créditos de carbono-- que no solo las empresas (y pronto los particulares) deben comprar OBLIGATORIAMENTE, sino que es el propio Estado ético-fascista quien los emite y regula su precio (al alza) recortando la oferta de esta pura mierda.

Los impuestos carbónicos, bajo todas sus siglas, suben el precio de absolutamente TODO. Tú, que esto lees, eres quien paga. Alborózate porque es todo por tu bien.

No obstante, nunca perdamos de vista –pongámonos sarcásticos-- que el Estado ético-fascista lo hace todo por el "bien común". Tampoco olvidemos que algún día deberemos agradecer, a nuestros hijoputas de cabecera, sus desvelos. Ese día nos faltará maroma para tanta *corbata* como deberemos anudar, en forma de soga, en los pescuezos de nuestros "amados líderes".

Tradúzcase soga por sentencias de cadena perpetua o lo que se tercie o se estile cuando llegue la hora de hacer limpieza.

Aquí dejo una definición tan exacta como real de lo que son los derechos de emisión:

Los derechos de emisión de CO2 son impuestos inútiles para solucionar problemas inventados, empleando "remedios" inservibles que nos hacen a todos –excepto a muy pocos-- más pobres.

La definición es mía, así que apúntalo porque cae seguro en el examen.

Curiosamente la persona a la que se le atribuye la creación de estos activos tan originales no es otro que **Richard Sandor**. Sandor es quien en 1972 ideó, junto con Ginnie Mae, las llamadas "Mortgage-backed Securities" (MBS) o los valores respaldados por hipotecas.

Ginnie Mae es una agencia estatal crediticia estadounidense que da acceso al mercado hipotecario a la ciudadanía. El genio de Sandor pergeñó la idea de "mezclar" créditos hipotecarios de muy difícil cobro con otros valores, creando paquetitos que fueron pasando de unas manos a otras hasta que en 2007-2008 cayó el precio de la vivienda en EE. UU. y esto provocó una reacción en cadena que llevó a la quiebra de varias empresas, la pérdida de puestos de trabajo y una crisis económica mundial.

Darle valor a algo que no lo tiene, ya sea un crédito hipotecario de imposible cobro o la emisión de un gas que no afecta en nada, es algo que debería estar castigado.

No debemos dejar pasar por alto que todo esto no es sino un paso más dentro de una estrategia a largo plazo mucho más ambiciosa.

El integrar en el sistema financiero este tipo de valores huecos sirve al propósito de controlar no solo a las empresas sino también a los particulares. Darle un valor económico a el acto de emitir de CO_2 convirtiéndolo en un "bien" artificialmente escaso redunda en frenar la actividad económica y la prosperidad de los países y personas más pobres.

Esta idea de frenar el crecimiento y la prosperidad de la gente, que no los de la élite, está en el ánimo de quienes han inspirado intelectualmente, y financiado económicamente, todo este despropósito. Cabe tener en cuenta que el movimiento calentólogo surge de un club de perfectos hijoputas, el Club de Roma, fundado por oligarcas de hondas convicciones maltusianas y eugenésicas como David Rockefeller. Más adelante tocaremos este tema en el capítulo 11 en el que hablaremos del IPCC y de su siniestro papá Maurice Strong.

La visión a largo plazo es establecer cuotas y limitaciones de todo tipo amparadas en la perpetua y atosigante inminente emergencia climática. Ya se habla de confinamientos temporales de ciudades o países enteros para paliar la alarmante emisión de CO_2. Es por el bien común, claro está.

Para poder ejecutar estas políticas aberrantes es preciso controlar a la población en toda circunstancia y lugar, por lo que se hace necesaria alguna forma de pasaporte universal, preferentemente uno de tipo biométrico. Algo de esto, como todos sabemos, ya ha sido ensayado durante la plandemia covidiana.

Para reforzar todo este control omnisciente entra en juego lo que se llama la economía *tokenizada* que consiste en que cualquier bien o servicio lleve adjuntado una representación digital, única y anónima. De esta manera, por ejemplo, se puede llegar al extremo de que llenar el depósito de gasolina de un vehículo suponga asignar esa cantidad de combustible al propietario de este. Puesto que el mismo vehículo también estaría tokenizado, en el caso de que se aprobara una ley que estableciera cuotas de consumo de carburante, ese vehículo podría serte retirado durante un periodo o simplemente inhabilitado, de forma remota y electrónica, para circular.

Por supuesto que, en este esquema de cosas, el dinero en efectivo, bendito sea, será cada vez de uso más restringido hasta hacer que desaparezca y sea sustituido por moneda digital programable. Entendiéndose por programable cosas como que puede ser solo empleado para la compra de ciertos bienes o servicios, permite establecer cuotas de consumo, o que se impida que pueda ser ahorrado al establecer fechas de caducidad como si fuera una lata de mejillones.

Cualquier plandemia sanitaria, alerta terrorista (*) o crisis calentológica puede servir de excusa para que te jodan un poquito más, pero siempre, recuérdalo, por tu bien.

(*) Yo estoy convencido que existe una asociación simbiótica entre grupos terroristas y el Estado corporatista-fascista. Ambos se retroalimentan

Para no extenderme en demasía sobre la tokenización, que daría para un libro entero, pondré un ejemplo de una situación que. aunque algo novelada, podría ser una realidad en pocos años:

Acabas de aterrizar en Londres. Estás pasando el control de pasaportes. A la par que un sensor óptico comprueba tu documento, un lector escanea tu iris y coteja no solo que eres la persona titular de ese pasaporte, sino también una serie de parámetros en forma de puntuaciones. Entre esos parámetros está uno que te clasifica en función de tu historial de navegación en internet (porque accederás a internet también de manera tokenizada), otro basándose en el tipo de publicaciones que has realizado en redes sociales, otro que te califica en función de tus hábitos de compra, etc.

Un aspa roja aparece iluminada justo enfrente de ti y se escucha una voz que te insta a que te dirijas a la sala 3 para proceder a un interrogatorio y una inspección más detallada.

Te preguntas si tal vez no debiste compartir por WhatsApp ese meme que algunos calificaban de ofensivo o si tal vez excediste tu cuota de CO2 de el mes. Caminas hacia la sala 3 donde una funcionaria trans te pone delante de una pantalla a la par que te coloca unos sensores que sabes que están conectados a un polígrafo.

Sudores fríos. Te van poniendo tu historial de navegación frente a ti y te interrogan acerca no solo si es cierto que tú publicaste o leíste tal cosa (aunque ellos ya lo saben) sino acerca de cómo eso te hizo sentir. Tras 15 minutos de sesión llegan dos funcionarios más, esta vez con esposas, que te piden que pongas las manos a la espalda y que los acompañes.

En otra sala, ya esposado, te informan que el algoritmo del Ministerio del Interior británico, basado en inteligencia artificial predictiva, ha determinado que existe una probabilidad del 16,37% de que seas una amenaza para la seguridad del Reino Unido, lo cual está por encima del umbral del 12% que han establecido dada la actual alerta antiterrorista. Se te detraen automáticamente 1.350 créditos de tu cartera digital en concepto de multa; se te informa que tienes prohibida la entrada en el Reino Unido durante los próximos 6 meses y que pasado este tiempo tu puntuación en los parámetros analizados deberá estar por debajo del 10%.

Te han arruinado el viaje y te han humillado, se han orinado en tu libertad de expresión, pero sonríe, es por el bien común.

Prosigamos con el bombardeo en el siguiente capítulo.

Capítulo 9

Hablemos de BlackRock y de ESG y DEI

¿Y eso de BlackRock cómo se engarza con los derechos de emisión? ¿Qué es eso de ESG y DEI?

Comenzando por BlackRock, cabe decir que todo está engarzado con BlackRock y sus dos principales "hermanas", Vanguard y Street Capital. Lo vamos a ir viendo.

Empecemos con los datos.

Blackrock y/o Vanguard se encuentran entre los tres mayores inversores institucionales en el 100% de las empresas listadas en el índice S&P 500.

Una u otra firma inversora es la mayor inversora institucional en 422 de ellos (84%).

El índice Standard & Poor´s 500 (S&P 500) agrupa a las mayores corporaciones estadounidenses. Algunos ejemplos por sectores de empresas en las que BlackRock, Vanguard, y en menor medida Street Capital, tienen una participación significativa:

- **Tecno-jerarquías**: Alphabet (Google), Microsoft, Apple, Meta (Facebook), Oracle, Salesforce
- **Complejo Industrial Militar**: Boeing, Northrop Grumman, Raytheon Technologies, Lockheed Martin
- **Banca**: JP Morgan, Visa, Bank of America, Paypal, Mastercard, American Express
- **Complejo Industrial Farmacéutico**: Pfizer, Moderna, Johnson & Johnson, Abbot, Lilly, Biogen
- **Distribución**: Amazon, Wallmart, Procter &Gamble, PepsiCo, Coca Cola, Mc Donalds, Starbucks
- **Complejo Industrial Desinformativo**: News Corp, Comcast, Netflix, Disney, CBS, Fox, Warner (que incluye la CNN)

Larry Fink, el consejero delegado (CEO) de BlackRock dijo en un coloquio en 2017 lo siguiente:

*"Los comportamientos tendrán que cambiar y esto es algo que vamos a hacer. **Estamos pidiendo a las empresas que fuercen comportamientos** y en BlackRock estamos forzando comportamientos".*

Cuando Fink hablaba de forzar comportamientos se estaba refiriendo a todo lo que orbita alrededor de los dos acrónimos favoritos de quienes, como él, bastardean el capitalismo: ESG y DEI.

En 2022, en la carta abierta que Fink gusta enviar a los CEO de las empresas participadas por BlackRock, decía lo siguiente:

*"**Pedimos a las empresas que establezcan objetivos de corto, mediano y largo plazo para la reducción de gases de efecto invernadero**. Estos objetivos y la calidad de los planes para alcanzarlos son fundamentales para los intereses económicos a largo plazo de sus accionistas. También es por eso les pedimos que emitan informes consistentes con el Grupo de Trabajo sobre Divulgaciones Financieras Relacionadas con el Clima (TCFD): porque creemos que son herramientas esenciales para comprender la capacidad de una empresa para adaptarse al futuro."*

BlackRock controla 10 billones de dólares en activos (trillones anglosajones) y si fuera un país sería el tercero en términos de PIB, solo por detrás de EE.UU. y China, doblando a Alemania que sería cuarta.

Cuando Larry Fink "pide" a las empresas que "fuercen comportamientos" o solicita a los CEO de las empresas participadas por BlackRock que establezcan objetivos para reducir su huella de carbono, no se trata de una sugerencia o un consejo, es una orden en toda regla de alguien que ostenta un poder colosal.

En la última epístola del "CEO-evangelista" de BlackRock (marzo 2024), esta vez dirigida a sus inversores, Fink dice que no hay que ser excesivamente fundamentalistas con lo del CO2, que debemos ser pragmáticos.

Ver retractarse a esta sanguijuela es, además de un gustazo, una señal inequívoca de que podemos (y vamos) a doblarles el brazo a nuestros hijoputas. Si en lugar de doblárselo se lo partimos en mil pedazos, mejor aún.

Larry Fink, por más que él diga lo contrario, no es un capitalista sino un oligopolista y como CEO de BlackRock es parte integrante y fundamental del Estado corporatista ético-fascista. Fink y los de su calaña detestan la competencia, odian y combaten el libre mercado, abjuran de la libertad de elección y de expresión. La libertad para los hijoputas como Fink no es sino una amenaza.

Estos jerarcas oligopolistas han acuñado un nuevo término para definir "su" capitalismo de nuevo molde: **Capitalismo de las Partes Interesadas** ("Stakeholder Capitalism").

Este híbrido de capitalismo, de partes interesadas, requiere obligar a las empresas a adoptar (nuevos) objetivos de índole moral y "religiosa". Ya no basta con hacer buenos productos u ofrecer servicios de calidad a un precio razonable, obtener beneficios siendo competitivos, tener trabajadores adecuadamente remunerados y accionistas satisfechos; ahora también hay que lograr alcanzar metas de sostenibilidad, diversidad, gobernanza, equidad e inclusividad. Las iniciales de estos términos (en inglés) conforman los acrónimos ESG y DEI que vamos a desmenuzar luego. Alrededor de estas palabras, tan bonitas se ha creado una esquema de control socioeconómico dentro de las empresas. Un esquema de control sociopolítico precisa contar con comisarios (chivatos) y eso conlleva crear departamentos que monitoricen la afección a las causas (ESG-DEI) de trabajadores y empresarios. Siempre, claro está, por el bien común.

Como suele ocurrir con todos los neologismos que nuestros hijoputas abrazan y anuncian, el capitalismo de partes interesadas suena a algo atractivo, algo que cualquiera subscribiría, y, a la vez, tiene un trasfondo siniestro y liberticida.

El Capitalismo de Partes Interesadas es un eufemismo.

Conociendo en qué consiste realmente este *invento*, sería más exacto hablar de "corporatismo fascista" o "adoctrinamiento corporativo". Los términos más acertados, como cagadero, suelen ser menos atractivos que sus eufemismos, retrete o excusado; por tanto, entiendo que se llame a la criatura "Capitalismo de Partes Interesadas".

Sin más preámbulos abro fuego y pincho globos, empezando por dar la definición más acertada que se me ocurre del Capitalismo de las Partes Interesadas:

El Capitalismo de las Partes Interesadas es un instrumento del Estado corporatista-fascista empleado para someter ("educar") a la sociedad divulgando sus *evangelios* y de paso afianzar el poder oligopolista de las corporaciones miembros de ese mismo Estado.

Como la definición vuelve a ser mía, también caerá en el examen (que no haré).

La definición oficial, más endulzada, es algo distinta:

El capitalismo de partes interesadas es un sistema en el que las corporaciones están **orientadas a servir los intereses de todas sus partes interesadas**. Entre las partes interesadas clave se encuentran los clientes, proveedores, empleados, accionistas, comunidades locales y el medioambiente. Según este sistema, el propósito de una empresa es crear valor a largo plazo y no maximizar las ganancias y mejorar el valor para los accionistas a costa de otros grupos interesados.

Las claves –y el truco-- están en definir cuáles son los intereses de todas esas partes interesadas y, sobre todo, saber quién define esos intereses y quién se ocupa de medir cómo se da (o no) valor a las partes.

En una economía capitalista de partes interesadas, al estilo del Estado corporatista-fascista, las empresas deben contar con un equipo de comisarios políticos. Este pelotón de cotillas suele estar encuadrados dentro de departamentos denominados ESG y DEI.

ESG significa Environmental, Social, and Governance (Medioambiente, Social y Gobernanza) (*).

(*) En la última carta (2024) que Fink dirigió a sus inversores, y que mencionamos más arriba, no existe alusión alguna al asunto "ESG". Empiezan a escurrir el bulto. Otro indicio de que les podemos romper el brazo a estos arrogantes cabrones.

DEI significa Diversity, Equity and Inclusion (Diversidad, Equidad e Inclusión).

Habitualmente los asuntos de DEI recaen en la parte social, en la "S", de ESG por lo que es habitual que una empresa tenga a todos sus comisarios políticos agrupados bajo estas últimas siglas. Estos departamentos suelen estar constituidos por gente que ha estudiado cosas tan "provechosas" como grados sobre la "Teoría de Género" o alguna disciplina de la calentología como "Ciencia del Cambio Climático".

Es este tipo de rebaño el que definirá cuales son las inquietudes y anhelos de esos grupos interesados. Por supuesto interpretarán (cuando no se inventen) los deseos e intereses de las partes, aplicando un fuerte sesgo ideológico. Lo harán, como buen ganado lanar que son, al dictado de lo que esté de moda en cada momento de acuerdo con las "teologías" de sus respectivas iglesias (calentólogos o de la Iglesia del Santo Arcoíris, por ejemplo) y no atendiendo a los verdaderos intereses de las partes en nombre de las cuáles les encanta hablar.

Lo que estará de moda será indefectiblemente aquello que el Estado corporatista quiera que esté.

En este esquema de Stakeholder Capitalism, nuestros hijoputas no defienden los afanes de las partes interesadas, sino que asumen que los intereses de todos ellos están alineados con los suyos.

Cuando se trata de defender los intereses de los consumidores / clientes, los comisarios embebidos en las empresas, darán por sentado, hijoputas ellos, que la mayoría de los consumidores están atenazados y horrorizados debido a la inminente catástrofe climática apocalíptica. Dirán que es una exigencia de los consumidores que la empresa sea sostenible y que por tanto debe reducir su huella carbónica hasta ser "neutra".

Por una parte, los consumidores están siendo continuamente bombardeados con la propaganda calentológica que, además de asustarles, les recuerda desde sus terminales mediáticas que es de malas personas opinar de manera diferente a lo que el dogma proclama. Por otra parte, el sistema Capitalista de Partes Interesadas conmina a las empresas a tener en cuenta los intereses de unos consumidores previamente adoctrinados. El resultado no es otro que el puto consenso manufacturado.

La cosa va tal que así:

1.- El Estado corporatista-fascista decide que el CO2 es malo, asusta y adoctrina hasta convencer a la población de que esa es una premisa cierta.

2.- El Estado corporatista-fascista exige a las empresas que atienda los intereses de todas las partes, incluyendo a los consumidores.

3.- El Estado corporatista-fascista obliga a las empresas a tener en plantilla a comisarios adictos al régimen y a implantar políticas alineadas con las premisas impuestas.

4.- Los comisarios políticos de las empresas (algunos de ellos son sus máximos directivos) dicen oír cuáles son los intereses de las partes, y estos *milagrosamente* coinciden con los del Estado corporatista-fascista al que esos comisarios sirven.

5.- Las empresas incurren en gastos e inversiones colosales para obtener unos objetivos que en nada van a ayudar a resolver problema alguno, porque el problema simplemente no existe o está mal planteado.

6.- El consumidor y el resto de las partes interesadas, en cuyo nombre se han hecho estas tonterías, ven cómo el producto se encarece y, en muchos casos, es de peor calidad.

7.- Las empresas que no disponen del músculo financiero para pagar semejante circo se van por el desagüe y quienes se planteaban entrar en el negocio prefieren usar su dinero para cualquier otra cosa. El oligopolio se refuerza, y con él nuestro "amigo" el Estado corporatista-fascista. Tú más pobre y cada vez con más cara de tonto, ellos más ricos, y tiro porque me toca.

Cuando hablo del Estado corporatista-fascista estoy hablando indistintamente de gobiernos, multinacionales, oenegés, asociaciones o mega-fondos (buitres) como BlackRock. Todos son tentáculos de la misma hidra apestosa o el mismo perro con distinto collar.

Las textos de las leyes que se aprobaban en la URSS durante la época soviética, siempre arrancaban haciendo alusión a que esa ley obedecía a una imperiosa "exigencia del pueblo". Era mentira entonces, lo sigue siendo hoy.

Si por una jugada del azar resultara que los consumidores, los proveedores, los empleados o los accionistas no estuvieran interesados en las cosas que el Estado fascista-corporatista quiere que se muestren interesados, basta con llamarles nombres, multarles, sancionarles, auditarles y, llegado el caso, cerrarles el negocio. Y a los consumidores darles un par de tazas más de propaganda para que aprendan a pensar como "dios" manda.

Al fin y a la postre el teatro del Capitalismo de las Partes Interesadas es solo un trampantojo, un jodido artificio cuyo único fin es dar una pátina de buenismo rancio a un sistema totalitario.

Los departamentos a cargo de los comisarios políticos (ESG, DEI), además de ser improductivos, de suponer un coste para la empresa que les paga el sueldo, de enrarecer el ambiente laboral creando suspicacias y divisiones, y de diseñar formas de hacer que la empresa sea menos rentable, también realizan otras funciones más folclóricas. A las funciones folclóricas de estos órganos parasitarios me gusta denominarlas **funciones litúrgicas**.

Dentro de esa funciones litúrgicas caben cosas como poner un baño separado para no binarios, impartir charlas acerca de por qué todos los blancos son racistas desde que nacen, o decidir que los proveedores deben cambiar su flota de furgonetas de reparto por bicicletas o triciclos eléctricos.

Para estas funciones litúrgicas los filósofos del Estado fascista-corporatista han pergeñado su "dios" particular dando a luz al acrónimo DEI, dios en latín, englobando la diversidad, la equidad y la inclusión.

En muchas organizaciones, el poder demostrar documentalmente tu adhesión a la causa DEI —qué has hecho por la cusa-- es requisito indispensable para poder promocionar (ascender), sobre todo si no eres mujer o perteneces a alguna de las "especies protegidas". Un ejemplo lo tenemos en el Departamento de Estado de los Estados Unidos.

El término clave dentro de DEI es la equidad. En la jerga del Estado fascista-corporatista equidad significa lograr la igualdad de resultados a costa de pisotear el principio de igualdad. Charlotte Edmon redactora del liberticida del Foro Económico Mundial, del que Klaus Schwab es maestro de ceremonias, habla así de la equidad y la igualdad (*):

"Igualdad significa que tratamos a todos por igual: cada persona o grupo de personas recibe los mismos recursos y oportunidades. Equidad significa que proporcionamos recursos y oportunidades que se ajustan a las necesidades o circunstancias específicas de esa persona o grupo y, de ese modo, podemos alcanzar un resultado igualitario."

"Dicho de otro modo, la igualdad consiste en ser iguales en estatus, derechos y oportunidades, mientras que la equidad trata de cómo llegar a ese punto mediante la justicia y la imparcialidad. La igualdad establece las reglas básicas para crear oportunidades justas, pero necesita de la equidad para garantizar que todos puedan competir en ese terreno"

(*) https://es.weforum.org/agenda/2023/03/dia-internacional-de-la-mujer-cual-es-la-diferencia-entre-equidad-e-igualdad

Nótese que palabras como "mérito", "capacidad", "tesón", o "valía" no aparecen en la definición que la empleada de Klaus da de equidad, pero en cambio sí habla de lograr un "resultado igualitario" mediante lo que llama "la justicia y la imparcialidad".

No dice nada, la amiga Charlotte, acerca de quiénes deben ser los que impartan "justicia" y cuáles son esos criterios de "imparcialidad". Para obtener "resultados igualitarios" debes ser forzosamente parcial pues estás obligado a favorecer a una parte y perjudicar a otra. Pero suena bonito decir "imparcial" y ahí lo suelta Charlotte, por si alguno pica.

Me explicaré con un ejemplo. En determinadas facultades universitarias estadounidenses hay un número elevado de alumnos de origen asiático. Esto es así porque, al parecer, a muchos alumnos con estas características raciales no solo les gustan estas carreras universitarias, sino que además se les da bien y acumulan méritos y calificaciones para acceder a cursar estos grados. Esto al parecer es un problema (para algunos) porque los alumnos asiáticos están sobrerrepresentados en estas facultades y falta "diversidad" étnica. No hay un resultado "igualitario" y por tanto se hace preciso aplicar "justicia imparcial", es decir "equidad".

La solución que encuentran para este tipo de "problemas" es rebajar el listón para los no asiáticos (o quien haga falta) y así obtener un resultado igualitario que nos enriquezca con una supuesta diversidad.

A hacer estas cosas lo llaman **"discriminación positiva"**. Calificar a un tipo de discriminación, la que sea, como "positiva" da cuenta del nivel de demencia que esta basura es capaz de alcanzar. Discriminar está mal, punto.

Todas las premisas de la equidad en términos de raza son racistas hasta el tuétano. Primeramente, porque asumir que la diversidad de razas se traduce automáticamente en diversidad de creencias, presupone que tus rasgos raciales anticipan e implican una forma de ser y pensar. En segundo lugar, un sistema de cuotas basado en la raza discrimina a unas razas respecto a otras, dando un tratamiento paternalista a unos y un castigo a otros, dependiendo del color de la piel de cada cual. Es difícil encontrar una forma de racismo más palmaria.

Lo que el Estado corporatista-fascista entiende por diversidad consiste en grupos de personas de distintas razas, colores, "géneros", y tendencias sexuales, que tengan las mismas ideas.

Antes que buscar tener un colorido grupo de personas, de muchas razas y orientaciones sexuales, que piensan lo mismo, prefiero contar con 10 mujeres, todas chinas y todas bisexuales, pero con ideas y puntos de vista diferentes. Es preferible diez chinas muy parecidas físicamente pero que tengan ideas propias y que debatan sin miedo a ofender a las demás, que un surtido potpurrí compuesto por personas de distintas razas, sexos y tendencias afectivas, en el que todos piensen de la misma manera. La diversidad que verdaderamente enriquece es la diversidad intelectual. Importa el interior y no la cáscara, lo que se es y no lo que se parece.

La diversidad importante está en el plano de las ideas y de las concepciones filosóficas y no en la apariencia. La verdadera diversidad, la única que realmente importa, es la de que gente con formas de pensar y de ver la vida de formas diferentes, sean capaces de estar juntas y hablar entre sí, sin miedo a que les caiga una denuncia por delito de odio o a ser etiquetados.

Estos postulados racistas agazapados tras eso de "diversidad", son defendidos por intelectuales aclamados por el Estado corporatista. Ese es el caso de Robyn DiAngelo o Ibram X Kendi. Estos autores sostienen cosas tan "inclusivas" como que tan solo las personas de raza blanca pueden ser racistas; y dejan perlas como estas:

"Una identidad como persona blanca es un objetivo imposible...lucho por ser menos blanca"

-Robyn DiAngelo-

"El único remedio para la discriminación pasada es la discriminación antirracista actual"

-Ibram X Kendi-

DiAngelo se embolsa miles de dólares dando cursillos en empresas como uno que impartió a los empleados blancos de Coca Cola y que llevaba por título **"Cómo ser menos blanco"**. Estos eran sus consejos que daba en el curso para ser menos blanco:

- Ser menos opresor
- Ser menos arrogante
- Ser menos sabelotodo
- Ser menos defensivo
- Ser menos ignorante
- Ser más humilde
- Escuchar mejor
- Creer más
- Romper con la apatía
- Romper con la solidaridad entre blancos.

Esta señora (DiAngelo) asocia a una tonalidad de piel características como la arrogancia, la ignorancia o el deseo de oprimir; su colega (Kendi) es partidario de vengar opresiones pasadas con nuevas opresiones "antirracistas". Estos son algunos de los predicamentos de lo que se denomina **Teoría Crítica de la Raza** (CRT por sus siglas en inglés). Un hediondo racismo de nuevo cuño y considerado políticamente correcto.

La equidad corporatista aplicada a otras características distintas de la raza, como el sexo o las preferencias sexuales, es igualmente aberrante.

Nadie con sentido común elige un cirujano basándose en su raza, sexo o gustos, sino que lo hace orientado por su pericia y buen hacer. Da absolutamente igual el porcentaje de "colectivos" que haya en cada profesión siempre y cuando tengamos buenos profesionales y todos tengamos igualdad de oportunidades para competir.

La equidad, como yo la entiendo, consiste en permitir que todo el que quiera compita, no en garantizar una medalla de oro a todos. La equidad reside en cosas tan básicas como dar becas a aquellos alumnos que no disponen de los medios económicos pero que sí cuentan con aptitudes y capacidades, sin mirar de qué color son, por quién se sientan atraídos, o lo que llevan o no colgando entre las piernas. Equidad es disponer de rampas para que quienes van en silla de ruedas puedan acceder a las aulas, contar con libros en Braille para que los ciegos puedan leer o dar las mismas oportunidades a todos para que los mejores, los que más se esfuercen y los más capacitados, obtengan el éxito por méritos propios y no por criterios espurios o cuotas.

Siempre estarán infrarrepresentados en las ligas profesionales de baloncesto quienes miden menos de 1,70 metros. No es equitativo que para entrar en la NBA tengas que hacer pruebas más fáciles si eres bajito, eso es injusto y además generará frustración y rencor dentro del equipo. Y malos resultados.

Pero las aberraciones son tendencia en un mundo distópico gobernado por nuestros hijoputas. Cosas como el calentamiento global causado por el CO2, las vacunas mágicas, los ciento y un mil géneros, el racismo genético; son todas aberraciones, y todas son elevadas a la categoría de dogma. Y ay de aquellos que pongan en jaque o duden de estos dogmas desquiciados, para estos se reserva el delito de odio.

Los mismos que han puesto en marcha una economía artificial (y suicida) en torno al carbono con los derechos de emisión o creando infinidad de puestos de trabajo, subvenciones e impuestos al dictado de los preceptos de religión calentológica, son quienes también nos envenenan con el neorracismo camuflado en las siglas DEI.

Cabe preguntarse **qué sentido económico tiene todo este asunto de ESG y DEI.**

La respuesta rápida, y obvia, es que carece de sentido económico alguno. La respuesta elaborada es que, si bien aplicadas en su sentido estricto, las políticas ESG/DEI son contrarias a la eficiencia, la productividad, la competitividad y el buen ambiente laboral de las empresas, sí es cierto que proveen una ventaja competitiva para las empresas más cercanas o adictas al régimen del Estado corporatista-fascista. Es decir, las políticas que acarrean el cumplimiento de los parámetros ESG/DEI suponen un lastre para aquellos empresarios que menos comulgan con los preceptos de la secta. Cualquier lastre para un competidor es una ventaja para su competencia.

Me explicaré.

Contar con un departamento, departamentos, o delegados, de ESG/DEI, supone tener a sueldo a uno o varios comisarios políticos, o lo que es lo mismo chivatos vocacionales potenciales. Si un empresario es un fervoroso seguidor de los postulados de las *iglesias oficiales* siempre le será más fácil tolerar (y pagar) a *creyentes* de su misma secta. Si, por el contrario, un empresario no está alineado intelectualmente con los comisarios que está obligado a pagar, tiene garantizado el conflicto y un problema. Ese empresario no adepto al régimen no solo tiene que cumplir con criterios que considera absurdos e ineficaces, sino que también debe pagar a gente para que le vigile y se asegure que es un niño (o niña) bueno y los cumple.

Por otra parte, no obtener buenas puntuaciones en los parámetros ESG/DEI supone para una empresa no poder ser tenida en cuenta como inversión de carácter sostenible, justa, inclusiva, etc. Esto deja cada vez más fuera de juego a la hora de acceder a capital y financiación a las empresas que no pasan por el aro del ESG/DEI.

Este punto no es baladí. BlackRock ofrece fondos de inversión con la etiqueta de sostenibles. Es decir que coloca cestas de valores (acciones, empréstitos, bonos) provenientes de distintas empresas, todas con el común denominador de "sostenibilidad". La misma empresa que gestiona 10 billones de dólares de patrimonio y que "pide" a los CEO de las empresas de las que es accionista que empujen el asunto ESG/DEI, también vende fondos de inversión atravesados por esos criterios que empuja.

¿Quién mide el cumplimiento de los objetivos ESG/DEI? Es una excelente pregunta.

En Estados Unidos, de donde suele venir lo muy bueno y lo muy malo, en temas de inclusividad y en lo que se refiere al capítulo de la Iglesia del Santo Arcoíris existe una fundación que se ocupa de calificar la mucha o poca santidad empresarial en relación con sus desvaríos. Se llama la Human Rights Campaign Foundation o HRCF (Fundación por la Campaña de los Derechos Humanos). El nombre, como de costumbre, es muy bonito. La HRCF elabora un índice que se denomina CEI (Corporate Equality Index) en el que se tienen en cuenta todo tipo de asuntos tanto para sumar como para restar puntos.

El máximo de puntos es de 100 y puedes perder 25 puntos si como empresario te pillan apoyando cosas (organizaciones o personas) o causas que este autoerigido árbitro de la inclusión de colorines considera pecaminosas. Puntúas positivo si incluyes la cirugía para "cambio de sexo" en tu paquete de beneficios y restas puntos si apoyas a un grupo empeñado en dar la razón a la realidad biológica.

Empresas como Google, Disney, Target, Pfizer o Northrop Grumman además de aflojarles dinero a los de HRFC (*), también, casualmente, reciben puntuaciones perfectas (100). Los misiles que fabrican los chicos, chicas y *chiques* de Northrop Grumman matan, pero lo hacen muy inclusivamente. Ídem sucede con los medicamentos o inyectables que las personas muy tolerantes, diversas e inclusivas de Pfizer fabrican para administrarnos de forma obligatoria.

(*) Se puede ver en este enlace de su web: https://www.hrc.org/about/corporate-partners

Cualquier oenegé o fundación suficientemente "vitaminada" puede repartir chapitas certificando el grado de sostenibilidad, diversidad o de inclusión de las empresas.

La receta es sencilla.

- Echas mano de una fundación repleta de activistas fanáticos motivados por la causa que sea.
- Sostienes y vitaminas a ese grupo con fondos que provienen del Estado Corporatista fascista (la Open Societies de Soros, Disney, Lockheed Martin, subvenciones gubernamentales, etc.).
- Otorgas a ese grupo sectario un inmerecido halo de santidad y de imparcialidad.
- Pones a esta fundación "neutral" a repartir calificaciones a las empresas.
- Haces de esas calificaciones un valor que cotiza en el mercado
- Logras incentivar al resto de empresas para que participen de la estupidez colectiva y se empleen a fondo llevando a cabo políticas estúpidas y así obtener muchas medallas y formar parte de un fondo de inversión de carácter sostenible, equitativo, inclusivo, o lo que se tercie.
- Señalas a las empresas y empresarios "malos" que no cumplen con los mandatos.

A este proceso yo le llamo **monetización de la gilipollez**. Darle valor a algo que carece de provecho. Es igual que cuando hablábamos de los derechos de emisión en el anterior capítulo. Darle un valor económico a una fantasía haciéndola pasar por un activo o un remedio es parte del juego del ESG/DEI que practica el Estado corporatista-fascista. La economía del "buenismo".

Puedes invertir en "índices" y en cestas de valores cuyos denominadores comunes son la "sostenibilidad" o la "inclusividad", puedes comprar y vender el derecho a emitir X toneladas de CO2 e incluso ganar dinero con ello, pero debes saber que estás comprando y vendiendo humo.

Los objetivos ESG/DEI son una forma de controlar desde fuera y desde dentro a las empresas. Un mecanismo de sumisión y una forma de castigar a quienes se resisten y de premiar la adhesión. Son objetivos que, como dije antes, carecen de sentido económico alguno, pero que extienden y aumentan el poder del Estado corporatista-fascista.

Detrás de las siglas ESG y DEI tan solo hay un afán por enfrentar a unos con otros y un deseo esclavizador. Palabras tan bonitas como "sostenibilidad" o "equidad" pueden ser traducidas como pobreza y odio.

Para terminar este capítulo pondré unos ejemplos prácticos de cómo el Estado corporatista-ético-fascista funciona.

Miremos a Ucrania.

El Departamento de Estado de los EE.UU. pone sus ojos en esta nación eslava de más de 600 mil kilómetros cuadrados y 45 millones de habitantes. Por una parte, Ucrania es una nación con una tierra ubérrima y una capacidad de producción agrícola excepcional. Por otro lado, Ucrania es vista como un excelente ariete para abrir las puertas de Rusia (la nación más extensa del mundo y la número uno en recursos naturales) al Estado corporatista-fascista.

a) Se activa el área político-terrorista del Estado corporatista-fascista.

o El Departamento de Estado organiza una "revolución de colores" en 2014. Para tal fin se emplean las agencias de inteligencia propias o de naciones vasallas (CIA, NSA, MI6), la agencia de "ayuda" exterior (USAID) y un enjambre de oenegés adeptas (financiadas). Se invierten recursos económicos y se monitoriza la revolución "espontánea" para que esta tenga éxito. Si hacen falta muertos, como fue el caso, se ponen esos muertos.

b) Entra en acción la división de comunicación del Estado corporatista-fascista propiedad del oligopolio (Black Rock, Vanguard, Street Capital)

o Acompañando al brazo ejecutivo están los medios de propaganda de la mano de los llamados "mainstream media" de distintos países (tipo CNN, Fox, MSNBC, El País, A3media, BBC, Reuters, AP, etc.) que se hacen eco del "relato" que se ha acordado comunicar: "Los pobres ucranianos quieren entrar en la UE y su presidente (electo) se niega. Es una lucha por la libertad y contra la injerencia rusa".

- o Se pasan por alto los detalles incómodos como que el presidente que quieren echar ganó sus elecciones, que hay millones de ucranianos que no ven con buenos ojos lo que está pasando en Kiev, o que mientras que la UE exige compromisos costosísimos para Ucrania, Rusia ofrece una cuantiosa ayuda financiera junto con suministro de gas a un precio ínfimo.
- o Las ciber-tiranías (Google, Meta, etc.) amplifican el "relato" aprobado y patrullan, censuran y/o limitan el alcance de los relatos alternativos (o si es posible los prohíben tildándolos de lo que haga falta).
- o Las empresas verificadoras, que trabajan para las ciber-tiranías, se ocupan de tachar de desinformación, misinformación o malinformación (*) cualquier dato incómodo. Son braceros y mamporreros a sueldo, que camuflados de árbitros neutrales, proporcionan coartadas a sus amos.

(*) De estos tres términos hablaré más adelante porque tienen bastante miga.

c) Se activa la sección económico-pirata del Estado corporatista-fascista

- o Tras abortar todo intento de llegar a un alto el fuego o la paz (Acuerdos de Minsk, negociaciones en Estambul de marzo de 2022) se promete al gobierno instalado en Kiev tras la "revolución espontánea" todo el apoyo… en defensa de la libertad, la democracia y el orden mundial basado en reglas (las suyas).
- o Se suministran armas. Boeing, Lockheed Martin, Raytheon, Northrop Grumman, Rheinmetall acuden a la llamada de la "libertad". Estas compañías están controladas accionarialmente por BlackRock, Vanguard, State Street y Capital Research & Management que a su vez son accionistas las unas de las otras. El dinero que te quitan a ti sirve para engrasar la "amistad" entre el ala política y el ala económica del Estado (campañas políticas, sobres con dinero, lobbies, etc.). Unos votan a favor de guerras o las promueven, otros ganan dinero y lo comparten con quienes aprueban o incitan esos conflictos. Y las puertas giratorias entre la política y las corporaciones giran sin descanso.
- o Se salpimienta el "guiso" de vez en cuando con acciones tácticas como la voladura del gaseoducto Nord Stream (que pasa de ser culpa de Rusia a ser algo que ya no interesa a nadie investigar) para transferir riqueza entre países y para mantener la disciplina.
- o Se sabe perfectamente que el dinero que se entrega en forma de armamento y ayuda de todo tipo a Ucrania llega

principalmente a los filósofos del Estado corporatista-fascista y de forma secundaria al entramado de corrupción local. También se sabe que ese dinero nunca podrá ser devuelto. Es algo con lo que se cuenta de antemano. Lo que verdaderamente interesa son los colaterales que se acuerdan como garantías: la tierra, las empresas controladas por el gobierno títere, y la pobreza perpetua de una población que se ha visto en dos años reducida a la mitad.

- o Dupont, Bayer, ADM y otras empresas agrícolas se irán haciendo con el control de las feraces tierras ucranianas mientras, en paralelo, a los agricultores de Países Bajos, Alemania, Reino Unido o España se les obliga a cerrar sus explotaciones o sacrificar su ganado a base de regulaciones calentólogas. La riqueza nuevamente es succionada desde las clases medias y altas hacia la élite del Estado corporatista-fascista. Proletarización y pobreza para unos, poder y monopolio para otros.
- o Se calcula que la reconstrucción de Ucrania costará medio billón de dólares y los altos ejecutivos de empresas como JP Morgan y los de la galaxia BlackRock están ya salivando mientras hacen números. Ellos reconstruirán lo que quede de Ucrania, y tú pagarás la fiesta. Por tu bien, por Ucrania, por la democracia, … por su puta madre.

El precio de la energía aumenta; los sub-Estados vasallos o subdelegaciones del Estado corporatista-fascista (por ejemplo, todas las naciones Europeas) dicen que eso de ayudar a la "democracia" ucraniana es costoso y por tanto hay que recortar las pensiones… no llega el dinero, oiga; las empresas que venden armas, compran tierras, o reconstruyen países arrasados hacen caja; el área político-terrorista (nuestros gobiernos) del Estado corporatista-fascista se ve *lubricada* económicamente por la sección económico-pirata; venga puertas giratorias y a por otra "causa justa".

Volvamos la vista atrás, **miremos a la Plandemia**.

Un esquema muy parecido al del conflicto en Ucrania lo hemos vivido durante la plandemia (un caso de estudio lo vimos anteriormente con Bill Gates). El resultado final ha sido también un aumento del pedazo de la tarta económica controlado por la élite, a expensas de todos (los individuos) y de las pequeñas, grandes o medianas empresas que no anidan en el albañal del Estado fascista. Un ejemplo: Los pequeños comercios cerrando, los gigantes como Amazon ganando cuota de mercado.

Recientemente se habla mucho de un "acuerdo de pandemias". Se pretende que una organización de corte mafioso y dependiente de la ONU (valga la redundancia), la OMS, tenga poderes delegados por los estados nacionales para decretar confinamientos, prohibir la movilidad, forzar la vacunación o establecer pasaportes sanitarios.

Gente que nadie ha elegido y que pretende decidir por todos y en nombre de nadie excepto de nuestros queridos hijoputas. Es una constante.

En España, con el pretexto de buscar el "bien común", el aparcero local del Estado fascista, un tal Pedro Sánchez, pretende aprobar una nueva Ley de Seguridad Nacional con la que el propio Stalin hubiera sentido una erección. Circula hoy en día (abril de 2024) un borrador de esta nueva ley (*) en cuya redacción está recogido que el presidente del Gobierno puede decretar, sin pasar por el Congreso, una emergencia nacional. Según este borrador, una vez nuestro aparcero hijoputa decrete ~~porque le sale de los cojones~~ el estado de emergencia, su Gobierno podrá expropiar lo que crea conveniente y obligar a cualquier mayor de edad a realizar (sin contraprestación) la tarea que sea. Según se lee en el periódico La Razón este borrador de ley presenta la misma como una necesidad nacida de la experiencia durante la Plandemia.

(*) https://www.larazon.es/espana/20210707/fpe2dqhuvbbhpbqlrb4egidcre.html

Es decir, que como los tribunales tumbaron las barbaridades llevadas a cabo por el Gobierno de España durante la Plandemia, es necesario desatar las manos a nuestros hijoputas para que puedan realizar su *ímproba* labor por decreto. Este tipo de leyes equivalen a despenalizar el abuso o la violación, pero tranquilos, es todo por nuestro bien. Ellos saben mejor.

Y por supuesto nuestra querida calentología.

El credo y la histeria calentológicos también sirven de excusa para que nuestros hijoputas recorten nuestras libertades legislando en modo motosierra. Recortando libertades y segando riqueza… por el bien común.

Sigamos en España.

El Ministerio para la Transición Ecológica está inmerso en la nueva modificación del Reglamento General de Costas, una regulación que busca paliar el impacto del avance del mar, debido al calentamiento global (según informa el diario El Economista) (*)

El Tribunal Supremo español tumbó esta norma en febrero de 2024 por no haber pasado la fase de consulta pública que el procedimiento administrativo requiere.

El documento sometido a consulta, que no es la ley, que he podido leer tan solo habla de *"atender la necesidad de disponer de una regulación que module y objetive la decisión sobre el otorgamiento de concesiones y prórrogas, limitando su duración"*. Una alambicada y cursi manera de decir que el Estado podrá expropiar "modulando" las concesiones. En definitiva, que cuando les parezca bien, podrán decir que tu mercería del paseo marítimo, tu apartamento en la costa, o tu restaurante podrán dejar de ser tuyos cuando al Estado le parezca. No te van a expropiar pagándote un justiprecio, tan solo te dejan de usufructuario por un número de años, los que ellos decidan, y luego te vas. Por el bien común amigo mío.

Lo que sí dice el documento sometido a consulta pública es por qué este robo alevoso es necesario. Lo has adivinado: ¡por el cambio climático!

- *Los efectos del cambio climático que se proyectan sobre las costas en nuestro país, de acuerdo con los futuros escenarios climáticos, señalan, entre otros cambios, un progresivo calentamiento del agua y una subida del nivel del mar a medida que avance el siglo XXI.*
- *El planeamiento urbano debería tener en cuenta las proyecciones de cambio climático a la hora de asignar a los terrenos calificaciones que permitan la acumulación de ciudadanos en zonas de riesgo amenazadas por la subida del nivel del mar y los fenómenos meteorológicos extremos.*

El documento habla de proyecciones y también se refiere a un organismo tan mendaz y podrido como el IPCC –del que vamos a hablar en el capítulo 11-- como fuente de sabiduría.

Se legisla, por tanto, fundamentando todo en una "teología" barata y embustera como la de la Iglesia de la Calentología. Por tu bien, que no se te olvide.

Tendría más sentido justificar una ley atendiendo a las profecías de Nostradamus que hacerlo apoyándose en la matraca calentológica. Es más, yo vería más racional y creativo legislar empleando el tarot, la ruleta, o leyendo los posos del té, que hacerlo en base a las delirantes y descabelladas premisas calentológicas.

Las probabilidades de legislar acertadamente serían mayores si empleáramos a una vidente, y sin duda sería mucho más divertido y costumbrista.

Abramos los ojos. Es todo una gran estafa a la Humanidad.

Empresas como Raytheon, Northrop Grumman, Boeing, Lockheed Martin o General Dynamics se enriquecen vendiendo armas para defender la "libertad". Estas empresas están controladas por los tres grandes fondos de inversión (BlackRock, Vanguard, State Street) que casualmente también poseen el control de las empresas que obtienen los contratos para la reconstrucción de los países víctimas de esas armas. Es decir, si bombardeas más, ganas doblemente: vendes más armas, destruyendo más, y luego tienes más que reconstruir. El dinero para la reconstrucción saldrá del bolsillo de todos; supondrá un mayor presión fiscal y dará pie al argumento de que hay que aplicar recortes. Tu pagas, ellos se llenan los bolsillos y la gente muere. Su modelo de negocio.

Empresas como Pfizer, Moderna o Johnson & Johnson, también controladas por los mismos fondos de inversión, se enriquecen vendiendo substancias para combatir un virus diseñado en un laboratorio (con el dinero del contribuyente). Presionan a los medios y al poder ejecutivo de las distintas naciones para que su producto sea de uso obligatoria (mercado cautivo) y a un precio que no podemos conocer (caso del contrato entre Pfizer y la Unión Europea). Estas empresas reciben además financiación de todos (dinero público) para acelerar sus investigaciones. Estas empresas, empleando su músculo financiero, arruinan las carreras profesionales y el prestigio de quienes se les enfrentan y dan pábulo a llamar "negacionistas" a quienes no quieren ser cobayas. También bloquean el empleo de medicamentos más baratos. Como guinda del pastel se concede a estas empresas completa inmunidad contra cualquier demanda civil o penal. Resulta que la presidenta de la UE, Ursula von der Leyen es buena amiga del CEO de Pfizer, Albert Bourla, pero eso seguramente no tiene nada que ver con que entre ellos se firmara un contrato milmillonario cuyas cláusulas más relevantes no podemos conocer. Eso sí, pagar sí que podemos todos y los "productos" son de consumo obligatorio.

Estas mismas empresas farmacéuticas también elaboran medicamentos destinados a tratar las enfermedades que las empresas de elaboración de alimentos causan con los aditamentos alimentarios que añaden a sus productos. Ambas industrias, las multinacionales farmacéuticas y de alimentación, controladas por los mismos amos. Un negocio circular perfecto. Tú eres el paciente y el contribuyente a la vez.

Hay que reducir el pérfido CO_2 a toda costa, secuestrarlo, capturarlo, enterrarlo; y casualmente hay empresas financiadas por Bill Gates que se dedican a eso. Hay que subvencionar las energías que llaman "limpias", a pagar vasallo, y aún así el coste de la energía limpia es más caro. Paga impuestos para dar subvenciones a modelos de negocio ruinosos, paga facturas eléctricas más caras, y sonríe porque es todo por tu bien.

Ucrania, Plandemia, calentología. Tres caminos que conducen a un mismo lugar. Un lugar en el que tú eres más pobre y esclavo, y tus hijoputas más ricos y poderosos. Pero sonríe porque es todo por tu bien… por el de todos… por el "bien común".

Capítulo 10

Información, desinformación, mal-información, delito de odio. Llamada a la acción: cómo partiremos el brazo a nuestros hijoputas

Antes de arrancar el capítulo en sí te pido lector que tengas en mente esta frase:

"Aquellos que renunciarían a la libertad esencial para comprar un poco de seguridad temporal, no merecen ni libertad ni seguridad".

-Benjamin Franklin-

Tras pasear por la adulterada economía calentóloga, visitar BlackRock, conocer la nueva terminología y liturgias empresariales y después de poner algunos ejemplos de cómo opera el Estado corporatista-fascista, toca abrir una gran ventana a la esperanza.

Cuando hablo de esperanza, hablo de regeneración social, de recuperación del papel del individuo como centro desde el que emana el poder y de recobrar los derechos y las libertades sustraídos. Ninguna de estas cosas es posible sin antes aplastar las mentiras y escarmentar a tanto hijoputa como anda suelto.

Es preciso triturar primero y apisonar y carbonizar después, a esa hidra insaciable que es el Estado corporatista-fascista y refundar un sistema de gobierno basado en el principio de que la dignidad del ser humano no la otorga ni la tasa un hatajo de hijoputas cleptócratas, sino que es consustancial a la condición de humano.

Hay que incinerar el paradigma hegeliano, socialista y fascista, de que el ser humano recibe su dignidad de un Estado del que es instrumento y siervo. La esperanza reside en que quede claro que es el Estado quien recibe su dignidad y su autoridad del individuo al que el Estado debe servir.

La esperanza fundamentalmente radica en algo tan simple como que la realidad no es un animal fácil de matar.

Hay dos sexos; el Sol es grande e importante y hace cosas; la gente de cualquier raza tiene capacidad para ser racista, inteligente o tonto; las plantas se alimentan de CO2 y de nitrógeno; el mérito debe ser recompensado por encima de la identidad; es absurdo decir que una substancia es 100% segura y eficaz cuando vemos lo contrario; no puedes obligar a nadie a que no se desplace o haga uso de lo que es suyo; la propiedad privada está arraigada en el ethos del ser humano; no puedes forzar a nadie a que se inyecte nada; no puedes prohibir el derecho de nadie a autodefenderse y a defender su propiedad y su familia; etc. ...

Todas las anteriores afirmaciones están ancladas firmemente a la realidad empírica y el sentido común, son ciertas, y es muy difícil que pasen desapercibidas.

¿Cómo hacer entonces que lo evidente no sea visible? ¿Cómo lograr engañar a la mayoría? Prohibiendo la realidad y proscribiendo la verdad. Tan descarado como suena. Esa es la única forma que existe de perpetuar, y hacernos tragar, las mentiras que tanto les interesa mantener a nuestros hijoputas.

Para salvaguardar su castillo de embustes, el Estado corporatista-fascista precisa de **una maquinaria censora omnisciente**. Desgraciadamente para quienes amamos la libertad, nuestros hijoputas andan tan sobrados de mentiras como de recursos económicos y resortes de poder duro y blando. Desgraciadamente para nuestros hijoputas, el ansia de libertad y la búsqueda de la verdad son atributos intrínsecos del alma humana; atributos que pueden ser amansados por un tiempo, pero no para siempre.

Cuando el Estado corporatista-fascista quiere hacer pasar mentiras palmarias por cosas ciertas, necesita dos cosas: repetir sus mentiras muchas veces, desde muchos sitios, y proscribir la verdad. A eso, como ya hemos dicho anteriormente, se le llama controlar el relato.

La primera cosa, repetir la mentira, es relativamente sencillo habida cuenta del control que el Estado corporatista-fascista tiene de medios de comunicación y de entretenimiento, empresas de internet (tecno-jerarcas), organismos públicos, asociaciones profesionales, etc. Esbirros nunca faltan.

Lo segundo, proscribir la verdad, es algo más complicado porque debe hacerse manteniendo un cierto decoro y fachada democrática y dando la impresión de que se respeta la libertad de expresión.

En aras de prohibir la verdad se aplican cuatro tratamientos:

- Desacreditarla
- Ocultarla
- Cancelarla (o eliminarla)
- Ilegalizarla

Desacreditar.

Para desacreditar la verdad nuestros hijoputas (en este contexto los términos hijoputas y Estado corporatista-fascista son intercambiables) disponen de su elefantiásica caja de resonancia mediática e institucional.

Desacreditar consiste en cosas como tildar de *conspiranoicos* o *negacionistas* a quienes defienden narrativas fuera de la ortodoxia oficial (poner nombres); inventarse "consensos" ad-hoc (hablar en nombre de la ciencia); o poner a trabajar a las empresas del régimen que, haciéndose pasar por neutrales, se dedican a decirnos qué es o no cierto.

Estas últimas empresas, llamadas verificadoras, y a las que yo gusto en llamar "very-feladoras" pues su única razón de ser es felar los intereses de quienes les pagan por hacer de putas guardianas de la *verdad*, son un caso muy interesante y me pararé en explicar el por qué.

Los principales clientes, aunque no los únicos, de las veryfeladoras son empresas como Facebook (Meta), Google y otras ciberdictaduras comandadas por tecno-jerarcas. Estas ciberdictaduras precisan de un actor de apariencia imparcial que les sirva como fuente de autoridad a la hora de determinar si un contenido es cierto o no. Endosando a estas *ecuánimes* meretrices mediáticas la responsabilidad de resolver qué es cierto o no, qué es malo o bueno, las ciberdictaduras pueden censurar o penalizar un contenido o ciber-fusilar al creador de este si hiciera falta, escudándose en un tercero que se dice imparcial.

Las veryfeladoras son elegidas por las ciberdictaduras como árbitros de la verdad y además cobran de estas. Ambos, cliente y puta-*neutral*, son miembros de un mismo Estado corporatista-fascista. Es todo fachada, es teatro, pero queda bonito decir que te cierran la cuenta de Facebook o te eliminan el vídeo de YouTube porque una entidad "virginalmente desinteresada" juzgó que mientes.

Me gusta poner ejemplos sencillos, ya te habrás dado cuenta, así que allá voy de nuevo.

Imaginemos que para juzgar a un tercero yo elijo a un amigo mío a quien pago y a quien a la vez me permito calificar como alguien exento de sesgos. Me estaría coñeando de aquel a quien realmente soy yo quien le juzga empleando como juez a alguien que no es sino un capataz de mi cortijo. Pues eso mismito.

Las veryfeladoras (en España tenemos a "Newtral" o "Maldita" pero hay muchas) son putas subcontratadas para hacer el trabajo sucio a sus chulos, y que van maquilladas   --burdamente y con colores chillones-- de juezas ecuánimes. Saludos Ana Pastor.

Otra forma de desacreditar la verdad consiste en que cada vez que un contenido discrepante es publicado las ciberdictaduras colocan una advertencia recordando al consumidor de ese contenido cuál es la verdad oficial. Al no hacen lo mismo con el contenido "oficialista" –por ejemplo, añadiendo una nota expresando que existen otras ideas al respecto—y al tomar partido descaradamente, estas ciberdictaduras demuestran lo que son cada centésima de segundo: basura.

Cada vez que veas que una veryfeladora como Newtral, Maldita o Snopes califican una información como "sin probar" o "mayormente falsa" hay alrededor de un 99% de posibilidades de que eso que juzgan se trate de algo absolutamente cierto.

También es interesante comprobar como estas empresas *chupadoras* y mamporreras tan solo se dedican a desmentir las cosas que al Estado corporatista-fascista le interesa que sean negadas. Se ve que no les llega el tiempo para más. Pobres. (*)

(*) A quien quiera ampliar sus conocimientos sobre estas empresas very-feladoras, le sugiero que busque información sobre su "sindicato" internacional, el "International Fact-Checking Network" (IFCN). Es curioso conocer quienes les auspician, patrocinan y para quienes trabajan.

Ocultar.

El segundo tratamiento para prohibir la verdad, cuando esta incomoda al Estado corporatista-fascista, es ocultarla.

Si la verdad no llega al suficiente número de personas, es como si no existiera. La herramienta fundamental para esconder la verdad la constituyen los algoritmos que emplean las ciberdictaduras.

Si realizas cualquier búsqueda en Google acerca de temas relacionados con la "doctrina" de cualquiera de las iglesias del Estado corporatista-fascista (Iglesia de la Calentología, la de la Santa Vacuna o la del Arcoíris, por ejemplo) encontrarás que los resultados de la primera página tienen el mismo sesgo en favor de los preceptivos dogmas. O bien te encontrarás con contenido que reafirma la doctrina oficial o con entradas en las que se desacredita el contenido "molesto" (que en muchos casos es la pura verdad).

En redes sociales como Facebook o X (sí, tú también Elon Musk) se limita algorítmicamente el alcance del contenido considerado herético por las iglesias estatales. Esta técnica denominada "shadow banning" o prohibición oculta (en la sombra) hace que las ideas consideradas pecaminosas por nuestros hijoputas tengan plomo en las alas. Además, como resulta casi imposible demostrar que la red social de turno está limitando el alcance de determinados contenidos, esta queda como un actor imparcial sin serlo.

El "shadow banning" es el equivalente a competir en una carrera de 1500 metros, saliendo 10 segundos después, con zapatos de tacón de aguja, falda de tubo y una mochila de 25 kg a la espalda.

Otra manera de ocultar el contenido herético consiste en algo tan sencillo como no dar cabida en los medios de comunicación a quienes defienden postulados contrarios a la doctrina. Si en los medios de prensa, radio o televisión se veta a determinadas personas estás limitando el alcance del mensaje que comunican. Si un periodista sabe que sostener o defender ciertos planteamientos supone el fin de su carrera profesional a buen seguro que se abstendrá de tocar ese asunto.

A la hora de ocultar la verdad también las empresas con intereses en los nuevos negocios del régimen juegan un papel importante. Si eres director de un medio evitarás que se publique nada contrario a las pócimas génicas de Pfizer si esta empresa invierte una importante cantidad en publicidad directa (anuncios), subliminal (pagando por artículos encomiando "lo suyo") o en forma de *premios* (untándote).

Al respecto de esto último cabe hacer hincapié en que muchos medios también invitan a ciertas empresas a que compren su publicidad a cambio de que tal o cual noticia no vea la luz en su periódico o canal de televisión. Entre bomberos no se pisan la manguera y los hijoputas gustan de rascarse mutuamente la espalda.

Cancelar (eliminar).

Cuando no les llega con desprestigiar al mensajero y con ocultar el contenido incómodo, nuestros hijoputas pasan a aplicar un tratamiento más severo: cancelar al mensajero y/o eliminar su contenido.

En el caso de las redes sociales o de las plataformas de vídeo esto se hace rastreando el contenido (escrito, audio, imagen) buscando palabras o frases "prohibidas" o "sensibles" como vacuna, cambio climático, miocarditis, inmigración ilegal, marica, Pfizer, etc. El listado de palabras prohibidas o *sensibles* no hace sino crecer, y esto acota el lenguaje mismo y cercena no solo la capacidad de expresión sino, y lo que es peor, la de pensar.

Una vez filtrado el contenido peligroso estas empresas deciden o bien colocar una advertencia ofreciendo "contexto" al receptor del contenido (un enlace al IPCC, o a una empresa verificadora que cuenta "su verdad"), invitar al creador a que elimine ese contenido (y a la tercera le echan), o directamente expulsar de su plataforma al osado transgresor.

Las justificaciones que esgrimen las ciberdictaduras para atropellar a la gente se encuentran escritas en unos kilométricos "términos y condiciones" que absolutamente nadie lee. Cada vez que desde el Estado corporatista-fascista se promulga una nueva *fatwa* sus secuaces online proceden a actualizar sus términos y condiciones para adecuarlos a la doctrina... y poder seguir patrullando el pensamiento.

Las grandes redes sociales y plataformas de todo tipo publican contendidos de terceros. Presionando a estas grandes plataformas el Estado fascista-corporatista logran, en muchos casos, eliminar de estas grandes redes a las voces disidentes. Mas no es suficiente. ¿Qué pasa cuando ese tercero dispone de su propia plataforma?

También irán a por esa web pequeña y tratarán de cerrarla amparándose en cualquier excusa.

Cuando adquieres un nombre de dominio, lo compras a un registrador como (por ejemplo, Godaddy), ellos a su vez lo compran al registro de nivel superior (si es un dominio EU por ejemplo, esa empresa es Eurid). ICANN es la autoridad global responsable de la administración de alto nivel en relación con registros y registradores.

Las siglas ICANN significan "Internet Corporation for Assigned Names and Numbers", algo así como la empresa de internet para los nombres (dominios) y números.

Una oenegé de esas que están siempre preocupadas por la desinformación (por tu bien, ya sabes) llamada EU Disinfo Lab cuenta en su web (*) que habría que meterle mano a las webs que diseminan desinformación. O sea, quitárselas a su dueño.

(*) https://www.disinfo.eu/of-domain-names-and-ducks/

Estos "oenegetas" se fijan en que ICANN rastreó páginas webs con contenido sobre la Plandemia del virus chino-estadounidense, no con el propósito de patrullar su contenido sino el de comprobar que estas páginas no fueran plataformas orientas a cometer delitos (de los de verdad) como envío de malware o prácticas de phishing.

A los "oenegetas" se les hace la boca agua con solo imaginar poder utilizar el músculo de ICANN para ir clausurando páginas web.

Los chicos de EU Disinfo Lab, por más que les guste el liberticidio piadoso, también entienden que el problema estaría en determinar quién sería el juez que determinara que es "legal" robar algo a su legítimo **propietario por haber expresado ideas que a ellos no les agradan** (al fin y al cabo, "ideas que no nos agradan" es la definición exacta que anida en sus mentes autoritarias cuando hablan de desinformación).

Y proponen que sean las "asociaciones comerciales de medios" quienes gocen del "estatus de notificador confiable".

"Otra solución podría ser que los registros o registradores otorguen a las asociaciones comerciales de medios el estatus de "notificador confiable". Este modelo ya se utiliza en partes de la industria de nombres de dominio y, con la responsabilidad compartida, se podría contar con un alto grado de diligencia debida por parte de los notificantes".

Es como si en los EE.UU. fueran la MSNBC, CNN, The Washington Post y el resto de los medios controlados por el Estado fascista-corporatista, agrupados en un sindicato, los que gozaran de la autoridad para decidir en qué página web se desinforma. Pongamos al zorro a vigilar el gallinero. Una idea genial.

¿Quién está detrás de esta oenegé (EU Disinfo Lab) tan preocupada por evitar la desinformación?

A buen seguro que se trata de un "filántropo" desinteresado que busca que la gente esté bien informada.

En efecto, el principal patrocinador de esta garrapata no es otro que George Soros a través de su "Open Society Foundation" como puede verse en la captura de pantalla de más abajo.

A mí, tengo que admitirlo, me resulta deliciosamente irónico que sea una fundación llamada "sociedad abierta" la que financie a una oenegé entregada a robar dominios web.

Pero ahí está, más de 400 mil euros del "tito" Soros en el último ejercicio que estos bichos han publicado (2022).

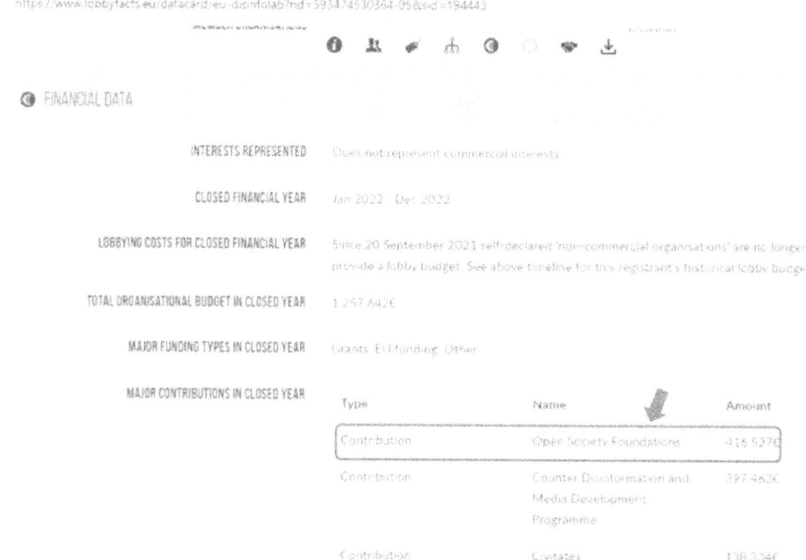

Fuente: Web oficial de EU Disinfo Lab

Ilegalizar.

El cuarto tratamiento, y el más contundente, que nuestros hijoputas aplican cuando se arremangan para crujir la verdad, es prohibir que esta siquiera sea mencionada. Consiste en prohibir por ley que se digan ciertas cosas. Directamente convierten decir la verdad en delito. Además, apellidan a este tipo de delito de pensamiento como "de odio". Se ve que odiar es ahora un delito.

No puedes decir a quien hoy se llama "mujer trans" que para ti es realmente un hombre. Decir eso es delito en la mayoría de las legislaciones occidentales. Constatar un hecho biológico como que esa "mujer trans" tiene cromosomas XY y eso hace que sea un varón, resulta que además de ser una verdad constatable, también es un delito.

Es delito porque quien dice esas cosas, según el criterio subjetivo de algunos, lo hace con la intención de ofender. Se pasan por alto cuatro cosas.

1.- La intención de ofender es **indemostrable**

2.- **El sentimiento de ofensa es subjetivo**, depende de quien se ofende, de lo fina que tenga la piel o del humor en el que esté en un determinado momento

3.- **No existe tal cosa como el derecho a no ser ofendido**, y si tal derecho existiera sería imposible la convivencia entre humanos porque es imposible conocer qué cosas ofenden a quien. ¿Y si al taxista le ofende que le hables de hortalizas? ¿Y si a mí me ofende que te ofendas? En este último escenario la "mujer trans" estaría delinquiendo al ofenderme por sentirse ofendid (a/o/e) y ambos acabaríamos convictos por delito de odio.

4.- **El derecho a la libertad de expresión debería** (en una sociedad sana) **estar por encima** de y prevalecer sobre cualquier chantajista emocional con la psique de un niño de tres años.

Pero es que el delito de odio va un paso más allá. El delito de odio no se para en *proteger* la estabilidad emocional de imbéciles desequilibrados incapaces de encajar una crítica, aunque sea a costa de criminalizar incluso a aquellos que dicen la verdad. El delito de odio se justifica también porque aquello que tú dices, tanto si es algo que le espetas directamente a alguien como una reflexión que publicas, algún día lo podrá ver, leer o escuchar alguien. Ese alguien podría tal vez, "inspirado" por aquello que contaste hace dos meses, decidir cometer un delito de verdad, y será también, en parte, por tu culpa.

Es decir que el delito de odio es una herramienta mediante la cual ejercer el derecho a la libre expresión puede convertirte a la vez en ofensor de criaturas cruditas y en autor intelectual del futuro crimen que alguien quizá, tal vez en un año o tal vez nunca, cometa, condicionado por lo que una vez dijiste. La máquina del tiempo del código penal.

Empleando este fusil del "delito de odio" que tienen en su arsenal, nuestros hijoputas pueden apuntar a lo que les dé la gana. Basta con que un "colectivo" de esos que controla el Estado corporatista-fascista encuentre algo ofensivo, para que se pode el derecho a la libertad de expresión, catalogando lo que haga falta, cualquier narrativa o idea, como delito de odio.

El Estado corporatista-fascista solo tiene que decidir qué cosas no quieren que sean dichas o mostradas; inventarse por qué son ofensivas y delictivas; encontrar un colectivo ofendible que les aplauda y adopte la "causa"; erigirse en defensor de ese colectivo; y poner en marcha la maquinaria propagandística para explicarnos lo malo y perverso que es decir eso que desde el principio no quería que fuera dicho (*).

(*) Los principales objetivos que persigue el Estado corporatista-fascista nutriendo y mimando a tanto colectivo no es otro que poder usarles como justificación de sus políticas liberticidas y crear un campo de minas en las relaciones entre los individuos que impida que se organicen contra quien de verdad es el enemigo de (casi) todos.

Nuevamente empleando la excusa del bien común para jodernos a todos. Y si no hubiera un colectivo que adopte la causa del Estado corporatista-fascista, se crea uno y además un "observatorio" para monitorizar lo que se dice al respecto en internet. Todos cobrando de la teta estatal. También es habitual pedir a las redes sociales que hagan labores de policía del pensamiento y apliquen con contundencia la norma recién parida.

El asunto del delito de odio llega hasta el extremo de que, en muchas ocasiones, denunciar un delito auténtico es visto como un crimen mayor que el delito que se denuncia. Esto ocurre cuando se censura mostrar crímenes cometidos por integrantes de *colectivos protegidos*. Un ejemplo de ello se ha visto en Australia en abril de 2024 cuando en este país se prohibió mostrar las imágenes de como un hombre musulmán apuñala a un sacerdote ortodoxo en Sídney durante una misa. Una senadora australiana (Jacqui Lambie) pidió en público encarcelar a Elon Musk (dueño de X) por permitir el acceso a esas imágenes.

Al respecto de podar la libertad de expresión también existe la técnica de prohibir palabras y términos, acuñar neologismos de uso obligatorio o exigir que nos dirijamos a la gente no fundamentándonos en su realidad biológica sino atendiendo a sus fantasías. En países como Canadá es delito no emplear los pronombres que cada persona escoja para dirigirnos a ella. Si controlas el lenguaje también controlas los mecanismos que empleamos para razonar. Si no puedes decir algo, no puedes al final siquiera imaginarlo.

Volviendo al delito de odio, y siguiendo la estrategia imperante, podemos llegar a la conclusión de que defender que el CO2 antropogénico no es el principal causante de un dudoso cambio climático, puede resultar ofensivo para ciertos seres tiernos (*). Y la derivada siguiente es que negar el papel estelar del CO2 antropogénico en el achicharramiento planetario que anuncian, podría animar a la gente a usar más el coche o a comprarse una estufa de gas, … y eso puede ser calificado como "incitación al ecocidio". Doble delito por el precio de uno.

(*) Como veremos más adelante, defender el CO2 o los hidrocarburos es ya ilegal en Canadá.

Orta forma de prohibir la verdad es atacando no solo la reputación de quienes retan las premisas del Estado corporatista-fascista, lo que se llama "asesinar al personaje", sino también el sustento y los recursos financieros de los disidentes: despidos, bloqueo de cuentas bancarias, retirar subvenciones, etc.

Asesinar al personaje es algo que se ha hecho de forma industrial durante la Plandemia, con científicos y médicos de reconocido prestigio que no comulgaban con la estrategia que el Estado corporatista-fascista había diseñado para luchar contra el virus que ellos mismos —los hijoputas-- ayudaron a crear. Algunos pasaron de premios nobel a hechiceros en 24 horas. El caso de Luc Montagnier es paradigmático. Valga como ejemplo a este respecto, un artículo *Lo* País (también conocido como El País), medio de intoxicación decano del periodismo español, haciéndose eco del deceso de Montagnier.

≡ EL PAÍS   Ciencia / Materia

LUC MONTAGNIER ›

Muere Luc Montagnier, el virólogo antivacunas que dilapidó su prestigio tras ganar el Nobel por descubrir el VIH

La comunidad científica había repudiado al investigador francés, que rechazaba las vacunas, creía en la memoria del agua y recomendaba comer papaya contra el párkinson

"Muere Luc Montgnier, el virólogo antivacunas", ... eso dice un tal **Manuel Ansede**, periodista, veterinario y estómago agradecido. "Virólogo antivacunas" por delante de su Premio Nobel y de su trabajo de décadas. Etiquetado y sentenciado queda porque como dice un veterinario de Lo País, la "comunidad científica" le repudió. La comunidad científica del bendito consenso forzoso.

Mataron al personaje Montagnier, se orinaron en su prestigio y en sus aportaciones científicas en cuanto osó abrir la boca para decir lo que pensaba. Muchos de los que se mearon en el personaje Montagnier lo hacían a la vez que eran untados por el dinero de la Industria Farmacéutica. Le endosaron prestos el cliché de "antivacunas" a pesar de que él no estaba en contra de las vacunas de verdad, esas realmente eficaces y muy seguras y que respondían a la definición de vacuna previa a la plandemia.

A Luc Montagnier, lo diré claro, se la traía floja lo que una piara de gilipollas, esbirros autocomplacientes avariciosos dijeran de él. Tuvo el coraje de decir lo que pensaba, sabiendo que ponía su prestigio en riesgo. Aunque estuviera equivocado, que no es el caso, solo por mostrar ese coraje y demostrar que se vestía por los pies, merece todo mi respeto. Descansa en paz Luc, y que te jodan Manuel.

Un ejemplo de intento de "asesinato" de personaje que encontré en la prensa y que, de puro patético, me resultó divertido, es un artículo publicado (12 abril 2024) por el periódico canario "El Día", y cuyo titular decía así:

"Un Catedrático de la ULL (Universidad de La Laguna) se declara negacionista en uno de los podcast más escuchados de España".

EL DÍA
LA OPINIÓN DE TENERIFE

Un catedrático de la ULL se declara negacionista en uno de los podcast más escuchados de España

José Ramón Arévalo, catedrático de ecología, participa en el "el gran debate del cambio climático" del youtuber Jordi Wild

El artículo arranca diciendo:

*"Un catedrático de la Universidad de La Laguna se ha declarado negacionista del cambio climático en uno de los podcast con más escuchas de España. **El investigador, José Ramón Arévalo, ha aparecido en calidad de "negacionista"** en el podcast del youtuber Jordi Wild, The Wild Project, **junto a meteorólogo Francisco Cacho que, en este sentido, ha actuado como ´defensor´ de las teorías científicas.**"*

La cosa se presenta en un tono maniqueísta: un combate donde un defensor de la ciencia se enfrenta a un negacionista. En una esquina y en calidad de negacionista, José Ramón Arévalo; en la otra esquina Francisco Cacho el defensor de la ciencia.

En el podcast al que alude el artículo, y que dura más de tres horas, no se escucha a Arévalo presentarse como negacionista en ningún momento; pero eso a la periodista juntaletras Verónica Pavés le da lo mismo porque ella está bien amaestrada y sabe cómo etiquetar las cosas.

"Se declara negacionista" es el gancho de la noticia. A partir de ahí lo que este señor diga carece de valor porque lo importante es que ha confesado que es un "delincuente". Ese es el nivel.

Otro artículo en una línea similar a la del anterior lo encontré en el diario ultraizquierdista "elDiario" (8 abril 2024).

La Comisión Europea rebate al concejal negacionista de Vox en València: "La acción por el clima de la UE se basa en la ciencia"

El mensaje que este medio repugnante pretende transmitir es que si la Comisión Europea "rebate al concejal", que encima es un "negacionista", podemos quedarnos muy tranquilos. Al parecer, para algunos despistados, la Comisión Europea es un órgano henchido de autoridad moral a la hora de promover legislaciones y su proceder juicioso y científico son legendarios. Para mí es todo lo contrario.

Atendiendo a la trayectoria de esta organización de comisarios no electos por los ciudadanos (la Comisión Europea), lo juicioso es por defecto tomar como falso o malintencionado todo lo que emana de ese pozo de inmundicia y cleptocracia.

En los dos artículos anteriores se recurre al mantra del "consenso científico" (ese que vimos que ni existe realmente ni tiene nada de científico) y a la autoridad de una institución (el IPCC) parida por las apestosas entrañas de la ONU y fundada por un tipo inquietante llamado **Maurice Strong**. Como veremos en el capítulo 11 el IPCC no merece ser tenido como fuente de autoridad científica alguna porque es un albañal y una cochiquera desde la que unos comisarios políticos se dedican a prostituir la ciencia y a amaestrar científicos mansos, dizque científicos y otras criaturas.

Decía antes que además de asesinar al personaje, otra forma de tratar de prohibir la verdad es atacando las finanzas y los medios de vida de quienes alzan su voz contra las mentiras convertidas en dogmas estatales.

Innumerables científicos, médicos, periodistas, políticos, etc., han visto como sus finanzas son atacadas por el Estado corporatista-fascista. Muchos han sido expulsados de las universidades, otros han visto como las revista científicas (otra mafia en sí misma) se niegan a publicar sus estudios. Hay casos de personas cuya incorrección política ha causado que su banco no quiera ya darle servicio o que plataformas de pago (Paypal, GoFundme, Stripe) hayan congelado sus fondos o dejen de darles servicio. Pérdida de subvenciones, cancelación de charlas, persecución fiscal, etc.

Antes de pasar a la parte más alegre de este capítulo, la de cómo partir el brazo a nuestros hijoputas, quiero repasar los conceptos que acompañan a los tres tratamientos para tratar de suprimir la verdad (desacreditar, ocultar y prohibir).

A "prohibir" le acompaña el concepto de "delito de odio" como ya hemos visto. A desacreditar, ocultar y cancelar le acompañan los conceptos de desinformación (la hay de dos tipos) y la mal-información.

La desinformación (*disinformation*), sin más, puede ser información falsa o inexacta, es decir, información errónea sobre algún tema o hecho. La desinformación intencional (*misinformation*) es información falsa que tiene como objetivo deliberado inducir a error, es decir, tergiversar intencionalmente los hechos. La mal-información (*malinformation*) es Información cierta que se emplea con el propósito de engañar, causar daño o manipular.

Los dos primeros conceptos (desinformación a secas y desinformación intencional) pueden endosarse de forma sencilla a cualquier opinión o idea. Lo que estos cabrones llaman desinformación, suele rebatirse aludiendo al "consenso científico", a algo que dijo alguien adepto al régimen y con autoridad en el asunto, o se despacha como falsedad empleando cualquier floritura argumental.

El caso de la mal-información es el más interesante: define algo que es verdad pero que se dice para hacer daño.

La mal-información tiene en común con la desinformación que ambas constituyen una información incómoda para el régimen. La diferencia radica en que la desinformación puede ser manejada como mentira (incluso cuando sea verdad) y la mal-información es algo tan evidentemente cierto, tan innegable, que precisa de un tratamiento distinto.

Dado que por definición la mal-información es información cierta que ni siquiera el Estado corporatista-fascista es capaz de negar, en lugar de refutarse el fondo se atacan las formas. Se admite que es una información veraz, pero que se está empleando para hacer daño, sembrar dudas, fuera de contexto … con mala leche.

La mal-información es peligrosa por el ánimo y la mala intención del que la comunica. El problema no lo es tanto el mensaje, sino el mensajero y las aviesas intenciones que supuestamente este alberga. Es un "delito de mala persona", de alguien que quiere hacerte pupa y poner tristes a esos hijoputas que tanto se preocupan por tu bienestar… y por el bien común.

En definitiva, cualquier relato, idea, u opinión que no le guste al Estado corporatista-fascista, sea posible o imposible negar su veracidad, puede entrar en el mismo cajón genérico de la "desinformación".

La verdad o la búsqueda de esta es algo que ni siquiera es secundario para nuestros omniscientes censores. En enero de 2024, **Katherine Maher**, por entonces CEO de Wikipedia, una de las herramientas de control más famosas en internet, decía en una charla lo siguiente:

"Las personas que escriben estos artículos [en la Wikipedia] *__no se centran en la verdad__. Están centrados en otra cosa, que es lo mejor que podemos saber en este momento. Y después de siete años de trabajar con estas personas brillantes, he llegado a creer que han descubierto algo. Que __quizás para nuestros desacuerdos más difíciles, buscar la verdad y tratar de convencer a otros de la verdad podría no ser el lugar correcto para comenzar__. De hecho, __nuestra reverencia por la verdad podría ser una distracción__ que se interpone en el camino para encontrar puntos en común y hacer las cosas."*

En definitiva, que la verdad y la búsqueda de esta, no es algo tan importante como a algunos nos parece. Para Katherine (y los de su especie) es más relevante encontrar puntos en común. Esta forma de tratar los temas, llevada hasta sus últimas consecuencias supondría que es más importante encontrar puntos en común con los violadores o asesinos de niños y su *verdad* que tratar de imponerles la nuestra. Yo fui editor en Wikipedia y se me censuró absolutamente todo. Sé bien de qué hablo.

Katherine Maher es hoy CEO de la NPR (Radio Nacional de EE.UU.). Esta es la mentalidad de quienes se muestran preocupados con la desinformación ajena. Sobran las palabras.

Al Estado corporatista-fascista, como a cualquier otra organización criminal, no le preocupa que se mienta a la sociedad, lo que le aterra es que se le cuente la VERDAD cuando esta va en contra de sus intereses. A ningún mafioso le gusta ser empapelado.

De hasta qué punto es una preocupación para nuestros hijoputas el tema de lo que llaman "desinformación" da cuenta el hecho de que no tienen empacho en hacer pública su angustia al respecto.

En la imagen de más abajo podemos ver, arriba a la izquierda, una tabla elaborada por los asesores de Pedro Sánchez (aparcero en España del Estado corporatista-fascista) en la que se enumeran de mayor a menor cuáles son las amenazas para la seguridad nacional. En el gráfico de la derecha se colocan estas amenazas en unas coordenadas de probabilidad (eje de abscisas) y nivel de impacto (eje de coordenadas). La desinformación es la amenaza más probable y la más peligrosa. En la parte inferior de la imagen vemos como el Foro Económico Mundial anuncia en su página web que la "desinformación encabeza los Riesgos Globales en 2024"

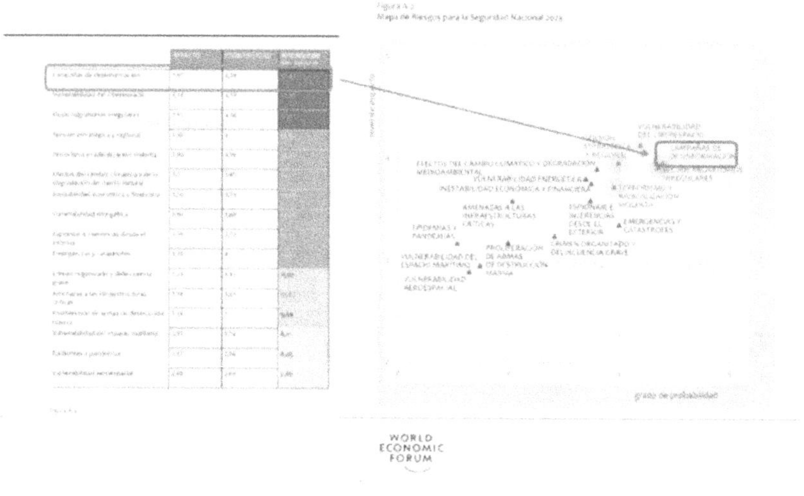

Global Risks 2024: Disinformation Tops Global Risks 2024 as Environmental Threats Intensify

World Economic Forum, public.affairs@weforum.org

En definitiva, los hijoputas están nerviosos. Constatan que cada vez más gente entiende que detrás del "bien común" que nos proponen solo se esconden sus intereses y eso les atemoriza. Saben perfectamente que lo que ellos llaman "discurso del odio", realmente significa el "discurso que ELLOS odian".

Ellos, que desinforman hasta el punto de haber creado una industria alrededor de la mentira, son conscientes de que, sin represión y censura, sus dogmas, su narrativa y su poder, se desmoronan. Tratan de ponerle puertas al campo para contener la verdad, y no es posible. De ahí nace la esperanza. Les vamos a partir el brazo.

El afán de nuestros hijoputas por ponerle "puertas al campo", los lleva a ser cada día menos sutiles.

De esta falta de sutileza da cuenta el hecho de que, ya sea a través del brazo (pseudo) judicial o del político-ejecutivo, el Estado fascista-corporatista es descubierto (*) ordenando cierre de cuentas, exigiendo mayor control de los contenidos, o hasta pidiendo que se cese el acceso a una plataforma entera. Esto se hace desde gobiernos nacionales, desde entidades supranacionales como la Unión Europea (saludos al comisario Thierry Breton) o desde la magistratura (en general desde donde pueden).

(*) A quien quiera ahondar en este asunto le recomiendo que busque información sobre los llamados "Twitter files" y el excelente análisis que el periodista Matt Taibbi ha realizado al respecto.

Un ejemplo de cómo el brazo judicial del Estado corporatista-fascista se las gasta lo hemos visto en España con el juez Santiago Pedraz ordenando el cierre cautelar de Telegram.

El 22 de marzo de 2024 el magistrado Santiago Pedraz (juez de la Audiencia Nacional) ordenó el cierre cautelar de Telegram en toda España con el pretexto de que ciertos usuarios de la plataforma distribuían contenido sujeto a derechos de autor de tres grupos de comunicación. Al poco tiempo fue objeto de una querella por prevaricación por parte del bufete de abogados Iustitia Europa. El juez primero puso en suspenso su orden y luego, el día 25 de marzo, escudándose en un informe policial, la anuló.

Se da la circunstancia de que este magistrado es amigo íntimo de un excompañero suyo en la Audiencia Nacional, Baltasar Garzón, inhabilitado por prevaricación. Se ve que Pedraz entiende bien aquello de "cuando veas las varabas de tu vecino quemar...".

Quien quiera saber más de Pedraz le bastará con buscar qué relación tuvo con Humberto Moreira un político mexicano al que se relaciona con los cárteles de la droga y a quien Pedraz dejó en libertad.

El caso es que un juez recibe una denuncia de cuatro de las más insignes putas mediáticas españolas (EGEDA, Movistar Plus, Atresmedia y Mediaset) y en vista de que Telegram se niega a darle la información que pide decide dictaminar que todo Telegram, usado por 9 millones de españoles, debe ser cerrado.

Parecería lícito que Telegram entregará a la "justicia" a los sospechosos de piratear contenido, pero se trata más de una cuestión de principios. El juez podría haber solicitado la eliminación de contenidos o la cancelación de las cuentas que están infringiendo las leyes de propiedad intelectual, pero quería nombres y datos personales. El problema radica en que en el momento que por cualquier motivo sientas un precedente ya estás abriendo la puerta a lo que te pidan después.

Si hoy eres entregado a la "justicia" por piratear contenido audiovisual, mañana alguien lo será por opinar que solo hay dos géneros o que el CO_2 es un gas fantástico, y como diría mi admirado Martin Luther King, **"tenemos el deber de desobedecer las leyes injustas"**.

Y si nos ponemos a hablar de "piratear contenidos", no debemos olvidar que las putas mediáticas ofendidas antes mencionadas, están a la cabeza en la venta, a todo tipo de empresas, del contenido más privado que existe: nuestra información personal. ¿Lecciones de hijoputas? No muchas gracias.

Pero el asunto del pirateo de los partidos de fútbol y las películas no deja de ser eso, una película que nos cuentan, una distracción para que no nos percatemos del verdadero objetivo. La realidad es que plataformas como WhatsApp, Google, Facebook, YouTube y en menor medida X cumplen las órdenes del Estado fascista-corporatista y se les otorga un salvoconducto, mientras que otras plataformas como Telegram o Rumble que se muestran más reacias, son crujidas sin piedad.

Películas aparte, el Estado fascista-corporatista ve a Telegram (o a Rumble) como una vía donde los elementos más "peligrosos" para su régimen tienen un canal de comunicación sobre el que no pueden ejercer sus técnicas (desacreditar, ocultar, cancelar o ilegalizar).

Para el Estado corporatista-fascista está mal que la gente se pueda organizar, decir lo que piensa, o simplemente hagan algo tan humano y sano como acordarse de la familia de nuestros hijoputas. Pero lo que está mucho peor aún es que la gente haga todas esas cosas sin que la plataforma en la que lo hacen rinda cuentas al "amo".

Volviendo al intento de censura del juez Pedraz, cabe tener en cuenta que un analista político llamado Alvise Pérez tiene un canal en Telegram con cientos de miles de seguidores. Alvise resulta tan incómodo para el Estado fascista-corporatista que está vetado en los mismos medios de comunicación que denunciaron lo de la piratería. Será coincidencia. El canal de Alvise en WhatsApp está desindexado en esta plataforma de Meta (no se puede encontrar en el buscador). Será coincidencia. Alvise fue expulsado de X (antes Twitter). Será una casualidad. A Alvise le han expulsado de Paypal. Otra casualidad.

Y cuando Alvise se presenta a las elecciones al Parlamento Europeo del 9 de junio de 2024 (*), llegan los medios de comunicación que vetan al personaje, ponen una denuncia ante un juez que flirtea con la prevaricación, y este acaba tratando de cerrar Telegram para toda España. El hecho de que Telegram sea uno de los pocos canales de Alvise y el único canal que no le censura es, de nuevo, una casualidad.

(*) A la finalización de este libro aún no se habían celebrado estas elecciones y por tanto, desconozco el resultado, aunque espero que una voz discordante como la de Alvise tenga cabida en esa casa de latrocinio de Bruselas.

Toca ya hablar de la esperanza y de partir el brazo a nuestros contumaces hijoputas.

Una noticia como que un juez hijoputa (*) tenga que comerse su propia orden constituye un fogonazo de luz y un espaldarazo a la causa por la libertad. Sí, hay esperanza.

(*) hijoputa en el sentido de su pertenencia a "la gran orden de los Hijoputas" que conforman el Estado corporatista-fascista

La esperanza radica en la insumisión, en decir NO. Una insumisión todo lo pacífica que las circunstancias permitan y armada con argumentos, datos, ciencia, lógica y mucho sentido del humor.

Repito. Argumentos, datos, ciencia, lógica y todo esto aderezado con el mejor desinfectante: el humor. Mucho humor, hasta que duela. Insumisión y sarcasmo.

Por cada término que se prohíba saquemos un término o varios nuevos y que todo el mundo entienda. Si no se puede decir vacuna lo llamamos "inyectable"; si está prohibido decir inmigrante ilegal les llamamos "jovenlandeses", y cuando prohíban estos términos inventamos otros, y otros, …

Insumisión es combatir sus dogmas empleando no solo la razón y la lógica, que es importante, pero también el sarcasmo, el pitorreo, la chufla y la ridiculización de sus premisas.

Insumisión es no solo no aceptar como portadores de autoridad alguna, moral o científica, a instituciones corruptas como la ONU y sus hijastras (OMS, IPCC, FMI, etc.), sino también mostrar desprecio y desdén hacia ellas. Romperles el juguete.

Si en una conversación, y es algo muy frecuente, cualquier estúpido o interesado saca el comodín de la ONU, el IPCC o el Foro Económico Mundial, para reforzar sus argumentos, lo inteligente es dejar claro que esos organismos no nos merecen respeto alguno y seguir bombardeando con datos y humor caustico. Es mano de santo. Así se les gana a estos elementos. Rompiendo sus juguetes, quebrando la confianza en sus "papás" y poniendo en entredicho la autoridad que inmerecidamente otorgan a organismos que tan solo son agentes del Estado corporatista-fascista.

Porque despojándoles de la pompa y del boato tras el que se parapetan, nuestros hijoputas resultan solo seres ridículos. Este hatajo de cabrones no es solo digno del mayor desprecio, también merece la burla.

Nada hay tan corrosivo para los autoritarios y liberticidas discípulos de Hegel, y nuestros hijoputas son todo eso, que reírse de ellos en su cara, a todas horas, sin un atisbo de piedad ni ganas de darles tregua.

Porque tan hijoputas son como ridículos. Nuestros hijoputas están cubiertos por una piel de inmerecida dignidad, otorgada por su cargo o su poder; tan solo hay que *pelarlos* con respetuosa irreverencia, delante de quien haga falta. Llamarles mentirosos… siempre, eso sí, con el debido respeto.

Creo que no hay nada mejor que un buen ejemplo para entender las cosas. Veamos cómo de ridículos pueden ser estos hijoputas nuestros.

Acaba de aprobarse una ley en Canadá que penaliza con hasta 1,5 millones de dólares de multa y/o hasta dos años de prisión, a cualquiera que muestre buenos sentimientos o ideas positivas acerca de los combustibles fósiles. La ley (Bill C-372) se conoce comúnmente como *Fossil Fuel Advertising Act,* en español Ley de Publicidad de Combustibles Fósiles (*).

(*) Los hidrocarburos no son combustibles "fósiles" puesto que no provienen de organismos fosilizados sino de la biomasa terrestre (plantas, plancton, algas) acumulada durante muchos años y 'cocida' por la presión y la temperatura en un guiso de hidrocarburos.

Esta ley dice cosas como:

6. Está prohibido que una persona promueva un combustible fósil, un elemento de marca relacionado con un combustible fósil o la producción de un combustible fósil excepto lo autorizado por las disposiciones de esta Ley o de los reglamentos.

*7. Está prohibido que una persona promueva un combustible fósil o la producción de un combustible fósil de una manera que sea falsa o engañosa con respecto a, **o que pueda crear una impresión errónea sobre las características, la salud o efectos ambientales o peligros para la salud o el medio ambiente del combustible fósil,** su producción o las emisiones que resulten de su producción o uso.*

Si es delito promover la producción de hidrocarburos o los hidrocarburos en sí mismos la derivada es que debería ser también delito enaltecer los avances en la medicina.

Esto es así porque los hidrocarburos se utilizan para fabricar analgésicos, antihistamínicos, antibióticos, antibacterianos, supositorios, jarabes, lubricantes, cremas, ungüentos, geles. Los plásticos procesados elaborados empleando petróleo se utilizan en válvulas cardíacas y los helicópteros medicalizados, de momento, no vuelan impulsados por baterías o placas solares.

Vivimos mejor gracias a los hidrocarburos, es un hecho cierto, pero decirlo en Canadá es delito. Los sentimientos son delito en Canadá. Puedes ser multado o encarcelado por llevar una camiseta (y yo tengo una) que diga "Amo el CO2".

Lo más cachondo de esta ley es que en su preámbulo indican que las causas que la justifican son mentiras tan demenciales como que las catástrofes naturales y los incendios son achacables al CO2.

El texto de la ley arranca así:

Considerando que el cambio climático representa una amenaza existencial y sin precedentes para las personas en Canadá y en todo el mundo;

Considerando que los fenómenos meteorológicos extremos, como la cúpula de calor de 2021 en Columbia Británica, ya están resultando mortales en Canadá y, según ´Health Canada´, se espera que aumenten en frecuencia y magnitud debido al cambio climático;

Considerando que, en 2023, Canadá experimentó la peor temporada de incendios forestales jamás registrada, ya que el país superó la mayor superficie jamás quemada en un año, con un total de más de 7,9 millones de hectáreas;

Una mentira tras otra para justificar lo injustificable. Es como si se empezaran a promulgar leyes considerando el inminente peligro de un ataque de felinos espaciales.

Achacar al CO2 los incendios tiene el mismo poco sentido que culpar a los samuráis por los atascos en las autopistas de Los Ángeles. Un puto brindis al Sol, una jodida vergüenza.

Me abstengo de buscar estadísticas sobre hectáreas quemadas en esa distopía llamada Canadá, tan solo vuelvo a traer las cifras que ya vimos en el capítulo 5 sobre la superficie quemada en los EE. UU. desde 1916.

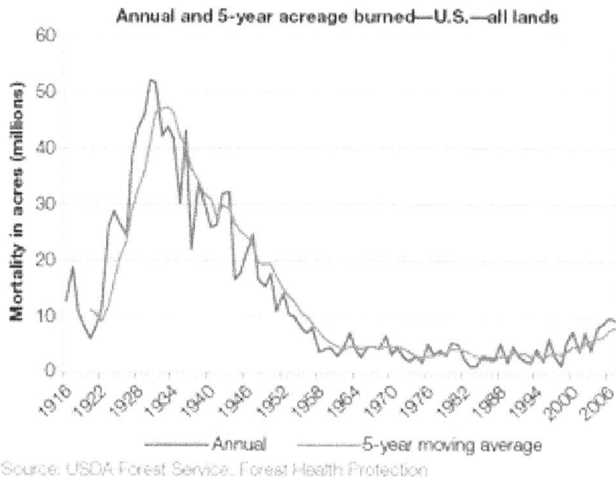

Cinco veces menos superficie quemada en 2010 que en 1930. Y entre 2021 y 2023 en ningún año se han superado los 10 millones de acres quemados (fuente: National Interagency Fire Center).

Mofarse de estas leyes es un deber cívico. Es muy sano expresar repugnancia por la secta de parásitos que promueven estos atropellos legislando aberrantemente. Abogar por llevar a prisión a esta ralea de hijoputas endiosados es la única actitud sensata.

Reírse, burlarse y cachondearse de leyes como esta, es algo a lo que estamos moralmente obligados. Las leyes detestables merecen, además de ser desobedecidas siempre que sea posible, ser tan despreciadas como puestas en ridículo.

Canadá es también el país donde, como vimos en el capítulo 7, el suicidio asistido (programa MAID) adquiere tintes orwellianos. Es como si todo convergiese en un mismo fin eugenésico que se resume en un solo mensaje: muérete siervo, estorbas.

Decía antes que las armas contra nuestros hijoputas son los argumentos, los datos, la ciencia y la lógica; todos generosamente rociados de humor.

Poner en evidencia la hipocresía de nuestros hijoputas es una técnica contundente a caballo entre la lógica y la socarronería. Veamos un ejemplo:

Barack Obama 2013 en Twitter:

"El nivel del mar está subiendo debido al cambio climático, amenazando potencialmente a ciudades estadounidenses"

Barack Obama 2019:

Obama se compra una mansión de 12 hectáreas (120 mil metros cuadrados de finca y una vivienda de 640 m2) **A NIVEL DEL MAR** en Martha's Vineyard, una exclusiva isla en el estado de Massachusetts con una altísima concentración de billonarios (*).

(*) Por cierto en esa finca murió (supuestamente) ahogado, en julio de 2023, el chef de los Obama. Un buen nadador, un tipo en forma haciendo paddle surf la noche del 23 de julio de 2023, … que muere ahogado en un lugar con metro y medio de profundidad. Lo normal.

Nada como comprarse un casoplón a nivel del mar por 12 millones de dólares (sin contar las reformas) para demostrar al mundo lo convencido que estás de que el "cambio climático" y el CO2 harán que suba el nivel del mar amenazando a muchas ciudades. ¿Verdad Barack Hussein?

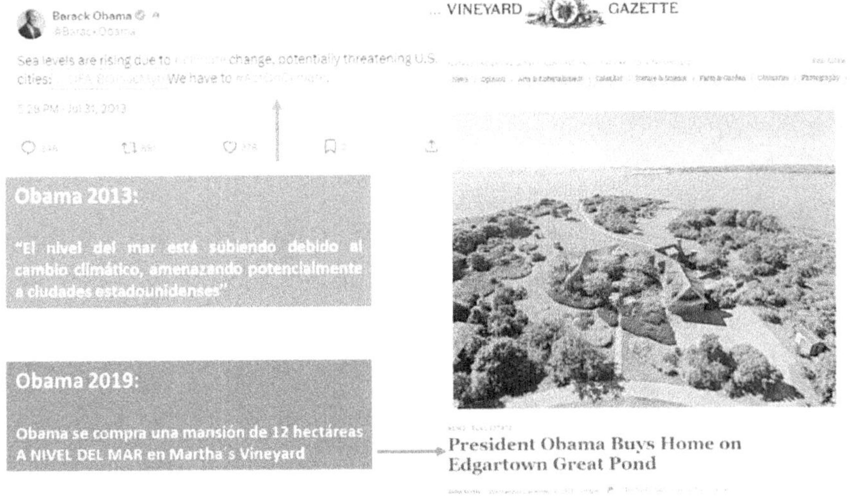

Aunque de nuestros hijoputas, y Obama es uno de ellos, podemos esperar casi cualquier cosa, la consistencia no es una de ellas. Son capullos que se rigen por el principio de "haz lo que yo digo y no lo que yo hago".

No tienen defensas contra su hipocresía y por eso hay que hurgarles en esa herida, echarles sal y vinagre encima y retorcerles un palo dentro… con una sonrisa.

Lo mismo ocurre con el comportamiento plandémico de estos canallas. Todo el día dándonos la murga con que nos pusiéramos el bozal, con que no saliéramos de casa, mientras ellos se iban de fiesta a cara descubierta, y algunos de orgía a calzón sacado. Ídem con las manadas de hijoputas que migran a bordo de jet privados rumbo a las numerosas cumbres en las que nos piden que matemos vacas y que no usemos nuestro coche.

Menos mal que hacen estas cosas por nuestro bien, si no fuera así habría que suspenderles del gaznate a todos ellos, formando una kilométrica fila de embutidos colgantes.

Cada vez que paramos los pies a abusones como el juez Pedraz, cada vez que enfrentamos a farisaicos como Obama ante el espejo de sus contradicciones, cada vez que no nos callamos en una reunión o asamblea donde nos venden sus cansinos relatos, con cada chiste que hacemos profanando sus dogmas, les estamos partiendo el brazo y quebrando la moral.

No pueden callar a todos, eso les desespera. Expresarse libremente es una necesidad para muchos, a eso en el mercado se le llama DEMANDA, y el mismo mercado ya está creando la OFERTA para satisfacer a esos "clientes" hastiados del menú de que sirven carceleros como Facebook o YouTube. Se están creando nuevas plataformas en internet, hay nuevos buscadores, nuevos ecosistemas alternativos, pasarelas de pago que no te expulsan por tus ideas, plataformas de vídeo que no te tiran de las orejas por pronunciar palabras prohibidas. La gente sabe ya cómo evadir la censura institucional empleando *proxies* o VPN que permiten acceder a contenidos o webs proscritos en cada país.

Los hijoputas seguirán intentándolo, continuarán tratando de tapar las grietas de su cárcel mundial, les va mucho en ello. Tratarán de regular internet a nivel mundial para que ni con una VPN se pueda acceder a aquello que no quieren que leas, escuches o veas, porque simplemente dejará de existir.

Pero en esta partida hay que ser siempre más tozudos que nuestro rival. Tal vez haya que crear un internet paralelo, quizá haya que emigrar a aquellos países que se opongan al monopolio de la información, pero mientras tanto, siempre "golpeando".

Hay que educar a los hijos en el pensamiento crítico, tirar de las orejas a los profesores adictos al régimen, que intoxican a los niños; ser irreverentes y blasfemos en todo lo que se refiera a los dogmas desquiciados de estos canallas; hacerles saber a los sectarios de todo tipo (estúpidos, interesados e hijoputas), en cada ocasión que se presente, que conocemos mejor lo que es bueno para nosotros y los nuestros y que despreciamos y nos reímos de sus fantasías.

Ya no hay aztecas sacrificando seres humanos en lo alto de sus pirámides. Ya no se queman brujas y nadie cree que la danza de la lluvia sirva para otra cosa que no sea entretenerse contemplando un espectáculo costumbrista. Sencillamente estaban equivocados, sus "recetas" no curaban ningún mal, ni siquiera los inventados. Llegará el día en el que echando la vista atrás veamos, o nuestros descendientes vean, como algo ridículo y tribal todo este despropósito de dimensiones planetarias. Mejor pronto que tarde, pero hay que actuar desde ya.

Otros cultos y otros rituales quedaron en la cuneta, sin embargo, los hijoputas son como la energía, no se crean ni se destruyen simplemente se transforman. Los hijoputas mutan, cambian de chaqueta o de piel porque lo suyo no son las ideas sino el poder y el afán de control. Las ideas son instrumentos para ellos, nada más. Dejarán los dogmas calentólogos, abandonarán las teorías de género, renegarán de las vacunas mágicas y abrazarán otras doctrinas para seguir a lo suyo: poder y control. Los ancestrales hijoputas y sus cohortes de interesados cambiaron, a lo largo de la Historia, de dogmas, pero manteniendo siempre sus objetivos. Pasará lo mismo con nuestros actuales hijoputas. Se subirán a otro caballo cuando vean que el que cabalgan se quedó sin fuelle. Dirán que no podían saber, que la ciencia decía eso, o que realmente nunca sostuvieron las opiniones que acaban de abandonar hace media hora. Esto está pasando ya con los "preceptos Covid", ahora muchos dicen que nadie obligó a nadie a vacunarse a pesar de prohibir viajar si no ibas inyectado. Nunca debemos olvidar que la hipocresía y la falta de vergüenza son atributos que engalanan las almas de estos cabrones.

Tendremos que seguir alerta ante las nuevas generaciones de hijoputas, habrá nuevas remesas, porque está en la condición humana el deseo de manipular.

Las señales de que este entramado tóxico se derrumba están ahí para quien quiera y sepa verlas. Cada vez son menos los estúpidos que compran a ciegas las premisas de las iglesias del Estado corporatista-fascista.

La hipocresía de los filósofos del cambio climático (Obama asustando al personal con la subida del nivel del mar y a la vez comprándose una mansión a nivel de mar) o los indecentes intentos de un juez por cerrar una plataforma usada por millones de ciudadanos son solo dos ejemplos.

En Escocia, por ejemplo, están viendo que nada más aprobarse (1 de abril de 2024) una ley contra los llamados delitos de odio, la policía no da abasto ante el número de denuncias (esa ley se está empleando para zanjar vendettas enquistadas) y tiene que dejar de perseguir los delitos de verdad para mostrar su compromiso con la "causa". Eso a la gente normal le enciende y le saca del estado de alelada estupidez. Cualquiera con sentido común ve más lógico emplear los recursos públicos en detener a un violador o a un asesino que en arrestar a alguien que publicó en X algo tan *ofensivo* como que las mujeres no tienen pilila.

La gente no entiende que un delincuente con pene y barba tenga que ingresar en una prisión para mujeres tan solo porque el sujeto afirma ser una hembra atrapada en el cuerpo de un hombre.

El grito de combate es: "¡despertad estúpidos!". La mejor manera de transmitir el mensaje es mediante el humor porque es imposible tomarse en serio algunas cosas.

Ya son muchos los hombres que se declaran mujeres lesbianas atrapadas en cuerpos masculinos. Ese es el nivel de pitorreo. Es el caso de 37 policías y militares españoles en la ciudad de Ceuta que se han declarado mujeres lesbianas para lograr un trato mejor y más facilidades a la hora de obtener ascensos. Se están aprovechando claramente de unas leyes absurdas e injustas. Si por ser hombre se te discrimina *positivamente* y para ser mujer basta con manifestar que lo eres, es lógico elegir ser mujer.

Jugar con estas leyes repugnantes me parece algo encomiable. Si la Biología y la igualdad de derechos son ignoradas y pisoteadas, burlémonos de estas leyes absurdas.

37 funcionarios entre policías y militares cambian de sexo en Ceuta para obtener beneficios por ser mujer

La polémica Ley Trans sigue dejando limbos bien aprovechados por los que se quieren obtener los beneficios por ser mujer que da esta ley. Así lo han hecho 37 funcionarios entre policías y militares, de entre 40 y 50 años de edad, que siguen conviviendo con sus familias tras el cambio de sexo

- Los alicientes fiscales y penales de la 'ley trans' para que un hombre transicione a mujer

En el frente de la Iglesia del Arcoíris la cosa se derrumba. A las mujeres de verdad no les gusta ducharse con mujeres con rabo desconocidas, más aún si hay niñas en los vestuarios. A las reclusas con cromosomas XX no les hace gracia compartir celda con reclusas con erecciones (en algunas cárceles de EE. UU. han llegado a repartir condones en sus módulos femeninos para evitar embarazos). Empresas como Planet Fitness (una cadena de gimnasios) permiten a las mujeres trans usar los vestuarios femeninos y las mujeres portadoras de vaginas de serie están empezando a cabrearse.

A ninguna niña de 15 años le hace gracia competir con otra niña de su misma edad, pero con pene y mucha más testosterona, masa muscular y densidad ósea. Muchas federaciones deportivas están plegando velas en el tema de las mujeres trans compitiendo con las mujeres de verdad (y sí, digo de verdad).

Si como hombre no te sientes atraído por las mujeres trans eso es entendido como transfobia. Pues muchos hombres no entendemos eso ni lo vamos a entender jamás.

En el frente plandémico la gente ha visto que se les mentía de manera consistente y cómo se censuraba de forma sistemática a los disidentes. Ya ha quedado probado que las dizque vacunas no prevenían el contagio, no eran 100% seguras y eficaces; ir con bozal (mascarilla) a todas partes no era lo más adecuado; los niños no necesitaban vacunarse contra un virus que para ellos es mucho menos letal que el de la gripe; el bichito no surgió de la naturaleza sino de un laboratorio; los casos de efectos adversos de las neo-vacunas son infinitamente superiores en número y en tasa que los del resto de las vacunas (eficaces) combinadas durante cuarenta años(*).

(*) Quien quiera documentarse que busque los datos VAERS (Vaccine Adverse Event Reporting System) en internet.

Nuestra amiga la Iglesia de la Calentología cada vez pierde más tracción y capacidad de reclutar feligreses. La gente cada vez ve más claro que lo de esta secta no va de salvar ningún planeta sino de robar a espuertas y prohibir. Pondré un ejemplo interesante.

En Alemania, el ministro de Transportes, Volker Wissing, coquetea con la idea de prohibir el uso del coche privado los fines de semana. Resulta que en Alemania no les basta con que los niveles de emisión de CO_2 globales estén en mínimos, sino que además cada ministro tiene que ocuparse de que las emisiones se reduzcan en su área de competencias hasta donde les es marcado. Si esto no se logra, el ministerio debe tomar medidas. Pues bien, Wissing les escribe una carta (11 abril de 2024) a los líderes de la coalición de gobierno de Alemania. La carta decía así:

"Una reducción equivalente del rendimiento del tráfico sólo sería posible mediante medidas restrictivas que serán difíciles de comunicar a la población, como prohibiciones de circulación a nivel nacional e indefinidas los sábados y domingos"

Lo que más gracia me hace en todo este asunto no es el celo germánico por cumplir objetivos, aunque estos sean absurdos, sino que Wissing sea miembro de un partido que se llama Partido Liberal. ¿Liberal-comunista o liberal-fascista?

Están tan enajenados que confiesan abiertamente sus intenciones que no son otras que hacer lo que haga falta en nombre de una crisis prefabricada. Te quitarán el coche, te quitarán la carne, te quitarán tu derecho a moverte y te vigilarán hasta cuando cagas.

Siempre es por tu bien, por tu seguridad. Ponte la vacuna, no uses tu coche, ese hombre con badajo y dos bolas es una mujer y se llana Carmen, ... es por tu bien, por el "bien común", es por tu seguridad.

Al inicio de este capítulo te pedí lector que tuvieras en mente esta cita de Benjamin Franklin:

"Aquellos que renunciarían a la libertad esencial para comprar un poco de seguridad temporal, no merecen ni libertad ni seguridad".

¿Es por tu bien? ¿Quieres ser libre? Actúa, pelea.

Capítulo 11

"Aquellos que renunciarían a la libertad esencial para comprar un poco de seguridad temporal, no merecen ni libertad ni seguridad".

Un tal Maurice y el Sanedrín y Oráculo calentológico. El IPCC (Intergovernmental Panel on Climate Change)

El IPCC es el oráculo y a la vez el sanedrín de la Iglesia (estatal) de la Calentología. Más adelante explicaré el por qué.

Antes de pasar revista a esta institución he creído interesante repasar la vida y obra del padre y fundador espiritual de esta cosa de cuatro letras. Estoy seguro de que resultará revelador conocer el linaje de este Panel Intergubernamental al que todas las terminales del Estado corporatista-fascista aluden como fuente última de autoridad en materia calentológica. Vamos a ello pues.

Imagina a un tipo que dice de sí mismo:

"Soy un socialista en ideología y un capitalista en metodología"

Pues ese tipo es el "inventor" del IPCC. **Maurice Strong.**

Para entender mejor en qué consiste eso de ser socialista ideológicamente empleando métodos capitalistas (una buena definición de fascismo) basta con repasar la biografía de Strong.

En la carrera profesional de Maurice se yuxtaponen puestos directivos en el sector energético, sobre todo en el petróleo, con puestos de responsabilidad en las sentinas de la ONU que devinieron en la creación del monstruo llamado IPCC. A esta ensalada de principios es a lo que este hijoputa llamaba métodos capitalistas e ideología socialista y yo llamo "haz lo que digo y no lo que hago".

Analicemos la doble carrera profesional de Maurice:

Maurice Strong, un canadiense de Manitoba de 18 años y sin estudios, comenzó a trabajar en las **Naciones Unidas, en Nueva York, en 1947 como oficial de segundo rango** en la Sección de Seguridad de la ONU. Alojado en la casa del entonces tesorero de la ONU Noah Monod.

En 1948, cuando tenía diecinueve años y sin terminar ningún tipo de estudios, Strong fue contratado en Winnipeg como becario en la empresa **James Richardson & Sons** Winnipeg, donde conoció el negocio petrolero y fue enviado como especialista en petróleo a la oficina de Richardson en Calgary, Alberta.

Allí conoció a Jack Gallagher, un líder de este sector en Canadá, quien lo contrató como su asistente en **Dome Petroleum**. Strong llegó a vicepresidente financiero de esta empresa. En 1956 Maurice fundó su propia empresa, **M.F. Strong Management**, para ofrecer servicios de consultoría para los inversores interesados en la zona petrolera de Alberta.

En los años 50, con menos de 30 años, Strong dirigió la empresa **Ajax Petroleum**, convirtiéndola en un referente en la industria de los hidrocarburos bajo el nombre de **Norcen Resources**. Su éxito le puso en el punto de mira de las grandes corporaciones y esto le catapultó hasta lograr el puesto de presidente de **Corporation of Canada** en 1961. Lo nombró inicialmente vicepresidente ejecutivo y luego presidente desde 1961 hasta 1966.

La cuestión específica de la alarma climática, en su versión calentamiento, se originó en un oscuro grupo llamado el **Club de Roma** en 1968. Uno de los asociados del Club de Roma era, como no, Maurice Strong. David Rockefeller era uno de los tres fundadores del club de Roma. La relación de la familia Rockefeller con Maurice Strong fue siempre muy estrecha (*)

(*) La Comisión Trilateral publicó un libro titulado **Más allá de la interdependencia: el entrelazamiento de la economía mundial y la ecología de la Tierra** (The Meshing Of The World's Economy and The Earth's Ecology), de Jim MacNeil (1991). **David Rockefeller** escribió el prólogo y Maurice Strong escribió la siguiente introducción:

"Este entrelazamiento... es la nueva realidad del siglo, con profundas implicaciones para la forma de nuestras instituciones de gobierno, nacionales e internacionales. Para el año 2012, estos cambios deben estar plenamente integrados en nuestra vida económica y política".

Steven Rockefeller fue el co-creador de "La Carta de la Tierra" junto con el expresidente ruso Mijail Gorvachov y Maurice Strong.

Laurance Rockefeller, un ecologista con gusto por lo paranormal también estaba asociado con Strong a través de la Lindisfarne Association, finnciada por Laurance, la Fundación Rockefeller y el Fondo de los Hermanos Rockefeller, y en la que Maurice Strong se desempeñó como director de Finanzas.

La influencia del Club de Roma condujo al establecimiento del Programa de las Naciones Unidas para el Medio Ambiente (PNUMA), que eligió a Maurice Strong como su director cuatro años después.

En 1968 es uno de los fundadores de la **Canadian International Development Agency**. Una agencia gubernamental canadiense de ayuda a países en vías de desarrollo.

En 1971, Strong fue comisionado por la ONU para presentar un informe sobre el estado del planeta. El documento parido se llamó Only One Earth: The Care and Maintenance of a Small Planet (Una sola Tierra: El Cuidado y Mantenimiento de un Planeta Pequeño) El informe resumía las conclusiones de 152 destacados expertos de 58 países (aquí arranca el famoso "consenso") y era el calentamiento previo para la primera reunión de la ONU sobre el medio ambiente, celebrada en Estocolmo en 1972.

También en 1972, coincide que el Club de Roma (del que Strong era miembro) edita un libro llamado "Los límites del crecimiento" que, abundando en el inspirado pensamiento maltusiano de la familia Rockefeller, abre paso a la histeria climática. Además, los del Club de Roma tenían a su chico, Maurice, llevando la batuta en los temas ecologistas en la ONU.

La Conferencia de Estocolmo (1972) estableció el medio ambiente como parte de una agenda de desarrollo internacional estableciendo en diciembre de 1972 el **Programa de las Naciones Unidas para el Medio Ambiente (PNUMA)** con Strong, un chico de Rockefeller, encabezando dicho organismo. El PNUMA (UNEP por sus siglas en inglés) es uno de los dos organismos impulsores del IPCC (junto con la Organización Meteorológica Mundial, que también depende de la ONU) por lo que podemos asegurar que Maurice Strong es el padre de este "panel de expertos".

En calidad de director del PNUMA, Strong convocó la primera reunión de un grupo internacional de expertos sobre cambio climático. Con el paso de los años, en 1988, este grupo se solidificó en lo que hoy conocemos como IPCC.

A pesar de que los principales científicos climáticos de la época hablaban de una inminente Edad de Hielo, él eligió el calentamiento del CO_2 como vehículo. Después de todo, la mejor manera de aplastar a los pobres es limitar su uso de combustibles fósiles.

En 1976, a petición del primer ministro Pierre Trudeau, Strong encabezó la recién creada compañía petrolera nacional, **Petro-Canada**. Punto para Strong capitalista.

En la primera Conferencia Mundial sobre Asentamientos Humanos (Hábitat I), celebrada en 1976 bajo los auspicios del recién formado Programa de las Naciones Unidas para el Medio Ambiente Maurice Strong dijo lo siguiente:

"La propiedad privada de la tierra es un instrumento principal para acumular riqueza y, por ello, contribuye a la injusticia social. Por lo tanto, el control público del uso de la tierra es indispensable."

Su recomendación:

"La propiedad pública de la tierra se justifica en favor del bien común, más que para proteger los intereses de los ya privilegiados."

Por esas mismas fechas Strong dirigió, como presidente y mayor accionista, la empresa **AZL Resources,** una firma de promoción petrolera de Denver. En 1981, Strong fue demandado por supuestamente exagerar el valor de las acciones antes de una fusión que finalmente fracasó. Strong llegó a un acuerdo para enterrar este asunto por 4,2 millones de dólares. AZL se fusionó posteriormente con **Tosco Corporation.** En virtud de dicho acuerdo Strong, el mismo tipo que abogaba en público por prohibir la propiedad privada de tierras, se quedó con una finca de 65.000 hectáreas (Baca Ranch) en Colorado. Una propiedad del tamaño de la isla de Menorca. A eso le llamo yo ser un "capitalista en metodología".

En 1983 Strong fue uno de los dirigentes de la Comisión Mundial sobre Medio Ambiente y Desarrollo, creada como organismo independiente por las Naciones Unidas.

Más tarde, Strong se convirtió en presidente de la **Canada Development Investment Corporation**, el holding de algunas de las principales corporaciones estatales de Canadá. En 1992 Maurice era también presidente de la empresa hidroeléctrica **Ontario Hydro**.

En 1986 el ranchero (como Bill Gates) Strong fundó la empresa **Water Development Inc.** para cultivar cereales ricos en proteínas en Baca Ranch. En lugar de cultivar cereales Water Development trazó un plan para bombear agua desde el inmenso acuífero de Baca a los suburbios de Denver. Según los ecologistas la explotación de este acuífero dañaría el ecosistema. El plan se quedó en eso, un plan, pero Strong el medioambientalista fundador de la cosa climatóloga de la ONU quedaba otra vez como lo que siempre fue (murió en 2015): un hijoputa hipócrita.

En los años 90 Strong, el "papá" del IPCC, estuvo metido hasta las trancas en la empresa **Molten Metal Technology**, una empresa gestora de residuos peligrosos que se fue a la ruina y que era famosa por su tecnología poco fiable y sus vínculos con ni más ni menos que **Al Gore (*).** Molten Metal, fue un gran contribuyente a las campañas de Gore y sus responsables comparecieron durante los años 90 en audiencias del Senado de EE.UU. sobre financiación corrupta de campañas.

(*) Al Gore, recordemos, es ese señor que viaja en avión privado y cobra fortunas por contarnos que los océanos van a hervir o que el Polo Norte no tendrá hielo en 2014. Dios los cría y ellos se juntan.

En 1992 fue nombrado secretario general de la **Conferencia de las Naciones Unidas sobre Medio Ambiente y Desarrollo**, más conocida como Cumbre de la Tierra, celebrada en Río de Janeiro.

En dicha cumbre Strong, en su versión ecosocialista, soltó la siguiente perla:

Está claro que los estilos de vida y los patrones de consumo actuales de la clase media acomodada que implican un alto consumo de carne, el consumo de grandes cantidades de alimentos congelados y preparados, el uso de combustibles fósiles, electrodomésticos, aire acondicionado en el hogar y el lugar de trabajo y viviendas en los suburbios no son sostenibles.

Hablando de cumbres de la Tierra... En abril de 1995, justo antes del llamado "Día de la Tierra", el entonces vicepresidente Al Gore visitó la planta de **Molten Metal** en Fall River, donde dio a conocer la estrategia medioambiental de la administración Clinton. Gore elogió a la empresa como una "historia de éxito, un brillante ejemplo de ingenio, trabajo duro y buena gestión empresarial". Maurice Strong, en su versión capitalista, fue consejero delegado de esta empresa. Pocos años después este dúo mafioso, Strong y Gore, colaboró en el nacimiento del IPCC.

Menos de tres años después de que Gore elogiara a la empresa dirigida por Strong, Molten Metal estaba en bancarrota. Cientos de empleados despedidos, liquidación de todos los activos, y a otra cosa.

Un ejecutivo de Molten Metal, Víctor Gatto, fue compañero de Al Gore en Harvard. Algunos *malpensados* creen que los apoyos de esta empresa a las campañas del "eco-jeta" Gore tuvieron algo que ver con que la Administración en la que Gore era vicepresidente otorgará 33 millones de dólares en subvenciones federales a través del Departamento de Energía. Maurice Strong, el fundador del IPCC, fue como dijimos antes consejero delegado de esta empresa llevada a la ruina.

En 1995 la escuela de negocios de la Universidad de Boston (Boston University) publicaba como un caso de éxito empresarial el ascenso de Molten Metal (imagen de más abajo). El documento arrancaba con sendas citas de Al Gore y de Maurice Strong:

"Historia de éxito, un brillante ejemplo de ingenio, trabajo duro y buena gestión empresarial" -Al Gore-

"Literalmente puede revolucionar nuestra capacidad para tratar con los residuos tóxicos" -Maurice F. Strong-

A la ruina que se fue después de gastarse un saco de millones de dólares de los contribuyentes.

Estos hijoputas clepto-hipócritas son los profetas, los adalides, los campeones de la Iglesia de la Calentología. Cabronazos sin escrúpulos que se han lucrado siguiendo la máxima de "consejos vendo y para mí no tengo". Una criatura como o el IPCC concebida con la participación de gentuza así, puede ser cualquier cosa menos desinteresada y benéfica. En efecto, el IPCC es, como iremos viendo, un carísimo albañal en el que unos burócratas muy bien pagados se complacen de la mierda que excretan y en la que retozan, y nos prescriben sumisión y pobreza. Más de lo mismo.

Fuente: Boston University School of Management.Según consta en el mismo *business case*: *"Molten Metal reclutó a al industrial canadiense (y ex secretario general de la Cumbre de la Tierra de la ONU de 1992) Maurice F. Strong para invertir en MMT y formar parte de la junta directiva de la empresa"*.

Las andanzas de este oscuro ser, Maurice Strong darían para un libro entero. Strong es también miembro fundador de otra entidad repugnante como el Foro Económico Mundial (fue mentor de Klaus Schwab), amigo de la familia Rockefeller, consejero de una empresa china del carbón (**China Carbon Corporation**) e hizo negocios con el traficante de armas y amigo de la familia Bin Laden Adnan Kashoggi.

Strong pasó la mayor parte de sus últimos años en China, participando activamente como asesor y consultor de relaciones comerciales en los sectores de medio ambiente, energía y tecnología, junto con su actividad docente como profesor honorario en la Universidad de Pekín.

Quien quiera indagar más al respecto de las andanzas de Strong en China, y su atracción por su régimen, que se informe sobre **Anna Louise Strong,** la prima lejana de Maurice, elogiada públicamente por el carnicero Mao Tse Tung.

No quiero dejar pasar la ocasión para resaltar dos de las actuaciones que mejor dan cuenta del carácter y la doblez de este engendro.

1.- Baca Ranch

Strong dedicó parte del latifundio de su propiedad, Baca Ranch, a una serie de asuntos espirituales. Su mujer Hanne, una pija progre, tenía un fuerte ramalazo místico que estaba muy en boga en los años 70.

En 1979, Hanne recibió la visita de Glen Anderson, un hombre conocido en la zona como místico y profeta. A raíz de ese encuentro la señora Strong tuvo una epifanía, entendío que su rancho era tierra sagrada, e invitó a varias organizaciones a mudarse a Baca. Entre estas organizaciones estaban la Asociación Lindisfarne, el Instituto Aspen de Estudios Humanísticos, la Orden Charmelita (Instituto de Vida Espiritual), una orden de budistas tibetanos y un campamento para indios nativos llamado Rediscovery-Four Corners. El matrimonio Strong, en su faceta místico-socialista, estaba muy preocupado por respetar un lugar aparentemente sagrado para las tribus aborígenes de la zona.

Pero como vimos antes, al místico, indigenista, ecologista y socialista Strong le pasó por encima su versión capitalista y quiso explotar los acuíferos de esta tierra "sagrada". Este desprecio, pitorreo incluido, por los indígenas volvió a manifestarse en Costa Rica.

2.- Indígenas Kekoldi (Costa Rica)

Una de las empresas de Strong, **Desarrollos Ecológicos**, construyó un hotel de lujo de 35 millones de dólares dentro de una zona protegida en Costa Rica llamada *Jairo Mora Sandoval Gandoca-Manzanillo*. Cualquier desarrollo en esta región está restringido y debe ser aprobado por la Asociación Indígena Kekoldi. La asociación Kekoldi jamás aprobó el proyecto.

Ser un hipócrita fue una constante en la vida de Strong. Esa hipocresía la infusionó en su criatura, el IPCC. Pero sigamos.

La creación del IPCC en 1988 no hubiera sido posible sin el papel clave de Strong. Maurice Strong fue, como vimos, quien plantó la semilla de este organismo en Estocolmo en 1972.

Siendo Boutros-Ghali secretario general de la ONU tuvo cerca siempre a Maurice Strong como una forma de congraciarse con EE. UU. Ghali, que no se llevaba muy bien con la Administración estadounidense por diferencias estratégicas sobre las guerras en Somalia y en Yugoeslavia, buscaba amigarse con EE. UU. Ghali pensó que teniendo cerca suya a Strong, amigo y prácticamente socio del vicepresidente Al Gore, lograría ser reelegido para un segundo mandato.

De poco le sirvió. Boutros-Ghali fue expulsado de la ONU al ser vetado por EE. UU. En el Consejo de Seguridad.

Inmediatamente después de asumir el cargo de secretario general, Kofi Annan en 1997, inició una auditoría exhaustiva de las actividades de las

Naciones Unidas para presuntamente identificar las formas en que la ONU podría ser más eficaz ante los desafíos del nuevo milenio.

Annan tuvo la "genial" idea de poner al frente de esa auditoría a Strong. Kofi Annan nombró a Maurice Strong Coordinador Ejecutivo de Reformas de las Naciones Unidas. En seis meses Strong y su equipo publicaron su informe titulado "Renovar las Naciones Unidas, un programa de reforma". La ONU sigue tan corrupta y apestosa, si no más, que lo estaba en 1997. Eso sí, Koffi Annan corrió mejor suerte que su antecesor y tuvo dos mandatos siendo un "niño bueno".

Ahora que ya hemos dado un ben, y largo, *cepillado* al padre (Strong) conozcamos a su criatura, el IPCC.

Lo primero que cabe decir de casi cualquier organización supranacional, como lo es el IPCC, es que su mera existencia socaba la soberanía de las naciones que se prestan a seguir sus recomendaciones y consignas. Ningún ciudadano ha votado a los burócratas del IPCC, tampoco a los de la OMS o a los miembros de organizaciones como el Foro económico Mundial o el Fondo Monetario Internacional. Estas organizaciones mafiosas que nunca se cansan de prescribirnos soluciones y recetarnos políticas no representan a nadie que no sea ese apestoso Estado corporatista-fascista del que vengo hablando. De hecho, todas esas entidades están dirigidas por esos "filósofos" de los que hablaba el padre espiritual del fascismo, Giovanni Gentile. Son organizaciones financiadas por los estados (ergo por ti que lees esto) y por las fundaciones con nombres de reconocidos "filántropos desinteresados" (Bill and Melinda Gates Foundation o la Open Societies de George Soros).

Todas estas organizaciones presumen de ser muy inclusivas y diversas amén de sostenibles. La diversidad dentro de estas mafias radica en el aspecto físico de sus excelentemente remunerados burócratas y no en sus criterios y puntos de vista, que son soviéticamente uniformes.

No vas a ver en el "Bureau" del IPCC a nadie que no sea devoto seguidor de las enseñanzas de la Iglesia de la Calentología y fervoroso creyente en todos sus dogmas.   No vas a encontrarte en ningún equipo de trabajo a gente como el Premio Nobel de Física de 2022 **John Clauser** que tuvo la osadía de decir lo que tantos piensan:

"La narrativa popular sobre el cambio climático refleja una peligrosa corrupción de la ciencia que amenaza la economía mundial y el bienestar de miles de millones de personas. La ciencia climática equivocada ha hecho metástasis hasta convertirse en una masiva pseudociencia periodística de shock. A su vez, la pseudociencia se ha convertido en chivo expiatorio de una

amplia variedad de otros males no relacionados. Ha sido promovido y extendido por agentes de marketing empresarial, políticos, periodistas, agencias gubernamentales y ambientalistas igualmente equivocados. En mi opinión, no existe una verdadera crisis climática. Sin embargo, existe un problema muy real a la hora de proporcionar un nivel de vida decente a la gran población mundial y una crisis energética asociada. Esto último se ve exacerbado innecesariamente por lo que, en mi opinión, es una ciencia climática incorrecta".

Para organizaciones como el IPCC, con una agenda política disfrazada de causa, contar con individuos cuyas opiniones diverjan del dogma no constituye "diversidad" sino apostasía. Los científicos que no avalan el credo calentólogo son simplemente *negacionistas* a los que achuchar a sus *veryfeladoras*.

Por suerte para todos, hay gente como Clauser que con más de 50 años cosechando éxitos científicos y con la vida resuelta, dicen lo que piensan, dándoles igual lo que de ellos digan un hatajo de fanáticos a sueldo.

A quien sí verás en el IPCC es a personajes como María José Sanz Sánchez, directora científica de una cosa llamada "The Basque Centre for Climate Change".

Este centro, cuyo nombre mismo ya es una declaración de principios partidista, dice de sí mismo en su web:

"Somos un centro de excelencia en investigación sobre las causas y consecuencias del cambio climático. Liderados por una de las más reconocidas científicas en la materia, Prof. María José Sanz, producimos conocimiento multidisciplinar para facilitar e impulsar la toma de decisiones hacia el desarrollo sostenible a nivel internacional".

Cambio climático y desarrollo sostenible, dos de los términos fetiche de los calentólogos más militantes. Permítaseme *traducir* la misión de estos prendas al lenguaje común:

"Somos un centro de excelencia en la producción de argumentos pseudocientíficos para achacar el cambio climático a quien nos digan quienes nos pagan. Liderados por una de las más reconocidas sacerdotisas del culto calentólogo, Prof. María José Sanz, producimos propaganda multidisciplinar para dar una coartada que parezca científica a quienes toman decisiones para someter de forma sostenida a la población".

Este centro está financiado por el gobierno autonómico vasco y por la Universidad del País Vasco, que a su vez está financiada por el mismo gobierno vasco, por lo que su independencia está más que en entredicho. Y su directora María José Sanz lleva mamando de la teta pública desde hace casi 30 años (la ONU, FAO, el IPCC, la Generalitat Valenciana, el gobierno vasco).

La bióloga Sanz, al contrario que el premio Nobel Clauser, no puede permitirse tener ideas *heréticas* o llegar a conclusiones políticamente incorrectas porque le va el sueldo en ello. El centro que Sanz dirige no puede permitirse publicar estudios científicos que se salgan del consenso de los cojones porque no es un centro dedicado a la ciencia sino uno enfocado a la adoración de una estricta religión de Estado. La devoción de Sanz es recompensada con un puesto en el IPCC de la diversidad uniformada, mientras la sinceridad de Clauser le garantiza ser vilipendiado por todas las terminales del Estado corporatista-fascista. Para un libertario como quien esto escribe, Clauser es digno de admiración y de sana envidia, Sanz no merece siquiera mi desprecio, solo mi compasión.

El IPCC está conformado por un gran número de clones ideológicos de Sanz venidos de todas partes del mundo, de distintos tamaños, colores y sexos y que hacen lo mismo que hacen en el chiringuito que dirige Sanz en Bilbao, pero a una escala mucho mayor.

Decía el principio de este capítulo que el IPCC es el oráculo y a la vez el sanedrín de la Iglesia (estatal) de la Calentología.

El sanedrín (de *synedrion* en griego, literalmente 'sentarse juntos') era una asamblea o consejo de sabios compuesto por un grupo de rabinos que hacían la función de jueces en el antiguo Israel. Esta asamblea era la autoridad última a la hora de interpretar la Ley judía.

Un oráculo es, según la RAE, la respuesta que da Dios directamente o a través de sus ministros. También, por extensión, se llamaba oráculo al lugar donde se representaba la deidad a la que se le pedían respuestas.

El IPCC es ambas cosas, sanedrín y oráculo, para la Iglesia de la Calentología. Una asamblea de "sabios" a los que se les otorga la autoridad suprema e indiscutible en lo que respecta al culto calentológico (sanedrín) y también el lugar desde donde la divinidad calentóloga responde a las preguntas de sus fieles. Con el IPCC el Estado fascista-corporatista crea y controla la más alta instancia en temas relativos a la fe calentóloga. Cualquier herejía climática puede ser zanjada con tan solo apelar a las enseñanzas de este organismo apestoso. Es un asunto de fe.

Tan es un asunto de fe que hasta el mismo Papa de la Iglesia Católica se somete a la Iglesia de la Calentología y a su oráculo con fe ciega y ha llegado a afirmar:

"Hay personas que son tontas, y aunque les muestres investigaciones, no lo creen. ¿Por qué? Porque no entienden la situación o por interés, pero el cambio climático existe". – Francisco I (el Papa montonero) --

En su exhortación apostólica Laudate Deum del 4 de octubre de 2023 el Papa Francisco se disfraza de científico y nos exhorta a adorar a la Pacha Mama. Algunos extractos:

"...es indudable que el impacto del cambio climático perjudicará de modo creciente las vidas y las familias de muchas personas. Sentiremos sus efectos en los ámbitos de la salud, las fuentes de trabajo, el acceso a los recursos, la vivienda, las migraciones forzadas, etc."

*"... **no se puede dudar del origen humano —"antrópico"— del cambio climático**. Veamos por qué. La concentración de gases de efecto invernadero en la atmósfera, que por ese efecto provocan el calentamiento de la tierra, se mantuvo estable hasta el siglo XIX, por debajo de las 300 partes por millón en volumen. Pero a mediados de ese siglo, en coincidencia con el desarrollo industrial, comenzaron a crecer las emisiones. En los últimos cincuenta años el aumento se aceleró notablemente, como lo ha certificado el observatorio de Mauna Loa, que toma medidas diarias de dióxido de carbono desde el año 1958. Mientras escribía la Laudato si se alcanzó el máximo de la historia —400 partes por millón— hasta llegar en junio de 2023 a las 423 partes por millón. Más del 42% del total de las emisiones netas a partir del año 1850 se produjeron después de 1990.*

Una concatenación de mentiras y verdades a medias entre las que destaca que Su Santidad, cabeza de una iglesia con más de mil millones de fieles, nos dice que "no se puede dudar del origen humano del cambio climático", dándole visos de doctrina cristiana a una majadería globalista.

Claro que se puede dudar señor Bergoglio, que para algo el Creador nos ha dado los dones de la inteligencia y la capacidad de razonar.

Otra perla que Francisco suelta en su exhortación a la feligresía es la siguiente:

*Lamentablemente **la crisis climática no es precisamente un asunto que interese a los grandes poderes económicos**, preocupados por el mayor rédito posible con el menor costo y en el tiempo más corto que se pueda.*

Muy al contrario de lo que nos cuenta Su (hipócrita) Santidad, la crisis climática a quien más interesa es precisamente a esos grandes poderes económicos que buscan reforzar su control y su riqueza limitando la de los demás. La "crisis climática" es la excusa perfecta para que los países del llamado Tercer Mundo no puedan prosperar jamás. El petróleo, salva vidas y ayuda al desarrollo y el bienestar humanos por más que el Santo Padre, metido a climatólogo, parezca ignorar estas cosas.

Por supuesto yo no espero nada bueno de un tipo que se prestó a ser un comercial más de Johnson & Johnson cuando durante la plandemia, y en un vídeo patrocinado por esa empresa farmacéutica, dijo que:

"Vacunarse con las vacunas autorizadas por las autoridades competentes, es un acto de amor. El amor es también social y es político."

Esta publicidad, que empleaba a la figura del Papa, estaba patrocinada por una ONG, **Ad Council**, en cuyo consejo de administración tenía un puesto **Michael Sneed**, vicepresidente ejecutivo de Asuntos Corporativos de **Johnson & Johnson** (también estaba un directivo de Facebook).

Inyectarse una sustancia experimental y hacer que tus hijos también lo hagan no es un acto de amor, sino de sumisión. En cuanto al asunto del "amor político" prefiero dejarlo correr.

El Vaticano, recordemos, exigió a todos sus empleados y visitantes tener el pasaporte covid y no aceptó pruebas negativas de coronavirus. ¿Caridad cristiana?

Pablo de Tarso dice lo siguiente en su epístola a los Gálatas:

"Cristo nos liberó para que vivamos en libertad. Por lo tanto, manteneos firmes y no os sometáis nuevamente al yugo de esclavitud." -Gálatas 5:1-

Pues yo coincido con Pablo de Tarso y en lugar de maldecir, con simpatía, al Papa Francisco, le deseo un pronto arrepentimiento y que se aparte de en medio. Un Papa no es un comisario político.

En el exhorto papal mencionado hay cinco referencias al IPCC y ninguna al Espíritu Santo. Me pregunto si el oráculo IPCC es fuente doctrinal también para la Iglesia Católica. Si a partir de ahora pincharse medicamentos experimentales es un acto de amor y no está permitido dudar de los dogmas calentólogos tal vez sea el momento de apostatar (*).

(*) Afortunadamente la Iglesia Católica es mucho más que este zote con solideo llamado Francisco.

El IPCC no tiene como objetivo avanzar en el conocimiento de los mecanismos que propulsan una cosa tan compleja como el clima —que por definición es cambiante—sino asegurarse de que exista siempre una coartada dizque científica para alimentar la maquinaria de mentiras y sometimiento. El IPCC es una fábrica de miedo.

En el capítulo 2 decíamos que pocos términos son tan ajenos (y peligrosos) para la ciencia como "consenso". "La creencia en la ignorancia de los expertos", que es como Feynman llegó a definir a la ciencia, es lo que impulsa a esta. La ciencia es duda y curiosidad continua no complacencia. Sin embargo, cuando la política se apodera de la ciencia precisa que esta se someta a su lenguaje. Si al poder político le interesa que el calentamiento global sea causado por el hombre retorcerá a la ciencia el brazo, poniendo el dinero por delante, hasta extraerle el "consenso".

A todos nos suena esa frase comúnmente repetida, más por los políticos que por los científicos, de que "el 97% de los científicos está de acuerdo con que el cambio climático durante el último siglo es una obra humana como consecuencia de las emisiones de CO2".

Este eslogan (no es otra cosa) se acuñó a raíz de un estudio publicado en 2013 por John Cook.

El estudio científico se llama **"Cuantificando el consenso sobre el calentamiento global antropogénico en la literatura científica"** (*)

El resumen de este dice lo siguiente:

"Analizamos la evolución del consenso científico sobre el calentamiento global antropogénico (CGA) en la literatura científica revisada por pares, examinando 1.944 resúmenes climáticos publicados entre 1991 y 2011 que coinciden con los temas "cambio climático global" o "calentamiento global". ***Encontramos que el 66,4% de los resúmenes no expresaron ninguna posición sobre CGA****, el 32,6% apoyó CGA, el 0,7% rechazó CGA y el 0,3% no estaba seguro de la causa del calentamiento global".*

(*) Cuantificación del consenso sobre el calentamiento global antropogénico en la literatura científica. John Cook, Dana Nuccitelli, Sarah A Green, Mark Richardson, Bärbel Winkler, Rob Painting, Robert Way, Peter Jacobs y Andrew Skuce. Publicado el 15 de mayo de 2013

Las dos terceras partes de los estudios que analizó Cook y su equipo (66,4%) no estaban ni a favor ni en contra del calentamiento global antropogénico. Ya solo con ese dato podemos darnos cuenta de que lo del 97% de consenso es una falacia.

Para los medios globalistas de información, y de confusión, es un titular mucho mejor afirmar que el 97% de la comunidad científica milita en la Iglesia de la Calentología que decir que el 66% se muestra agnóstico y solamente el 32,6% secunda los dogmas calentólogos oficiales. La verdad no debería interponerse arruinando ese ansiado *consenso* de chichinabo, y como la mayoría de la gente solo se lee los titulares, pues ahí queda esa mentira para apuntalar todas las demás.

De lo que no tengo ninguna duda es que casi el 100% de los científicos que colaboran con el IPCC comulga con los preceptos calentólogos al menos de manera pública, … por la cuenta que les trae. No hacerlo sería como no ser católico en el Vaticano o como ser judío en la Meca, algo que, aunque no es totalmente imposible, sí es jodidamente complicado.

El IPCC es una institución gestada en el seno de una organización, el Club de Roma, de inclinaciones eugenésicas y con un ADN maltusiano, que está nutrida por su hermana mayor, la ONU, con quien comparte esa misma herencia genética. Este repugnante linaje predispone genéticamente a este *oráculo* a ser una factoría de ideas criminales y anti humanistas. Limitar la emisión de CO_2 de forma imperativa es sencillamente un crimen.

Lo que el IPCC hace básicamente es dar carta de naturaleza a la teoría de la catástrofe produciendo y controlando ciencia basura a la que se hace pasar por ciencia genuina disfrazándola con largos informes basados en dudosos modelos informáticos. Quienes se prestan a este juego del sanedrín-oráculo de la Iglesia de la Calentología se benefician de ríos de dinero público y disfrutan del prestigio que se deriva de ser profetas aparentemente creíbles.

El físico y premio Nobel John Clauser de quien he hablado antes, suele referirse a las élites propagandistas con el término tecno-estafadores (techno-cons) y advierte a los científicos que no deben prestarse a ser utilizados por estos tecno-estafadores para fabricar una interpretación de la verdad acorde con una agenda política y no con la verdad empírica. Según Clauser los líderes políticos y empresariales no científicos (que él acertadamente denomina "tecno-estafadores") siempre buscan vender una realidad distorsionada que se alinee con sus agendas y que valide las soluciones que ellos proponen y de las que ellos se benefician.

Clauser ha calificado los informes del IPCC como "una peligrosa corrupción de la ciencia" y "pseudociencia periodística de shock masivo".

Clauser fue invitado a dirigirse a alumnos coreanos recién graduados en Física durante el encuentro "Quantum Korea 2023" celebrado en Seúl el 26 de junio de 2023 y dejó a la audiencia pasmada al aprovechar este foro para sacudirle estopa a la Iglesia de la Calentología. El físico que zanjó la disputa entre Einstein y Bohr sobre el entrelazamiento cuántico (*) en lugar de hablar de lo suyo se puso a repartir leña a aquellos que prostituyen la ciencia. Eso es ser un valiente y eso es dar prioridad a lo verdaderamente importante.

(*) Einstein no creía que el entrelazamiento cuántico realmente ocurriera mientras que Bohr sí. Clauser demostró empíricamente que es un fenómeno real. El experimento de Freedman-Clauser fue la primera prueba de la desigualdad CHSH (Clauser, Horne, Shimony, Holt). Este experimento se ha replicado experimentalmente cientos de veces en laboratorios de todo el mundo para confirmar que el entrelazamiento cuántico es real.

La prueba del nueve de que Clauser no está en absoluto desencaminado es que poco después de su charla a los nuevos físicos coreanos el Fondo Monetario Internacional (FMI) retiró la invitación a John Clauser para ser parte de un seminario sobre modelos climáticos.

En el email con el que Clauser contestó a Pablo Moreno (director de la Oficina de Evaluación Independiente del Fondo Monetario Internacional) respecto a la cancelación de su charla decía irónicamente "(usted) tenía miedo de que pudiera decir cosas técnicas que se le escaparan y que no podría entender".

Si el Fondo Monetario Internacional veta a un premio Nobel de física, una organización aún más sectaria como el IPCC no puede dar cabida a nadie que no sea un perfecto militante.

El IPCC produce documentación "científica" firmada por científicos seleccionados por los prebostes del IPCC y revisada por científicos también de esa misma cuerda; posteriormente unos políticos, tecno-estafadores que diría Clauser, se ocupan de redactar unos informes distorsionados sobre esos estudios; y finalmente la prensa convierte esos informes políticos de estudios acientíficos en titulares aterradores para que los tontos los consuman.

Una fábrica de pseudociencia comandada por políticos al servicio del Estado corporatista-fascista, que pretendiendo ser el sanedrín y el oráculo de lo que llaman "consenso" climático, son solo una costosísimo maquinaria de propaganda.

Eso es el IPCC.

Capítulo 12

Hablemos de sesgos: modelos informáticos climáticos. Un poco de humor negro: las profecías "científicas" incumplidas

Las premisas (dogmas) calentólogas no alcanzan los niveles de evidente astracanada que encontramos en el "frente arcoíris", con asunciones disparatadas acerca de hombres embarazados y el género a la carta, pero tampoco son un dechado de coherencia.

Otras iglesias oficiales como la de la *Santa Farmacia* o la de los *Colectivos Sagrados* tienen también sus dogmas ridículos del tipo "esta vacuna solo me funciona a mí si te la pones tú", "nacer blanco te hace ser racista, nacer negro te convierte en oprimido".

El nivel de irracionalidad de todos estos cultos es algo evidente y solo mediante la coerción, la censura y el adoctrinamiento es posible que aún se mantengan en pie. En una sociedad sana estas iglesias oficiales se moverían en la marginalidad.

Si bien todas estas iglesias oficiales tienen en común servir a un mismo propósito, someter y controlar, y a un mismo poder, el Estado corporatista-fascista, la Iglesia de la Calentología se distingue de sus hermanas en su vocación profética.

Los calentólogos que nos martillean con la matraca de un final de los tiempos de océanos hirvientes y desiertos, son los nuevos Testigos de Jehová.

Ninguna de las predicciones y profecías de los Testigos de Jehová sobre el fin del mundo o la llegada de los profetas del Antiguo Testamento se ha cumplido, y lo mismo ha sucedido con las predicciones de los calentólogos.

Ambas sectas, a pesar de sus desatinos, siguen a lo suyo. Los de Jehová con muchos menos medios que sus pares calentólogos, pero ambos grupos inasequibles al desaliento.

En 1876, **Charles Taze Russell**, fundador de los Testigos de Jehová, predijo que Cristo regresaría en 1914; y decía así:

"... una verdad establecida de que el fin final de los reinos de este mundo y el pleno establecimiento del Reino de Dios se lograrán a finales del año 1914 d.C."

Russell murió en 1916 postponiendo su vaticinio a 1918. Tampoco se cumplió.

En 1920, el sucesor de Russell, Joseph Franklin Rutherford, escribió que esperaba que los antiguos patriarcas y profetas, "los fieles de antaño", fueran resucitados a la vida terrenal en 1925 como preludio de una resurrección física general de los fieles seguidores de Dios destinados a la vida eterna en la tierra.

"Esta es la Edad de Oro de que vaticinaron los profetas y de la que cantó el salmista; ¡Y es privilegio del estudiante de la Palabra divina hoy, por el ojo de la fe, ver que estamos ante los mismos portales de ese tiempo bendito! Miremos hacia arriba y levantemos la cabeza. ¡La liberación está a la puerta!"

Rutherford estaba convencido del regreso de los profetas bíblicos para 1925 porque el "consenso científico" (en su versión Testigos de Jehová) basado en sus cálculos del jubileo judío, contando hacia adelante 3500 años desde 1575 a. C. así lo establecía.

¿Nos va sonando esta melodía?

A medida que avanzaba el año 1925, Rutherford urgió a sus fieles para que testificaran a tope en los "pocos meses restantes". Llegó 1925 y luego 1926 y no se vio a Moisés ni a Isaías paseando por las calles de Pennsylvania.

Luego 1975, tampoco pasó nada, y ahí siguen dando testimonio y oponiéndose a las transfusiones de sangre dando la matraca con lo que ellos consideran "consenso".

Los Testigos de Jehová tienen su **Cuerpo Gobernante** y su editorial llamada la "Watch Tower Bible and Tract Society of Pennsylvania", ambos ubicados en Warwick, Nueva York.

El Cuerpo Gobernante viene a ser el poder ejecutivo y la "Watch Tower" (Atalaya) el órgano de propaganda desde el que se editan las enseñanzas de los "ungidos" (los prebostes del Cuerpo Gobernante). En España las enseñanzas de los Testigos de Jehová se distribuyen a través de la publicación conocida como Atalaya que está editada por la Watch Tower.

La Iglesia de la Calentología tiene su equivalente al Cuerpo Gobernante y a la Atalaya de los Testigos de Jehová: el IPCC.

La Iglesia de la Calentología y la de los Testigos de Jehová están hermanadas en su común habilidad para realizar predicciones erróneas y en su asombrosa capacidad para insistir en que, a pesar de sus espectaculares palmareses de profecías no cumplidas, ellos son la "ciencia" encarnada.

Los de Jehová estudian la Biblia del derecho y del revés para "calcular" las fechas en las que (no) se cumplirán sus profecías, mientras que los calentólogos vaticinan sus distintas apocalipsis empleando una herramienta llamada "modelos climáticos".

Un modelo climático es un código informático complejo que recrea un análogo digital de la Tierra.

Este modelo imita los procesos e interacciones entre las partes del sistema climático de la Tierra: la atmósfera, el océano, la superficie terrestre, la criosfera, la biosfera, etc.

Podemos utilizar los resultados del modelo para estimar los cambios futuros en nuestro clima, y también para producir resultados del gusto de quien pague por ellos. Es

Los modelos climáticos se vienen perfeccionando y sofisticando desde hace 40 años y fue a partir de 1995 cuando se lanzó una iniciativa que bajo el acrónimo CMIP (Coupled Model Intercomparison Project o Proyecto de Inter comparación de Modelos Acoplados) coordina la investigación y la mejora de los modelos.

El CMIP colabora en red con más de 50 centros de "modelado" repartidos por todo el mundo.

El CMIP está depende de y supervisado por el WCRP (World Climate Research Programme o Programa Mundial de Investigación Climática) que a su vez está financiado por tres organismos:

- **La World Meteorogical Organization** u Organización Mundial Meteorológica. Dependiente de la OU y una de las organizaciones fundadoras del IPCC junto con el Programa de Naciones Unidas para el Medioambiente o United Nations Environment Programme (PNUMA o UNEP) que en su día encabezó nuestro hijoputa Maurice Strong.
- **La UNESCO.** Organismo de la ONU

- **El International Science Council o ISC** (Consejo Científico Internacional). Los miembros del ISC (265 en el momento de consultarlo) son instituciones de todo tipo financiadas mayoritariamente con fondos públicos.

(*) Según consta en la página de este organismo "La principal fuente de ingresos básicos del Consejo son las cuotas de los miembros. Las otras fuentes importantes de ingresos son las subvenciones de Francia, el país anfitrión, y de diversas organizaciones y fundaciones"

El CMIP es la principal fuente de la que bebe el IPCC cuando habla de modelos climáticos.

Tenemos por tanto que tanto el IPCC, los fundadores de este, los que hacen los modelos (CMIP) y quienes supervisan a estos (WCRP), son los mismos. Imposible no fiarse, ¿verdad?

Veamos cómo de buenos son estos modelos cuando se les compara con la realidad observada.

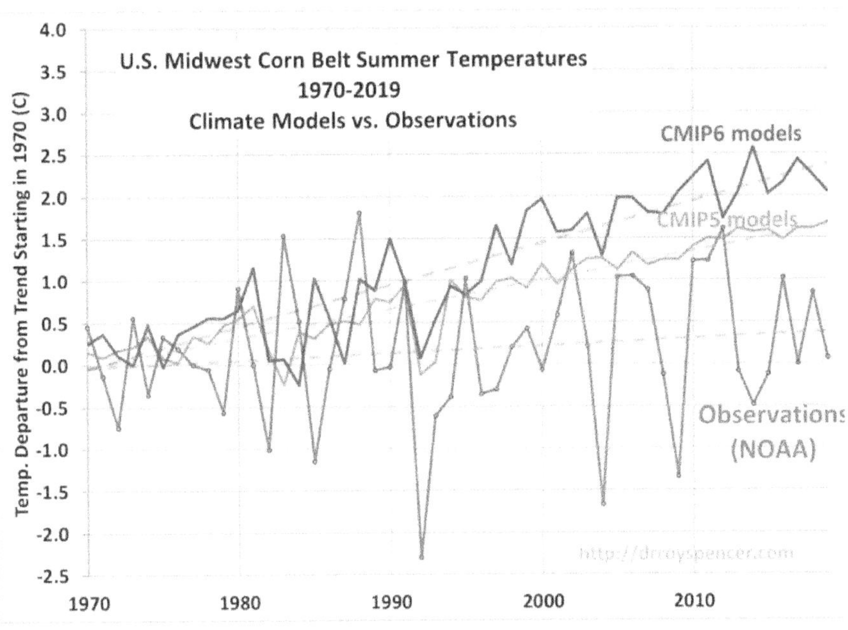

En el gráfico de más arriba tenemos la evolución de la temperatura media en verano en los estados cerealistas de lo que se denomina el "Cinturón del Maíz" estadounidense (Iowa, Illinois, Indiana, Ohio, Kansas, Nebraska, Missouri, Oklahoma, las dos Dakotas, Minnesota, y Michigan). La línea azul es la observación real con los datos de la NOAA (National Oceanic and Atmospheric Administration), las líneas verde y roja corresponden a las temperaturas modeladas por el CMIP en sus versiones 5 y 6 respectivamente. Las líneas correspondientes a los modelos (CMIP5 y CMIP6) son la media de los diferentes modelos obtenidos con cada "generación" del CMIP.

Nótese que, aunque se supone que la versión 6 del CMIP es más sofisticada y que debería por tanto ser más ajustada a la realidad observada, ocurre justo al revés. A mayor refinamiento del proceso de modelado, también es mayor la diferencia con la realidad.

El quinto informe de evaluación del IPCC de 2013 presentó modelos climáticos obtenidos con el CMIP5 y ya en 2021 el correspondiente informe se realizó empleando el proyecto CMIP6.

Es sobre la base de estos modelos que se toman importantes decisiones políticas y económicas que nos afectan a todos.

Sigamos.

Un estudio publicado en 2020 por John Christy y Ross McKitrick (*) encontró que el calentamiento que el CMIP6 mostraba tanto para la troposfera media como para la baja y para el periodo entre 1979 y 2014 era totalmente inconsistente con la realidad observada. En los gráficos de más abajo podemos ver en el eje vertical los grados de temperatura por décaday las barras de error del 95% que comparan los modelos (rojo) con las observaciones de satélite (azul). LT es la troposfera inferior (Lower Troposphere) y MT=troposfera media (Middle Troposphere). Cada modelo sobrepasa la tendencia observada mediante satélite (la línea azul discontinua horizontal) en cada muestra.

La mayoría de las diferencias son significativas y superiores al 5%, y la media del modelo (rojo grueso) versus la diferencia de medias observada es descomunal, lo que significa que no es solo ruido o aleatoriedad, sino que el CMIP6 falla y casi siempre lo hace en el sentido que gusta a la Iglesia de la Calentología.

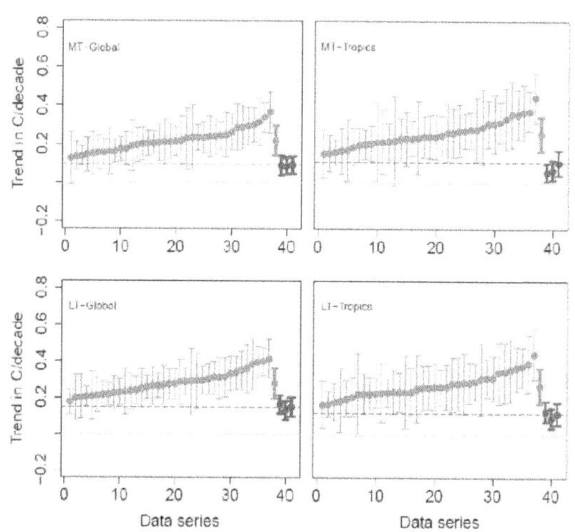

Figure 3. Trends and 95% CI's for individual models (red dots and thin bars), CMIP6 mean (red dot and thick bar) and observational series (blue). Horizontal dashed line shows mean satellite trend.

(*) Fuente: **Pervasive Warming Bias in CMIP6 Tropospheric Layers** (Sesgo de calentamiento generalizado del CMIP6 en las capas troposféricas) John Christy y Ross McKitrick 2020

E insisto; son estos modelos carísimos, elaborados empleando supercomputadoras y cincuenta centros de investigación alrededor del planeta, los que acaban "santificando" la sarta de gilipolleces con las que gustan darnos lecciones nuestros políticos. Esta es la "ciencia" en nombre de la cual se nos piden sacrificios, se nos cuece a impuestos, se nos extrae riqueza y se nos impide crearla.

¿No sería hora de mandar a esta banda de criminales a tomar por culo?

Sigamos.

En la gráfica que se muestra a continuación podemos ver las distintas predicciones de cambios de temperaturas medias en la troposfera media de los trópicos (desde 1979 hasta 2020) que muestran diferentes modelos elaborados empleando el estándar CMIP5 (distintas línea de puntos). La línea roja muestra la media de los distintos modelos.

En la parte inferior de la gráfica aparecen las mediciones reales elaboradas mediante globos meteorológicos, satélites y la información que la observacional de la organización Reanalyses (*)

(*) Organización meteorológica que aporta datos basados en la observación https://reanalyses.org/

La diferencia salta a la vista. Fijémonos que desde 1995 la media de los modelos que emplean el estándar CMIP5 muestra un incremento sostenido y la realidad empírica en cambio nos dice que hay subidas y bajadas. Para 2015 los modelos de los que se "alimenta" el IPCC daban un incremento de algo más de un grado, exactamente el doble que la realidad.

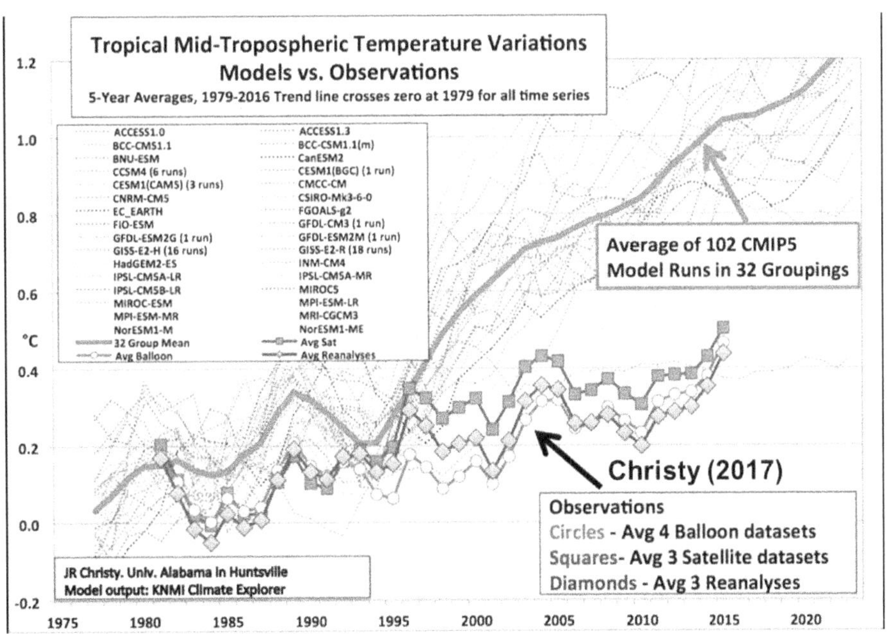

Fuente: Satellite bulk tropospheric temperatures as a metric for climate sensitivity (Temperaturas troposféricas globales satelitales como métrica de la sensibilidad climática) de John R. Christy y Richard T. McNider.

Quienes gestionan los modelos climáticos suelen padecer lo que se conoce como **sesgo de confirmación**, un sesgo cognitivo que predispone a buscar y dar más peso a la información que confirma las propias creencias o hipótesis, restando validez a la información que contradice esas creencias apriorísticas.

Es bastante normal que este sesgo se manifieste en el entorno en el que trabajan quienes manejan el modelado climático. Estos científicos climáticos tienen además como acicate que quienes les pagan sus sueldos esperan ver sus dogmas validados por el trabajo de sus "empleados".

Los científicos del clima pueden manipular numerosos parámetros ajustables en los modelos que se pueden cambiar para "acomodar" un modelo y alcanzar una "buena" conclusión.

Un buen resultado a efectos del Estado corporatista-fascista sería cualquiera al cual se le pueda sacar punta en clave catastrofista: más huracanes, sequías, subida del nivel del mar, etc. Al fin y al cabo, el Estado corporatista-fascista lo que necesita no es la verdad sino el miedo.

¿Qué pasaría si un científico trabajando en el proyecto CMIP dijera que aquello huele a chamusquina?

Pediré a Norman Rogers (*) que conteste:

*"Imaginemos que un científico del clima descubre fallos gigantescos en los modelos y la ciencia asociada. No imaginemos que su descubrimiento sería tratado con respeto y evaluado según sus méritos. Eso abriría la puerta a revertir todo lo que ha sido tan maravilloso para los científicos del clima. **¿Quién seguiría derrochando miles de millones de dólares al año con los científicos del clima si no hubiera desastres que prevenir?** No, el descubridor de cualquier defecto sería demonizado y atacado como un peón de intereses malvados. Me vienen a la mente Richard Lindzen y Roy Spencer. Hay muchos más científicos escépticos que guardan silencio en diversos grados.*

Probar un modelo comparándolo con la historia pasada y asumir que luego predecirá el futuro es una metodología que invita al fracaso. El fracaso comienza cuando el modelador agrega más parámetros ajustables para mejorar el modelo. En algún momento, uno debería preguntarse si estamos ajustando un modelo o haciendo un simple ajuste de curvas. Si el modelo ha degenerado en ajuste de curvas, es muy probable que no tenga una capacidad predictiva importante".

(*) Norman Rogers es licenciado y máster en Física Ciencias por las universidades de Hawaii y Berkeley y empresario experto en computación.

Los modelos climáticos no solo no son oráculos del futuro, como la observación posterior demuestra consistentemente, también están sujetos a los sesgos derivados de las premisas que sostienen quienes los manejan.

Voy a terminar esta primera parte del capítulo plagiándome a mí mismo. Aquí un artículo que publiqué en Freenoticias el 29 de noviembre de 2021 y titulado: **En la Iglesia de la Calentología si algo no da suficiente miedo hay que quitarlo o cambiarlo. Les hemos pillado y te lo contamos.**

En la Iglesia de la Calentología si algo no da suficiente miedo hay que quitarlo o cambiarlo. Les hemos pillado y te lo contamos.

Observa el cuadro de más bajo que aparece en el informe publicado en 1990 por el IPCC (Intergovernmental Panel on Climate Change o Panel Intergubernamental del Cambio Climático). El IPCC es el concilio anual que celebra el alto clero de la Iglesia de la Calentología para meternos miedo, hacernos sentir más culpables y someternos a sus sostenibles decisiones (a costa de nuestra libertad).

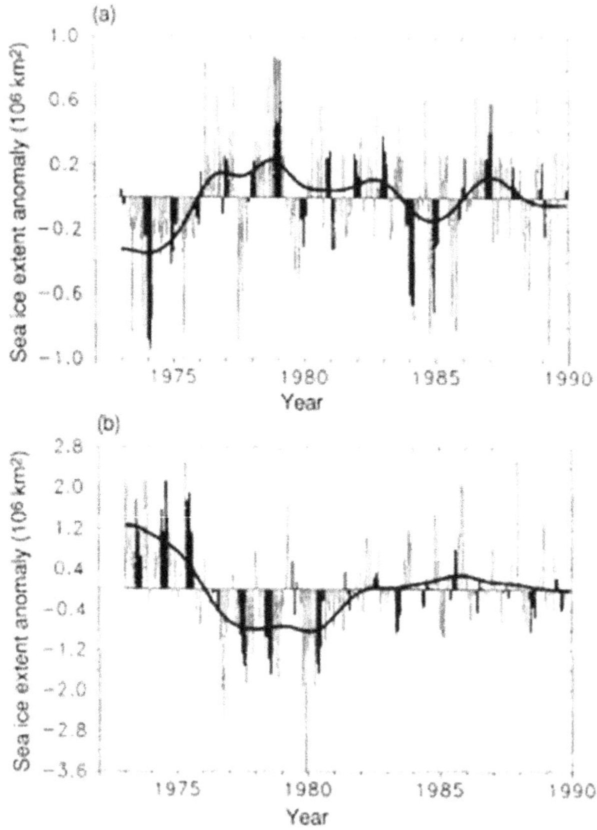

Figure 7.20: (a) Northern Hemisphere, and (b) Southern
Hemisphere sea-ice extent anomalies. Data from NOAA (USA).

Fuente: Informe IPCC 1990 (página 224)

El primer gráfico es la variación anual de la extensión del hielo (de media)
desde 1973 hasta 1990 en el Ártico, y el segundo gráfico lo mismo, pero
para el Océano Antártico. Ninguno de los dos gráficos asusta lo suficiente y
en el primero hasta da la impresión de que hay más hielo en 1990 que en
1970 a pesar de todos nuestros crecientes pecados carbónicos.

Ahora observa atentamente el siguiente gráfico:

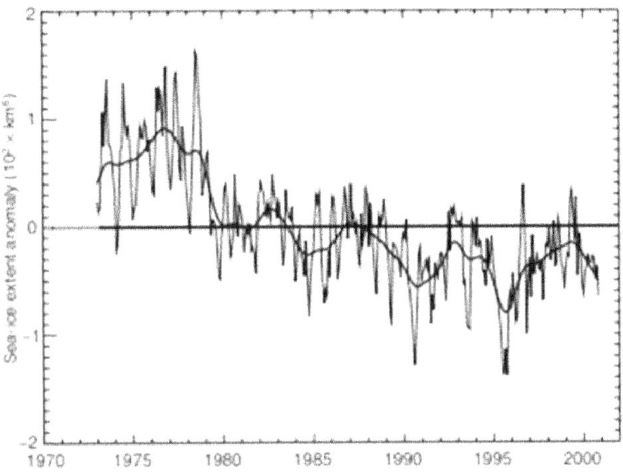

Figure 2.14: Monthly Arctic sea-ice extent anomalies, 1973 to 2000, relative to 1973 to 1996. The data are a blend of updated Walsh (Walsh, 1978), Goddard Space Flight Center satellite passive microwave (Scanning Multichannel Microwave Radiometer (SMMR) and Special Sensor Microwave/Imager (SSM/I)) derived data (Cavalieri *et al.*, 1997) and National Centers for Environmental Prediction satellite passive microwave derived data (Grumbine, 1996). Updated digitised ice data for the Great Lakes are also included (Assel, 1983).

Fuente Informe IPCC 2001, página 125

Es el equivalente al primer gráfico anterior pero correspondiente al "concilio" de 2001.

Pongamos ambos gráficos juntos:

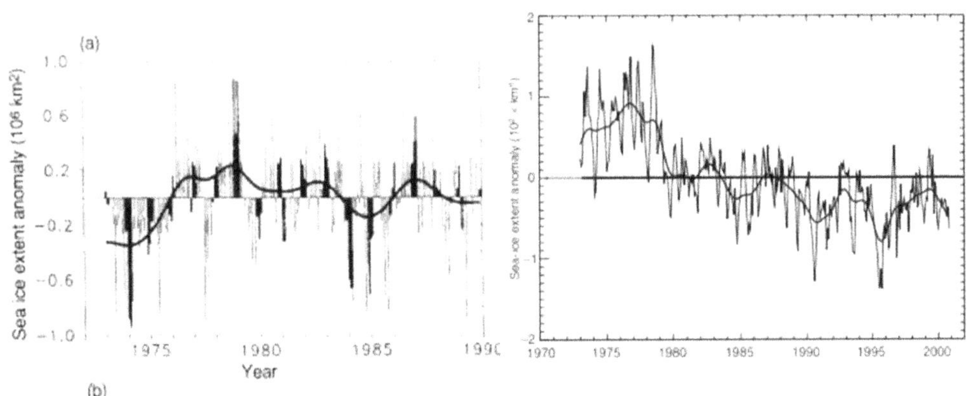

Hielo "ártico" IPCC 1990 vs 2001

El gráfico de la derecha es mucho más "bonito" porque da mucho más miedo, así que se quedan con ese y el otro a la papelera de reciclaje por tratarse de ciencia facha.

En el caso del hielo antártico la cosa está mucho más pareja, aunque también tiene sus "cositas" como que en 1985 el IPCC daba un aumento de la extensión del hielo que el panel del 2001 convierte en decremento

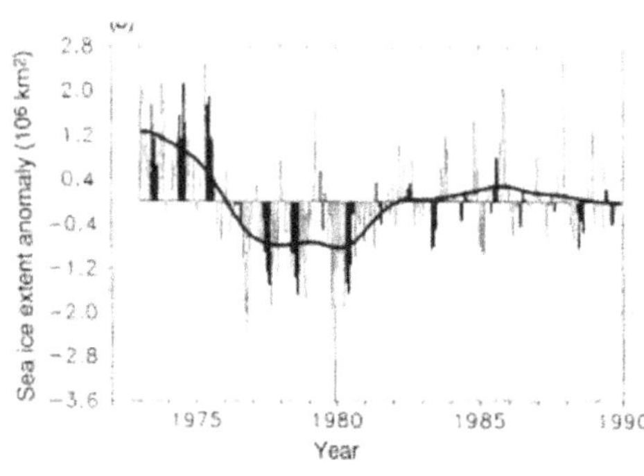
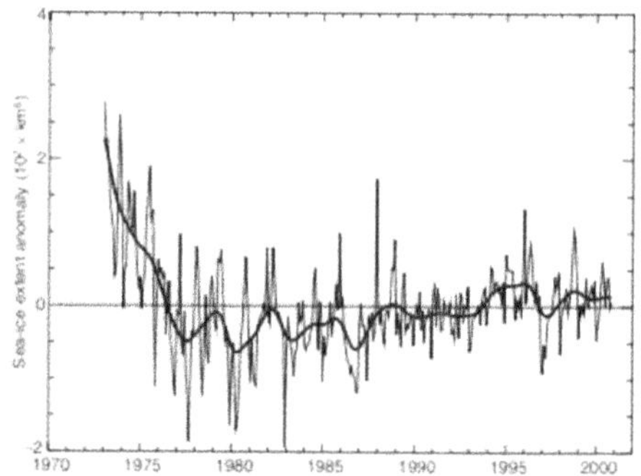

Hielo antártico IPCC 1990 vs 2001

Si superponemos las dos gráficas sobre las variaciones del hielo ártico tenemos esta bonita imagen en la que se puede ver claramente que el primer gráfico (en rojo) ha sido cambiado por uno convenientemente más pesimista no sea que no cuadren los datos con el "relato":

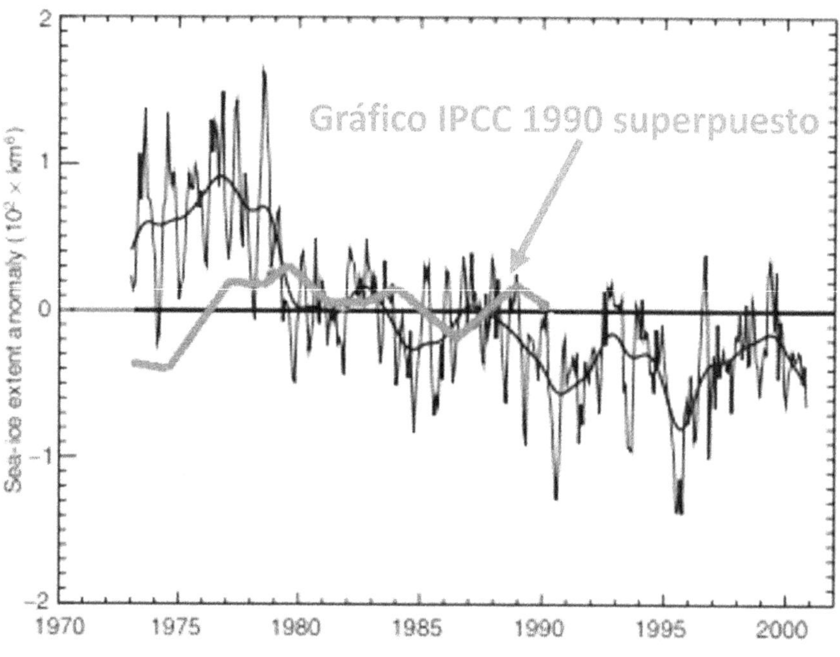

Hielo ártico IPCC 1990 vs 2001 superpuestos

El gráfico que se presentaba en 1990 está realizado según figura en el informe, con datos de la NOAA (Oficina Nacional de Administración Oceánica y Atmosférica) y los de 2001 son, según recoge la enciclica calentóloga de 2001 de la Iglesia de la Calentología, "una mezcla":

"Los datos son una mezcla de Walsh actualizado (Walsh, 1978), microondas pasivo satelital del Centro de Vuelo Espacial Goddard(Radiómetro de microondas multicanal de barrido (SMMR) y especial Sensor de microondas / generador de imágenes (SSM / I)) datos derivados (Cavalieri et al., 1997) y el satélite de los Centros Nacionales de Predicción Ambiental, datos pasivos derivados de microondas (Grumbine, 1996). Actualizado digitalizado. **También se incluyen datos sobre el hielo de los Grandes Lagos** *(Assel, 1983)".*

Fuentes para realizar mediciones de la extensión del hielo ártico en IPCC de 1990 y de 2001 respectivamente.
Absoluta falta de consistencia y de métido científico

Figure 7.20: (a) Northern Hemisphere, and (b) Southern Hemisphere sea-ice extent anomalies. Data from NOAA (USA).

Figure 2.16: Monthly Antarctic sea-ice extent anomalies, 1973 to 2000, relative to 1973 to 1996. The data are a blend of National Ice Center (NIC) chart-derived data (Knight, 1984), Goddard Space Flight Center satellite passive-microwave (Scanning Multichannel Microwave Radiometer (SMMR) and Special Sensor Microwave/Imager (SSM/I)) derived data (Cavalieri et al., 1997) and National Centers for Environmental Prediction satellite passive-microwave derived data (Grumbine, 1996). It is uncertain as to whether the decrease in interannual variability of sea ice after about 1988 is real or an observing bias.

Mediciones distintas para obtener una curva que dé suficiente miedo

Es decir que en lugar de emplear datos homogéneos para poder comparar las cosas con sensatez lo que hace esta banda de delincuentes (es lo que son) es cambiar la metodología mezclando un poco de todo y desechando lo que venían haciendo 17 años para que les quede una bonita curva asustaviejas descendente. Ya puestos a añadir, si aceptamos el de los Grandes Lagos como "hielo ártico", por qué no incluir también el Lago de Sanabria que está más al norte que Chicago a orillas del Lago Michigan. El Lago de Sanabria está tan a tomar por culo del Círculo Polar Ártico como el de Michigan.

Latitud 42°07'21"Laguna de Sanabria (Zamora)
Latitud 41°51'0.1'' Chicago

A mí francamente me da la risa cuando escucho ese mantra ovejuno del "consenso científico" sobre el calentamiento global antropogénico (de causas humanas) y de que poco menos que 11 de cada 10 científicos avalan las conclusiones de esta secta destructiva. Sencillamente NO es verdad. La Calentología es una de las muchas disciplinas pseudocientíficas y coloristas que conforman el corpus "académico" del progremonguerismo internacional.

La Teoría de Género, otra "ciencia" progremonguer, sostiene que el sexo es un constructo y que el género –que es lo verdaderamente importante– se elige y se puede cambiar al albur del humor o la percepción del sujeto; también propone cosas tan *científicas* como decir que el término "persona embarazada" es más apropiado que mujer embarazada ya que los hombres trans también pueden dar a luz. La CRT (Critical Race Theory, Teoría Crítica de la Raza) afirma que solo los blancos tienen la capacidad "mágica" de ser racistas, tanto es así que nacen y mueren racistas y tan solo pueden compensar esta tara mental a base de ejercer una penitencia perpetua que solo sirve para atenuar su maldad congénita y no para redimirse.

A diferencia de las demás sectas progremonguers, que estabulan a cada rebaño según los genitales, el color de la piel, las preferencias sexuales o las fantasías "genéricas" de cada cual, la Iglesia de la Calentología es una fe común y universal para todos (dejando claro que son los hombres blancos heteros, occidentales y de derechas los que más malos son, eso por descontado). Todos pueden, y deben por su propio bien, profesar la fe de la Hermana Greta y darse golpes de pecho por sus pecados carbónicos aceptando corregir estos entregando su libertad en cómodos plazos rumbo a un futuro sin CO_2. Total, el CO_2 ese ¿para qué sirve sino para alimentar a las plantas, permitir nuestra respiración, fijar el oxígeno en nuestras células, etc.?

Han pasado 30 meses desde que escribí el artículo en cuestión y lo único que ha cambiado desde entonces son dos cosas:

- Cada vez más gente se ríe de los calentólogos y su prestigio sigue una línea descendente
- La Iglesia de la Calentología sigue en lo suyo.

Vayamos ahora a la parte final y más entretenida de este capítulo y también de este libro: **las profecías "científicas" incumplidas**. Arrancaré extrayendo partes de un artículo que escribí en Freenoticias el 20 de junio de 2021: **Hechiceros mercenarios y corruptos al servicio de la pseudociencia.**

Predicción: "La mayor parte de las playas de la Costa Este de EE. UU. desaparecerán en 25 años" (septiembre de 1995, The New York Times). **No ha ocurrido.**

Predicción: Nueva Edad de Hielo para el primer tercio del siglo XXI (abril de 1970, The Boston Globe). **No ha ocurrido.**

Predicción: Enfriamiento global en ciernes (crítica literaria del New York Times de Julio de 1976)

The New York Times Book Review/July 18, 1976

The Cooling

So writes Stephen Schneider, a young climatologist at the National Center for Atmospheric Research in Boulder, Colo., reflecting the consensus of the climatological community in his new book, "The Genesis Strategy." His warning, that present world food reserves are an insufficient hedge against future famines, has been heard among the scientific community for years—for example, it was a conclusion of a 1975 National Academy of Sciences report. But Schneider has decided to explain the entire problem, as responsibly and accurately as he can, to the general public, and thus has put together a useful and important book.

Schneider quotes University of Wisconsin climatologist Reid Bryson as saying that 1930-1960 "was the most abnormal period in a thousand years—abnormally mild." In fact, conditions of steady, warm weather in the northern hemisphere during that time favored bumper harvests in the United States, the Soviet Union, and the wheat belt of northern India and Pakistan. In 1974 Schneider and Bryson tried to explain to a White House policy-making group why conditions are likely to worsen. One of the most depressing anecdotes in the book is Schneider's description of the deaf ear their warnings received.

Esta predicción merece un trato aparte porque Stephen Schneider, el autor del libro "The Cooling" (El Enfriamiento), ha pasado de defender el enfriamiento global al calentamiento global. Como puede verse en la imagen de más arriba, Schneider ya hablaba de "consenso" de la comunidad climatológica.

Resultado: Se equivocó y vuelve a equivocarse el cabroncete, pero sigue haciendo caja.

Predicción: Las nevadas serán cosas del pasado (The Independent, marzo de 2000).**Equivocada.**

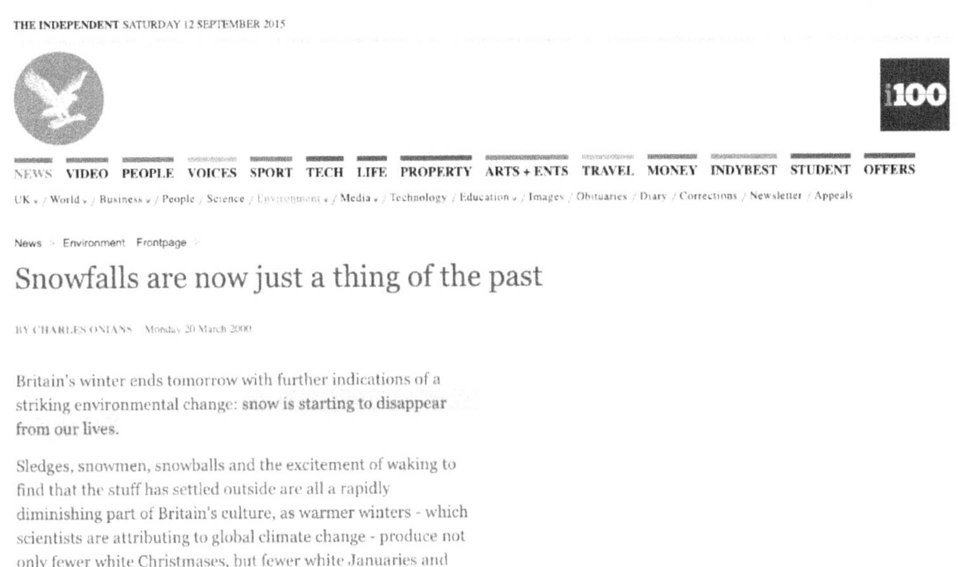

Predicción: El Ártico no tendrá hielo en 2018. Estamos "tostados" (The Guardian, junio de 2008). **Equivocado.**

Predicción: La nieve del Monte Kilimanjaro desaparecerá en la próxima década (Dicho por Al Gore en el año 2006, el ex vicepresidente de EE. UU. que se ha forrado viajando por el mundo en avión privado para hablarnos de lo malo que es el CO2)

30 de octubre de 2023, Monte Kilimanjaro

Greta, junio 2018: *"Un destacado científico del clima advierte que el cambio climático acabará con toda la humanidad a menos que dejemos de utilizar combustibles fósiles en los próximos cinco años".*

Artículos haciendo referencia a

Artículos surtidos haciendo referencia a que en todas las partes del mundo el calentamiento global es el doble que en el resto del mundo. Si Europa se calienta el doble que el resto del planeta pero a la vez Hispanoamérica se calienta más que el resto del mundo y Rusia se calienta 2,5 veces más, hay algo que no termina de cuadrarme en esta "ecuación".

Aunque la agencia de noticias AP (lo ha borrado), distintos medios de comunicación se hicieron eco en junio de 1989 de lo siguiente:

*"Un alto funcionario ambiental de la ONU dice que **naciones enteras podrían desaparecer de la faz de la Tierra por el aumento del nivel del mar si la tendencia al calentamiento global no se revierte para el año 2000.***

*Las inundaciones costeras y las malas cosechas crearían un éxodo de "eco-refugiados", amenazando con un caos político, dijo **Noel Brown**, director de la oficina de Nueva York del Programa de las Naciones Unidas para el Medio Ambiente (PNUMA).*

Dijo que los gobiernos tienen una ventana de oportunidad de 10 años para resolver el efecto invernadero antes de que vaya más allá del control humano".

U.N. Predicts Disaster if Global Warming Not Checked

PETER JAMES SPIELMANN   June 30, 1989

UNITED NATIONS (AP) _ A senior U.N. environmental official says entire nations could be wiped off the face of the Earth by rising sea levels if the global warming trend is not reversed by the year 2000.

Aquí un recorte de un periódico de la época (Philadelphia Daily News) replicando la noticia entre cupones descuento de supermercado:

U.N. Official Predicts Disaster
Says Greenhouse Effect Could Wipe Some Nations Off Map

By Peter James Spielman

Associated Press

UNITED NATIONS — A senior U.N. environmental official says entire nations could be wiped off the face of the Earth by rising sea levels if the global warming trend is not reversed by the year 2000.

Coastal flooding and crop failures would create an exodus of "eco-refugees," threatening political chaos, said Noel Brown, director of the New York office of the U.N. Environment Program, or UNEP.

He said governments have a 10-year window of opportunity to solve the "greenhouse effect" before it goes beyond human control.

As the warming melts polar ice-caps, ocean levels will rise by up to three feet, enough to cover the Maldives and other flat island nations, Brown said in an interview Wednesday.

Coastal regions will be inundated: one-sixth of Bangladesh could be flooded, displacing a fourth of its 90 million people. A fifth of Egypt's arable land in the Nile Delta would be flooded, cutting off its food supply, according to a joint UNEP and U.S. Environmental Protection Agency study.

"Ecological refugees will become a major concern, and what's worse is you may find that people can move to drier ground, but the soils and the natural resources may not support life. Africa doesn't have to worry about land, but would you want to live in the Sahara?" he said.

UNEP estimates it would cost the United States at least $100 billion to protect its east coast alone.

Shifting climate patterns would bring back 1930s Dust Bowl conditions to Canadian and U.S. wheatlands, while the Soviet Union could reap bumper crops if it adapts its agriculture in time, according to a study by UNEP and the International Institute for Applied Systems Analysis.

Excess carbon dioxide is pouring into the atmosphere because of humanity's use of fossil fuels and burn-

El genio y profeta, el Dr. Noel Brown, es hoy el presidente de "Amigos de las Naciones Unidas". En la época en la que vomitó su vaticinio era director de la Oficina Regional de América del Norte del Programa de las Naciones Unidas para el Medio Ambiente (PNUMA). O lo que es lo mismo era amigo de nuestro *amigo* Maurice Strong y de los sucesores de este en el trono de la propaganda calentológica.

El sujeto de la imagen de más abajo es Noel Brown, otro nuevo profeta Isaías, un cuarto de siglo después de que el mundo debiera estar sumergido y arrasado. Imaginemos a un directivo de una empresa privada, de cualquier sector, que hace unas previsiones tan desacertadas. Despedido. Pero esto es la ONU y mentir en pro de la causa tiene recompensa. Ahí sigue el señor Brown, chupando de la teta de la ONU, décadas,como un campeón.

Después del breve paseo por las nunca cumplidas predicciones de "los expertos", termino este libro regresando una vez más a las acertadas palabras de Richard Feynman:

"La ciencia es la creencia en la ignorancia de los expertos".